불교 섹슈얼리티의 재발견

붓다, 성과 사랑을 말하다

현경

이미령

옥복연

민순의

김신명숙

효록 스님

유근자

김성순

김영란 지음

불교 섹슈얼리티의 재발견

붓다, 성과 사랑을 말하다

현경

이미령

옥복연

민순의

김신명숙

효록 스님

유근자

김성순

김영란 지음

불광출판사

차례

머리말

2022년, 부탄 불교에서 비구니 승단이 탄생했다. 참으로 놀라운, 역사적인 사건이라고 할 수 있다. 부탄 불교는 일찍부터 티베트 불교를 받아들여서 국민 대다수가 불자인데, 티베트 불교는 여성부처로 불리는 예세 초겔, 따라보살, 그리고 수많은 다키니 등 강력한 여성 전통을 가진 대승불교이지만, 아직까지도 비구니 승단이 없었다. 2,600여 년 전 붓다께서 비구니 승단을 설립했지만, 티베트 불교에 비구니계가 전래되지 않았다는 이유 때문이다. 2007년 달라이 라마 존자께서는 티베트 불교 비구니 승단의 설립에 대한 불교여성들의 오랜 염원을 이해하고 그 당위성을 인정함에도 불구하고 현실 적용은 힘들다고 결론내렸다. 대안으로 티베트 불교 여성 수행자들이 남성 수행자들과 평등하게 겟세마 학위[Geshema Degree, 박사 과정과 유사함]를 받을 수 있도록 제도화하였다. 그런데 부탄에서 왕실 여성들이 출가 수행녀들의 교육과 복지 향상에 관심을 가지며 여성 수계를 지원하기 시작했다. 국왕 또한 이를 긍정적으로 받아들이며 부탄 불교 교단에 호소한 결과, 2014년 부탄 불교에서 144명의 예비 비구니(사미니)가 탄생했다. 그리고 2022년, 144명의 비구니가 탄생한 것이다.

　부탄 비구니들은 비구니 수계를 받은 후 비구와 동일한 금색 가사를 입고, 그동안 출입이 금지되었던 법당에 들어가 기도하면서 감격에 겨워 눈물을 흘렸다고 한다. 비구 중심의 교단 전통에서, 굳이 계율이나 교단법이 아니라 불교여성들의 단합된 힘으로 비구니 승단을 복원시킨 것이다. 전 세계 불교여성들의 열정과 부탄 왕실 여성들의 적극적인 의지, 그리고 사회 변화를 수용한 교단의 승인이라는 요인들이 있었기에 가능했다.

최근 우리 사회는 성차별을 법으로 금지하고 성평등이 국가정책의 기본이 되고 있지만, 교단 내 성차별이 여전하다. 예를 들면, 조계종단의 비구 승가와 비구니 승가의 숫자는 비슷하지만 최고 법계(法階)에 오른 비구는 50명이고 비구니는 14명에 불과하다. 특히 조계종단은 종단의 지도부인 총무원장, 교육원장, 포교원장, 호계원장 등에 "비구"만이 가능하도록 종법으로 강제하였고, 중앙종회의원(사회의 국회와 유사) 총 81명 가운데 비구니는 10명만 할당하였다. 심지어 비구니는 교구본사주지 투표권을 제한하는 등 법과 제도에서 비구니 차별의 결과, 여성 출가자의 급격한 감소는 당연한 일이라고 할 수 있다.

시대에 뒤처진 종교 내 성차별은 성직자 감소 등 종교 위기를 부추기는 요인일 수도 있다. 뿐만 아니라 종교를 바라보는 시대의 달라진 시각도 주목해야 한다.

오늘날 종교 전통이나 관습은 물론, '무종교의 종교' 혹은 '종교가 아닌 종교'라는 용어가 등장할 정도로 종교 개념도 변하고 있다. 이는 기성종교의 형태나 방식을 벗어난 새로운 형태의 종교성이 최근 들어

본격화되고 있음을 보여주는데, 이때는 '종교성(religiosity)'이라는 말보다는 '영성(spirituality)'이라는 말이 더 많이 유통된다. 즉, 영성은 시공을 벗어난 초월적 진리를 개인 스스로가 찾고자 하는 시도인데, 이는 특정한 하나의 제도화된 종교를 통해서가 아니라 특정 종교를 벗어나거나 기존의 종교틀 밖에서 추구하는 현상이 증가하고 있는 것이다. 그 결과 탈종교화 현상으로 종교 인구는 감소하고 있지만, 제도종교 밖에서 개인이 영적 통찰을 위한 각종 명상이나 수행 등을 실행하는 열망은 여러 차원에서 나타나고 있다.

'영성'의 강조는 특정 종교만을 추앙하기보다는 종교간 벽을 넘나들게 만들고, 특히 성(聖)과 속(俗)의 의미를 재개념화하고 있다. 이러한 현상을 불교계로 대비시켜보면, 출가와 재가를 이분화하여 출가의 권위만을 강요한다거나, 비구 중심의 교단 운영으로 비구니와 재가신자를 비주류화 한다거나, 전통이나 관습이라는 이름으로 전해온 성차별적 교리를 강요하는 것은 불교가 더 이상 사람들에게 호감을 주지 못할 뿐만 아니라 종교로서도 설득력을 가질 수 없게 만든다는 것이다. 젠더 위계적인 종단법이나 교단 내 성차별은 시대에 뒤처진 진부한 종교로 전락시켜 불자들을 떠나게 만들고, 젊은 세대의 불교 유입을 가로막아 결국에는 불교의 쇠퇴로 이끈다.

이제 "모든 것은 상호 연기적으로 존재한다"는 붓다의 가르침으로 돌아가, 교리와 계율을 인간 평등을 전제로 재해석하고 적용해야 할 때다. 성평등한 불교, 여성 친화적인 불교로 재해석하는 데 가장 유용한 도구는 불교페미니즘이다. 불교페미니즘은 인간은 누구나 수행을 통해서 깨달음을 얻을 수 있는 평등한 존재라는 붓다의 기본 명제에서 출발한다. 모든 존재는 상호 의존해서 존재한다는 연기사상, 만들어진 모든 것은 변하기 마련이므로 고정불변의 것이 없다는 공(空)사상 등은 성차별이 만연한 현실을 성평등하게 재구축하기 위한 이론적, 실천적 방안을 제공한다. 그래서 불교와 페미니즘의 만남을 불교페미니스트인 리타 그로스는 "상서로운 만남"이라고 주장했다.

불교페미니즘은 불교를 여성의 관점으로 해석하고 불교의 친여성성을 드러내고자 하는데, 기본 출발선이 붓다의 평등사상이다. 불교페미니즘은 여성이 우월하다거나 남성이 열등하다는 전제는 거부한다. 모든 인간은 존귀하므로 여성도 남성과 동일하게 소중하고 평등하다는 관점을 붓다의 가르침을 통해 배우고, 훈련하고, 또 실천하는 이론이다. 또한 불교페미니즘은 성차별뿐만 아니라 인종, 종교, 신분 등 온갖 종류의 차별에 저항하기에 불교의 자비정신을 실천하는 데 유용하다.

이 책은 불교 내 다양한 젠더 이슈를 불교페미니즘이라는 렌즈를 통해 재해석하기 위해 2024년 종교와젠더연구소가 주관한 "불교와 젠더강좌"의 내용을 선별하여 책으로 묶은 것이다. "붓다의 성과 사랑 이야기"라는 강좌의 제목에서도 알 수 있듯이, 급변하는 현대인의 삶 속에 나타나는 성, 사랑, 구원 등 실존적 고민들을 극복하기 위한 지혜를 붓다의 가르침 속에서 찾아보고, 불교 교리가 현실과 동떨어져 있는 어려운 종교가 아니라 일상과 함께함을 알아보고자 하였다.

이 책은 총 3부로 구성되어 있다. 1부에서는 성과 사랑에 대한 붓다의 가르침을 만나고자 했다. 불교의 친여성성을 기반으로 붓다는 페미니스트임을 소개하며, 불교가 제도화된 종교라기보다는 '영성'으로 자신과의 만남을 통해 더욱 성숙하도록 지원하는 종교임을 밝힌다. 또 자아를 찾아가는 과정에서 사랑과 결혼에 관한 붓다의 가르침을 경전을 통해 알아본다.

2부에서는 한국 불교에서 여성의 역할을 살펴보고자 하였다. 특히 불교가 탄압받던 조선시대 왕실 여성들의 불교 교단 유지를 위한 재정적인 지원 역할 뿐만 아니라 출가 수행자로서의 역할을 알아보고, 한국 불자들에게 가장 친근한 관음보살이 남녀 성을 넘나드는 모습으로 한국과 서구에서 어떻게 받아들여지는지를 비교분석하면서, 최근 우리 사회에서 주요 이슈로 등장하는 LGBTQ+(성소수자)와 관련한 붓다의 가르침을 불교페미니즘적인 관점에서 재해석하고자 한다.

3부에서는 불교 속에 등장하는 여성들을 경전이나 자서전, 불전 미술을 통해 찾아보고자 했다. 특히 생명을 만드는 소중한 여성의 생리혈이 가부장성에 오염되면 어떻게 묘사되는가를 경전을 통해 살펴보고, 간다라 불전 미술 속에서 등장하는 여성들로부터 지혜와 자비를 배울 수 있도록 하였고, 다양한 불교 분파 가운데 가장 강력한 여성성을 지니고 있는 티베트 불교 여성 수행자들의 깨달음 여정을 통해 여성 수행자들의 우월성을 이해할 수 있도록 하였다.

불교와 섹슈얼리티를 주제로 한 서적이 부족한 현실에서, 이 책이 여성의 관점에서 불교를 만날 수 있는 안내서로 역할을 할 수 있었으면 하는 바람을 가져본다. 아울러 이 책의 출판을 허락해주신 불광출판사에 저자들을 대신해 감사드린다.

남녀가 연기적 존재라는 인식을 통해 상호 배려와 존중이 일상화하는 날이 오기를 바라며, 이 책에 대한 독자 여러분의 애정 어린 관심을 기대한다.

2024년 12월
저자들을 대신하여
종교와젠더연구소 옥복연

1부

붓다에게
성과 사랑을 묻다

1

영성으로 만나는
'내 안의 나'

글. 현경(뉴욕 유니언 신학대학원 교수)

우연한 기회에
그러나 억겁의
인연에 의해서

들어가기에 앞서 각자의 자리에서 만트라로 마음을 가라앉히고 영성으로 내 안의 나를 만나보자. 가장 편안한 자세로 앉아서 자기 안으로 들어가 보는 시간을 가져 본다.

나는 꽃이네
나는 피어나네
나는 이슬이네
나는 맑네
나는 산이네
나는 단단하네

나는 땅이네

나는 든든하네

자유 자유 자유

　- 틱낫한

한 사람이 걸어온 영성의 길에 대해서 말하는 방법은 100만 가지가 있는 것 같다. 그중에서도 배움보다는 삶 속에서 경험하면서 스스로 변화시킬 수 있었던 '영성으로 만나는 내 안의 나'를 이야기하고자 한다.

　3대째 기독교 집안에서 태어나고 자란 기독교 신학자인 나는 우연한 기회에, 그러나 불교식으로 얘기하면 억겁의 인연으로 살아 있는 네 분의 부처님이라고 일컬어지는 한국의 숭산 스님, 베트남의 틱낫한 스님, 캄보디아의 마하 고사난다 스님, 그리고 티베트의 달라이 라마 곁에서 공부하고 일을 할 수 있었다. 이분들을 만나면서도 이분들이 20세기 세계 4대 생불이라는 것조차 몰랐을 만큼 불교에 관해서는 무지했었다.

　경동교회에서 기독교인으로만 자라서 불교를 만날 수 있는 시간도 기회도 없었다. 신학자인 나에게 기독교 신학이 한국의 민중 신학, 남미의 해방 신학, 미국의 흑인 신학, 여성 해방 신학, 에코페미니즘 신학 이렇게 단계적으로 배워왔던 학문이라면, 불교는 처음부터 수행으로 만난 경험이었다. 첫 인연은 인생의 고통과 만나면서부터였다. 이혼을 하는 과정 속에서 어떻게 해도 답이 안 나오고 이혼을 해야 하는 건지 결정조차 못하던 시절이었다. 학생 운동에서 만났던 전 남편은 한국 학생 운동의 급진주의적인 리더였고 마르크시스트(Marxist)인 남자였다. 그는 인생의 여러 과정을 겪으면서 종교 근본주의자가 되었다. 사람이 변하는 과정을 지켜보며 그리고 그 변하는 과정에서 그렇게 사랑했던, 동지였던 사람하고 헤어질 수 있을까 하는 고민이 계속되었다.

기독교에서는 결혼할 때 항상 이렇게 맹세한다.

"하나님이 묶어준 것을 인간은 나눌 수 없습니다. 죽음이 우리를 가를 때까지 우리는 함께 합니다."

나 역시 그 맹세를 하고 결혼했는데 죽음이 아닌 이유로 헤어져도 되는 건지 괴로워하고 있었을 때였다. 게다가 여러 가지 일들이 겹쳤던 시기였는데 기독교세계교회협의회에서 있었던 성령에 관한 주제 강연은 논란을 불러왔다. "이단이다. 마녀다." 무수한 손가락질을 받았고, 급기야 한국에 돌아와서는 살해 위협 편지를 받기도 했다.

그때 하버드대학에서 이런 사정을 알고 '여성과 젠더' 분야에서 초대를 해주어 강단에 서게 되었다. 하버드에서 집까지 오는 그 길에 대각사라는 절이 있었다. 한국말로 '대각사'라고 써 있어서인지 유난히 시선을 끌었고 지푸라기라도 잡고 싶었던 마음으로 무작정 그 절로 들어갔다. 그저 마음의 평화를 얻고 싶었다.

기독교 신학자로서 목사에게 의논하면 "당신 남편은 당신의 십자가"라면서 "예수님이 십자가를 지고 골고다를 가셨듯이 좋은 기독교인은 자기의 십자가를 져야 한다"라고 말씀하시고, 신부에게 의논하면 "성모 마리아가 예수님을 사랑한 것처럼 그렇게 사랑해야 한다"라고 말씀하시는데, 그런 얘기들이 하나도 안 들어왔다.

영성으로 만나는 '내 안의 나'

내 마음은 격렬하게 소리를 질렀다. "성모 마리아는 예수님의 어머니였잖아요! 남편은 내 아들이 아니잖아요!!"

미국에서 만난
대각사,
숭산 스님

첫 번째 불교 스승은 숭산 스님이었다. 목사의 조언이, 신부의 조언이
아무런 소용이 없었을 때 대각사를 마주했고 불교에서는 무슨 말씀을
하나 들어나 봐야겠다는 마음으로 대각사 안으로 들어갔다. 그리고
그 대각사가 숭산 스님이 계시던 절이었다.

처음 대각사에 들어갔던 날, 기다리면서 시키는 대로 명상을 하
고 앉아있다가 인터뷰 시간이 되었다고 들어가라길래 또 시키는 대로
들어갔다. 폴란드에서 오셨다는 선(禪) 마스터이자 숭산 스님의 제일
큰 제자였던 스님이 물음을 던졌다.

"Why are you here?"

이 절에 왜 왔냐는 질문인 줄로만 알았다. 처음 들어간 절, 처음

본 외국인 스님에게 그간의 신파를 주절주절 늘어놓았다. "남편이 운동권이었는데 이렇게 변해서 나는 지금 너무 고통받고 있고 이혼을 해야 하는지 정말 모르겠고…."

울면서 이야기를 했고 스님은 그 긴 하소연을 다 들으셨다. 그리고는 정말 목마르게 조언을 기다리고 있는데 딱 한 마디를 던지셨다.

"So?"

얼마나 맥이 빠지던지. 이 괴로움에서 벗어날 길이 어디 있는지 가르쳐 달라고 했더니 하시는 말씀이 "불교의 첫 번째 진리는 인생은 고통"이라는 거다. "'인생은 고'라는 게 불교의 첫 번째 진리이고, 모든 사람은 고통받는데 왜 너는 너만 고통받는다고 생각하면서 그렇게 난리를 치고 있느냐"면서.

"모든 사람이 고통받는다. 왜 너만 그렇게 특별하다고 생각하니? 왜 너만 고통받지 않아야 한다고 생각하니?"

화가 났다. 위로를 받고자 왔는데 위로는 안 해주고 야단만 치다니! 목사가 되기 위한 과정을 거치면서 사람이 고통을 가지고 오면 공감을 해줘야 한다고 배웠는데, 이 스님은 왜 이렇게 공감을 못 해주는지 울화가 치밀면서 욕이나 해주고 나가야겠다는 충동까지 느껴졌다. 그때 스님이 다시 말씀하셨다.

"네가 정말 이 고통에서 벗어나고 싶으면 앞으로 100일 동안 새벽 4시에 와서 나하고 같이 명상을 하자."

'아니 뭐 이렇게 잘난 척하는 사람이 젠(Zen) 마스터이지? 스님이 왜 이렇게 오만하지? 어디 한 번 해보자!'

그렇게 홧김에 시작한 명상은 매일 새벽 4시 대각사에서 100일

동안 이어졌다. 그런데 100일간의 명상 과정에서 스스로를 돌아보게 되면서 이 모든 고통의 많은 원인이 나 자신에게 있다는 게 보이기 시작했다. 그리고 그곳에서 숭산 스님을 만나게 되었다. 인자한 시골 할아버지 같은 겉모습만 보고 그분이 얼마나 유명하고 수행이 깊은 스님인지도 몰랐다. 그저 스님이 매일 와도 된다고 하시니 하루가 멀다 하고 스님한테 가서 이 질문, 저 질문을 했다. 말하자면 불교 과외 공부를 매일 하게 된 거다. 무려 숭산 스님과!

냉정하게
끊는 것 역시
자비의 한 모습

어느 날은 계속해서 고민하고 있던 문제에 대해 질문했다.

"요즘 미국 부모들이 고속도로에 아이를 버리고 가는 것처럼 남편과 이혼하면 제가 이 남자를 길에 버리고 가는 부모가 되는 것 같다는 생각이 들어요. 불교에서는 계속 자비를 베풀라고 가르치는데 제가 이 남자의 모든 이상한 변화를 받아주는 게 자비인가요?"

숭산 스님이 얘기를 들으시더니 이런 말씀을 하셨다.

"너는 불교의 자비를 잘못 이해하고 있다. 모든 걸 받아주고 참아주는 게 불교의 자비가 아니다. 문수보살이 진리의 칼을 들어서 이 망상을 딱 깨버리는 그것도 자비. 남편의 망상을 끊을 수 있는 기회를 주는 것이 그 사람에 대한 가장 큰 자비일 수 있다."

그동안 만났던 종교 지도자 누구에게도 이런 말을 들어본 적이 없었다. 냉정하게 끊는 게 가장 큰 자비일 수 있다는 말을 들어본 적이 없었다. 숭산 스님의 가르침은 잘못된 생각에 사로잡힌 나를 일깨웠다.

"고속도로에 아이를 버리고 가는 그 부모들은 그들의 관계가 부모와 자식과의 관계다. 부모는 자식을 버려선 안 된다. 너는 네 남편과 동등한 파트너의 관계인데, 왜 네가 그 사람을 떠나는 것이 마치 아들을 길가에다 버리고 간다고 생각을 하는가. 불교에서는 한 번 만나면 영원히 같이 있어야 한다고 이야기하는 사람이 아무도 없다. 불교에서 가장 큰 진리는 '모든 것은 변한다는 것'이다. 부부 관계도 그 두 사람이 같이 있으면서 서로 성장할 수 있어야 그게 진정한 결혼이지 서로의 성장을 죽이고 있다면 그것은 지킬 가치가 있는 결혼이라고 생각하지 않는다."

그동안 했던 생각의 출발 자체가 잘못되었던 거다.

그 후로는 농담과 진담을 반반 담아 "나는 예수님과 부처님 때문에 이혼한 사람입니다" 이렇게 얘기를 하곤 한다. 예수님의 재림을 믿는 급진적인 종파에 빠진 남편과 그 신학을 도저히 받아들일 수 없었고, "가장 큰 자비는 다이아몬드 칼로 문수보살처럼 자르는 것일 수 있다"라는 숭산 스님의 말씀에서 큰 가르침을 얻은 덕이다. 기독교에서는 결혼의 맹세를 할 때 항상 "죽음이 당신들을 나눌 때까지 절대 헤어져선 안 됩니다", "사랑은 영원합니다"라고 이야기하는데, 불교에서는 "모든 것은 변합니다"라고 말하는 것을 듣고 받은 충격이 아직도 생생하다.

그러한 경험을 하면서 숭산 스님과 숭산 스님이 속한 공동체에 관심을 갖게 되었고, 미국에 있는 관음 젠(Zen) 스쿨에서 공부도 하게 되었다. 그리고 놀라운 사실을 발견했다. 숭산 스님의 첫 번째 젠 마스터가 이혼한 레즈비언 싱글맘이었다는 것. 한국에서는 상상할 수 없는 일이지 않은가. 스님이 아닌 평신도였다. 이혼한 사람이었고, 싱글맘이었으며, 간호사로 일하면서 성 정체성은 커밍아웃한 레즈비언이었다. 우리가 흔히 말하는 '성소수자'에 대한 편견을 깨고 숭산 스님은 그분에게 처음으로 선 지도자 자격을 인정해 주셨다.

기독교는 그때만 해도 성소수자는커녕 여성은 신부 혹은 목사가 될 수 있다, 없다 논란만 가득한데 그 모든 것을 깬 이 여성이 숭산 스님의 관음 젠 스쿨 첫 번째 마스터가 된 거다. 관음 젠 스쿨에서는 남녀가 어떻고, 여성은 이래야 한다던가 남성이니까 저래야 한다는 등의 편견이 전혀 없었다. 이러한 파격적인 행보는 아마도 관음 젠 스쿨이 미국에 있어서 가능했던 일이 아닐까 생각한다.

불교의 가르침을 일상생활에서 어떻게 해 나아가야 하는지 하나하나 가르쳐 주신 숭산 스님에게 늘 깊이 감사한 마음이다.

마녀로 살아내던
시절의 터닝 포인트,
틱낫한 스님

두 번째 스승은 틱낫한 스님이다. "이단이다, 마녀다"라는 소리를 들을 때였다. 여성 신학을 공부하고 기독교 가부장제를 비판하면서 '아시아의 여성 해방 신학'이라는 새로운 학문 장르를 만들었다. 2,000년 기독교 역사의 가부장적인 전통, 가부장적인 성서 해석 그리고 가부장적인 관행 등에 대한 이러한 급진적인 비판은 당연하게도 많은 공격으로 이어졌다. 어떤 학문 분야에서 새로운 분야를 열고 거의 맨 앞에 서서 총알받이로 살아간다는 게 쉬운 일은 아니었다. 당시 미국에서 사이코 테라피를 받고 있었는데 그곳 벽에 시가 붙어 있었다.

Please Call Me by My True Names

진정한 이름으로 날 불러주오(틱닛한)

Don't say that i will depart tomorrow

even today I am still arriving.

Look deeply: every second I am arriving

내일이면 나 떠나리라 말하지 마라

오늘도 난 여전히 오고 있으니

깊은 눈으로 바라보라 나는 시시각각 오고 있나니

to be a bud on a Spring branch,

to be a tiny bird, with still-fragile wings,

learning to sing in my new nest,

to be a caterpillar in the heart of a flower,

to be a jewel hiding itself in a stone.

봄나무 가지 꽃눈이 되어

갓 지은 둥지 속 지저귐을 배우는

날개도 연약한 작은 새가 되어

꽃 속의 애벌레가 되어

바위 속에 몸을 숨긴 보석이 되어

I still arrive, in order to laugh and to cry,

to fear and to hope.

나는 아직도 오고 있나니 웃고 또 울려고

두려워하고 또 희망을 품으려고

The rhythm of my heart is the birth and death
of all that is alive.
내 심장의 박동은 곧
뭇 생명의 탄생과 죽음

I am a mayfly metamorphosing
on the surface of the river.
And I am the bird
that swoops down to swallow the mayfly.
나는 나뭇잎 뒤 고치 옷 입는 애벌레
또한 나는 봄 오면 때맞춰 애벌레 잡으러 오는 새

I am a frog swimming happily
in the clear water of a pond.
And I am the grass-snake
that silently feeds itself on the frog
I am the child in Uganda, all skin and bones,
my legs as thin a bamboo sticks.
And I am the arms merchant,
selling deadly weapons to Uganda.
나는 맑은 웅덩이 한가로이 헤엄치는 개구리

또한 나는 소리 없이 다가와 그를 삼키는 뱀
나는 대나무처럼 말라가는 우간다의 아이
또한 나는 우간다에 살인 무기를 파는 거래상

I am the twelve-year-old girl,

refugee on a small boat,

who throws herself into the ocean

after being raped by a sea pirate.

And I am the pirate,

my heart not yet capable

of seeing and loving.

나는 조각배에 몸 맡기고 고국을 탈출하다

해적에게 강간당하고 바다에 몸 던진 열두 살 소녀

또한 나는 아직 남의 마음 헤아리고

사랑하는 가슴 지니지 못한 해적

My joy is like Spring, so warm

it makes flowers bloom all over the Earth.

My pain is like a river of tears,

so vast it fills the four oceans.

내 기쁨은 봄과 같아서

그 온기가 생명 가는 모든 길에 꽃 피게 하고

내 고통은 눈물의 강처럼 흘러

오대양 가득 채우나니

Please call me by my true names,

so I can hear all my cries and laughter at once,

so I can see that my joy and pain are one.

진정한 이름으로 날 불러주오

내 모든 울음과 웃음 한꺼번에 들을 수 있도록

내 고통과 기쁨 하나임을 알 수 있도록

Please call me by my true names,

so I can wake up

and the door of my heart

could be left open,

the door of compassion.

진정한 이름으로 날 불러주오

내 잠 깨어 가슴의 문, 자비의 문 열어 놓을 수 있도록

이 시를 본 순간 화가 치밀어 올랐다. '어떻게 이 난민 소녀를 강간해서 물에 빠져 죽게 한 해적과 강간당하고 물에 빠져 죽은 이 소녀가 같을 수 있지?' 페미니스트 테라피스트인 사람들이 왜 이런 시를 붙여놨는지 이해할 수가 없었다. 난민 소녀를 강간하는 장면에 가슴이 막혀 소화가 되질 않았다. 화가 가득 찬 내게 테라피스트는 말했다. "틱낫한 스님으로부터 많은 것을 배운다. 너도 이 스님에 대해 더 깊이 공부

를 한다면 많은 도움을 받을 수 있을 것이다." 이 시에 무언가 있는 것 같은데 나의 작은 가슴과 작은 머리로는 도저히 이해할 수가 없었다. 그리고 그 의문은 매일매일 계속해서 커져서 결국 프랑스에 있는 국제수행센터인 플럼 빌리지(Plum Village)를 찾아가기에 이르렀다. 틱낫한 스님을 만나서 담판을 짓겠다면서! 그렇게 갔더니 틱낫한 스님이 독일에서 테라피스를 대상으로 하는 사이코 테라피와 명상에 대한 세미나 중이니 틱낫한 스님을 만나고 싶으면 독일로 가라는 거다.

그 길로 찾아간 독일의 아주 작은 숲속의 채플에서 틱낫한 스님을 처음 만났다. 틱낫한 스님의 얼굴도 모르는 채 제일 앞에 앉아서 기다리고 있는데 틱낫한 스님과 제자들이 뒤에서 천천히 행선을 하며 들어왔다. 그런데 틱낫한 스님의 얼굴을 마주한 그 순간부터 눈물이 쏟아지기 시작했다. 말씀을 시작하시지도 않았는데 얼굴만 보고 쏟아지기 시작한 눈물이 멈추질 않았다. 그날 나는 내내 울면서 법문을 들었다.

세미나 기간 동안 틱낫한 스님께서 모두에게 질문을 써내라고 했다. 가지고 온 가장 큰 질문을 써서 내면 하루에 한 가지씩 법문을 해주겠다고 했고 그 일주일 중 4일째 되던 날, 내가 냈던 질문으로 법문을 해주셨다. 세미나를 통해 인생에서 갖고 있었던 가장 큰 의문들이 많이 풀리게 되었고 그렇게 틱낫한 스님은 나에게 두 번째 뿌리 스승이 되어주셨다.

하루는 들판을 같이 걷는데 성경 구절이 떠올랐다. 혈우병에 걸려서 계속 피를 흘리는 여성이 예수님의 옷자락을 잡으면서 병이 나았던 장면이 생각이 나면서 나도 모르게 워킹 메디테이션(working meditation) 중이던 틱낫한 스님의 뒤에서 스님의 옷자락을 탁 잡았다. 아마 스님은 잘 모르셨겠지만 그 날의 일이, 그 일주일의 경험이 인생의 큰 전환기가 되었다.

분노는 정화하고 평화를 위하는 마음으로

숭산 스님이 문수보살처럼 칼로 자르듯 가르침을 주었다면, 틱낫한 스님은 시를 읽고 만트라[眞言: 참된 말, 진실한 말, 진리의 말]를 하고 아름다운 동화 같은 스토리 텔링을 해주시면서 마음을 열게 해주었다. 틱낫한 스님이 가진 모성성, 사람을 꽃 피우게 하는 그런 모성성 때문에 틱낫한 스님에게 그토록 많은 서양의 제자들이 생긴 것 같다는 생각을 한다.

베트남 전쟁 종식에 큰 공헌을 했던 분이 틱낫한 스님의 제자였다. 틱낫한 스님의 제자들이 베트콩에 참여해서 프리덤 파이터가 되려고 했을 때 틱낫한 스님이 항상 하신 말씀이 있다.

"살생하지 말아라, 죽이지 말아라. 어떤 상황에서도 죽이면 안 된다."

틱낫한 스님의 제자들 중 소신공양(燒身供養)을 하겠다는 제자가 있었는데, 스님이 그때 이렇게 가르치셨다고 한다.

"분노와 복수를 위한 소신공양은 안 된다. 우리를 공격하는 미국에 대한 그 모든 용서, 자비, 연민 그리고 평화를 원하는 마음으로 한다면 허락하겠지만 분노에 불타서 하는 소신공양은 허락할 수 없다. 그 분노를 정확하게 정화하고 행동을 해야 한다."

사이공에서 틱낫한 스님의 제자가 온몸에 석유를 뿌리고 몸에 불을 붙이고 평화롭게 앉아서 소신공양하는 장면이 『뉴욕타임즈』 전면에 나오면서 미국의 반전 평화 학생운동이 시작되었다. 틱낫한 스님이 항상 말씀하시는 참여불교의 모습이었다. 틱낫한 스님 역시 난민 보트를 구하기 위해 배를 타고 직접 활동하다가 추방당하기도 했다. 틱낫한 스님은 스님이 가지고 있던 모성성, 여성성으로 얼마나 많은 사람들을 가슴에, 품에 안으셨는지를 온몸으로 느끼게 하는 스승이었다.

해방 신학자와
한없는 인내의 상징
마하 고사난다 스님

나의 세 번째 스승은 캄보디아의 큰스님, 마하 고사난다 스님이다. 캄보디아는 30년도 넘는 시간 동안 크메르 루즈(Khmers rouges, 캄푸치아 공산당의 무장 군사조직)에 의해 많은 사람들이 죽었다. 마하 고사난다 스님의 가족 역시 몰살을 당했다.

남미의 해방 신학자, 신부들은 게릴라가 되어 총을 들고 독재자와 싸웠다. 그런데 마하 고사난다 스님은 가족이 몰살당하는데도 저항하지 않으셨다. 그 이야기를 듣고 마하 고사난다 스님에게 질문을 했다.

"스님은 왜 가족들과 캄보디아의 수많은 신도들을 보호하지 않으셨나요? 스님은 왜 남미의 신부님들처럼 싸우지 않으셨나요? 스님에게 다시 선택의 기회가 온다면 여전히 스님의 가족과 신도들의 죽음을 바라보실 건가요?"

마하 고사난다 스님은 미소를 지으며 말씀하셨다.

"그저 죽임을 당하지 절대 죽이지 않겠다."

해방 신학자인 나에게는 너무나 큰 딜레마였다. 이렇게 많은 사람들이 독재자와 테러리스트의 손에 죽어가는데 죽이지 말라는 가르침 때문에 아무 저항도 하지 못하고 죽어야 하는 것이 진정한 믿음인지, 아니면 일어나서 스스로를 방어하는 것이 인간에 대한 사랑이고 존중인지 알 수가 없었다. 종교를 불문하고 어머니에게 "만약 누군가가 당신의 자식을 죽이려고 하면 어떻게 하겠냐?"라고 물어보면 대다수 어머니들은 "내 자식을 죽이려는 사람을 죽이겠다"라고 대답한다.

숭산 스님은 항상 이렇게 말씀하셨다.

"계명을 지켜야 할 때와 깨야 할 때가 있다. 지킬 때와 깰 때를 결정하는 것도 너의 자유다. 히틀러가 600만 유대인들을 죽일 때 히틀러를 멈출 수 없다면 그때는 본회퍼처럼 히틀러를 죽임으로써 600만 유대인을 구하는 게 보살행이다. 그러나 히틀러를 죽인 그 살인의 모든 업보는 네가 지고 너는 지옥을 가야 한다."

대다수 어머니들의 반응과 숭산 스님의 지계와 파계에 관한 가르침이 내겐 더 와닿았다. 그래서일까. 마하 고사난다 스님의 이 한없는 부드러움과 인내에 대해서 많은 의문을 갖기도 했다. 아직도 나는 잘 모르겠다.

30년이 넘는 전쟁으로 캄보디아의 많은 땅에는 여전히 지뢰가 묻혀 있다. 마하 고사난다 스님을 위시한 스님들이 앞장서서 평화를 위해 그 지뢰밭을 걸었고 그 과정에서 지뢰가 터져 돌아가신 스님들도 있다. 당시 속해있던 평화위원회에서 유서를 쓰고 함께 그 길을 걸으면서 불교와 평화에도 정말 다양하고 많은 해석이 있다는 걸 깨달았다.

숭산 스님의 해석, 틱낫한 스님의 해석, 마하 고사난다 스님의 해석. '지혜와 자비가 무엇인가에 대해서 100만 가지의 대답이 있구나'라고.

그리고 캄보디아에서 지뢰밭을 걸었던 이 명상은 이생에서 생물학적 아이를 낳지 않겠다는 결심을 하는 계기가 되었다. 30년 이상 계속된 전쟁으로 기간 산업이 모두 무너져 오락 시설 하나 없는 나라에서 그나마 즐길 수 있고 할 수 있는 건 성행위뿐인 상황. 여자가 스무 살 즈음이면 벌써 아이가 대여섯 명이니, 스무 살 엄마들이 우리나라 40대 아주머니처럼 보인다. 이 세상에는 돌봄을 받지 못하는 아이들이 이미 너무 많다.

'이렇게 돌봄을 받지 못하는 아이들이 많은데 내가 또 생물학적 아이를 하나 만든다는 것은 정말 의미가 없는 일이겠구나.' 이런 생각이 마하 고사난다 스님과 캄보디아의 평화 운동에서 배운 것이었다.

아직 깨닫지
못했다던 생불
달라이 라마

네 번째 스승은 달라이 라마이다. 달라이 라마는 활동하고 있던 평화위원회의 위원이기도 했고 다람살라에 갔을 때는 팔라 차크라 등의 공부를 함께 하기도 했다.

달라이 라마와 함께 하면서 가장 기억에 남는 것은 샌프란시스코에서의 법문이다. 당시 달라이 라마는 샌프란시스코 법문에서 게이 문제를 거론하면서 "동성애는 불교적이 아니다"라고 말씀하셨고, 샌프란시스코 게이 불교 커뮤니티가 말 그대로 뒤집어졌던 일이 있었다. 동성애 불자들이 달라이 라마에게 온갖 공격을 쏟아붓자 달라이 라마가 말씀하셨다.

"나는 성행위를 하지 않는 스님이다. 성에 대해서 모르는 사람이

성에 대해서 말한다는 것은 별로 권위가 없다. 당신들이 내가 틀렸다고 하니 더 깊이 공부를 하고 여러분의 이 질문에 다시 대답을 하겠다."

내가 틀릴 수 있다는 걸 바로 시인할 수 있는 큰스님이셨다. 한 번은 유니언 신학대학원과 컬럼비아 대학교에서 달라이 라마를 주제 강사로 모시고 'Piece is possible(평화는 가능하다)' 평화 컨퍼런스를 열었다.

"If we have piece, we are happy. If you want to be happy, we need to have a piece."

우리가 행복하기 위해서는 평화가 있어야 하고 평화가 있으면 행복해지기 때문에 우리는 평화를 찾아야 한다는 그 간단한 법문을 들으며 "나도 말 할 수 있겠는데?" 당황했던 건 잠시, 달라이 라마는 컨퍼런스 내내 많은 이들에게 큰 가르침을 선사했다. 전 세계 유명한 불교학자들이 다 모였던 이 평화 컨퍼런스에서 개최된 돈오돈수 국제 세미나 중 한참 듣고 있던 달라이 라마가 갑자기 일어나 말씀하셨다.

"One thing is clear, I'm not enlightened."

내가 아는 분명한 하나는 나는 깨닫지 못했다는 것이다. 돈오돈수 토론을 하고 있는데 우리 모두가 살아 있는 부처님이라고 모시고 있는 달라이 라마가 본인은 깨닫지 못했다고 말씀하시면서 이렇게 말씀을 이었다.

"I'm not interested in enlightened. What i am interested in."

"깨달음에 관심은 없다. 나한테 오는 모든 존재들에게 어떻게 하면 가장 친절할 수 있는가, 가장 자유로울 수 있는가의 문제가 나의 관심사"라고 말씀하시고 앉으셨다. 달라이 라마는 마치 왕 펭귄처럼 컨퍼런스 세미나에 왕창 찬물을 끼얹었고 세미나는 더 이상 진행되지 못했다.

살아 있는 부처님이 깨닫지 못했고 깨달음에 관심도 없다고 하셨으니 참석한 사람들이 얼마나 당황했겠는가. 그러나 나에게는 그 말씀이 감동으로 다가왔다. 어떻게 이런 상황에서 저렇게 말씀하실 수 있을까 궁금해졌다. 그래서 달라이 라마와 같이 공부하신 컬럼비아 대학의 로버트 서먼 교수, 영화배우로 유명한 우마 서먼의 아버지에게 물었다.

"달라이 라마가 왜 저렇게 말씀하셨을까요? 정말 깨닫지 못해서 저렇게 말씀하셨을까요?"

서먼 교수의 말씀은 티베트 불교에서 가르침의 단계가 너무 많고 깨달음의 단계도 너무 많다는 거다. 달라이 라마는 그 깨달음의 단계 중 아주 초기 단계의 깨달음이기 때문에 깨달았다고 말하고 싶지도 않다는 겸손의 표현이라는 설명이었다. 그 컨퍼런스 이후 나는 종종 이런 생각을 하곤 한다.

'달라이 라마가 아주 초기 단계의 깨달음을 얻은 분이라면 우리는 도대체 어디에 서 있는 걸까?'

삶에서 만난 빛과 길을 함께 할 수 있기를

티베트 불교에서 현재는 비구니들이 비구들에 비해 위축되어 있지만 그 역사 속에 수많은 여성 수행자들이 있다. 티베트에 불교를 전했고 살아 있는 부처님으로 일컬어지는 예세 초겔은 깨달은 여성 수행자였다. 예세 초겔의 삶 자체가 모두 다 전설처럼 전해져 오지만 그중에서도 불교여성의 성과 사랑이 가장 잘 드러난다고 생각되는 일화를 소개하고자 한다.

공주였던 예세 초겔은 일반적인 결혼을 원하지 않았다. 그래서 파드마삼바바가 불교를 전하러 왔을 때 그의 파트너(consulter)로 같이 지냈는데 파드마삼바바에게 다른 젊은 여성 파트너가 생긴 것이다. 이에 예세 초겔은 뒤도 안 돌아보고 파드마삼바바를 떠난다.

빈 몸으로 떠나 탁발승으로 살다가 갑자기 죽은 힌두 패밀리의 외아들을 법력으로 다시 살아나게 한 공으로 큰 돈을 받게 되었는데, 예세 초겔은 그 돈을 받고 바로 노예 시장으로 가서 가장 건강하고 깔끔한 젊은 소년을 사서 자신의 파트너로 성장시켰다. 훈련과 명상을 통해 가르치면서 연인으로서 또 파트너로서 같이 깨달음의 도반이 되었다는 이야기다. 21세기의 여성도 하기 어려운 일을 12세기, 13세기에 해냈던 것이다.

불교에서 말하는 무아(無我, egolessness), 본성의 없음, 그리고 젠더가 공(空)하다는 것을 몸소 알려주신 스승들(숭산 스님, 틱낫한 스님, 마하 고사난다 스님, 달라이 라마)과 예세 초겔 같은 불교의 스승들을 보면서 매 순간 많은 깨달음을 얻을 수 있었다. 여성의 몸으로 태어나서 여성성도 포기하지 않고 나의 깨달음도 포기하지 않고 대자유를 얻을 수 있다는 큰 가르침을 받았다. 내 안에 나를 찾아가는 영성의 길이 100만 가지가 있겠지만, 이 네 분의 스승들을 통해서 젠더를 뛰어넘는 공허함, 무아 등을 실천하면서 배우게 되었다. 앞으로 가야 할 길이 멀고 멀지만 그래도 이러한 등대가 있다는 것은 나의 삶에 아주 큰 빛과 길이 되어주었기에 이 빛과, 이 길을 이렇게 나눌 수 있어서 감사하다.

2

붓다에게 사랑과 결혼을 묻다

글. 이미령(북칼럼니스트, 경전이야기꾼)

사랑의
힘은
위대하다

스물 네 살의 사랑스러운 여인 니농이 에이즈에 걸렸다. 이 사실을 알게 된 것은 안타깝게도 사랑하는 남자가 생긴 뒤였는데, 작은 자동차에 옷가지를 싣고 팔러 다니는 지노라는 남자가 바로 니농의 연인이었다. 천만다행히도 지노는 음성으로 판명되었지만 니농은 지노와의 관계를 끊는다. 죽음의 저주를 사랑하는 남자에게 옮길 수는 없기 때문이었다.

　　하지만 지노의 생각은 달랐기에 에이즈에 걸린 니농에게 청혼했지만 "나 때문에 죽을 수도 있다는 거 알지? 지노, 내가 피 한 방울, 한 방울만 이 사이로 흘려 넣어도 자기는 끔찍하게 죽을 거야. 내가 죽고 나서 1, 2년 후에"라며 니농은 연인의 구애를 거절했다.

지노는 이별을 통보하는 연인을 배에 태우고 강으로 나아갔다. 그런데 두 연인이 탄 배는 여느 배와는 달리 노 젓는 사람이 배가 진행하는 방향을 보고 젓게 되어 있는 배였다. 그들이 헤쳐가야 할 강이 너무나도 넓어서 앞을 똑바로 보고 젓지 않으면 어디로 흘러가는지 알아차릴 새도 없이 급류에 휘말리기 때문에 강 한복판에 있는 섬으로 가려면 세찬 물살에 그저 배를 맡겨야만 했고, 두 사람을 태운 배는 너무나 미미하여 물살을 거역할 수도 없었다.

"제방으로 가! 죽고 싶지 않아!"

머지않아 죽을 게 빤한 니농은 강물의 거센 힘을 느끼자 이렇게 외치지만 노를 젓고 있는 지노는 침착하게 말했다.

"그러지 말고 나를 좀 더 믿어 봐."

지노와 니농은 거센 물살에 몸을 내맡기고 흐름을 타기 시작했고 우여곡절 끝에 두 사람은 배에서 무사히 내릴 수 있었다. 지노는 왜 연인과 배를 탔던 것일까? 그건 바로, 사랑하는 니농과 자신이 앞으로 어떻게 살아가야 하는가를 그녀에게 보여주기 위해서였다.

에이즈 환자인 니농은 분명 지노보다 더 빨리 그리고 더 고통스럽게 죽어갈 것이다. 하지만 지노는 안다. 우리는 누구나 태어나는 순간 죽음을 향해 걸어가고 있는 중이라는 사실을. 그건 빤한 사실인데 아직 도착하지도 않은 죽음을 미리 계산하고서 벌써부터 죽은 사람으로 살 수는 없다는 것을 말이다.

그리하여 지노와 니농은 누구보다 멋진 결혼식을 올린다. 동네 사람 모두가 참여하고, 떨어져 지내던 니농의 부모도 해후하게 된다. 엄마는 슬로바키아의 브라티슬라바에서 버스를 타고, 아빠는 프랑스

모단에서 오토바이를 타고 딸의 결혼식이 열리는 이탈리아 시골 마을을 향해 달려온다. 사람 사이는 벽이 있고 때로는 자기만의 동굴도 필요하지만, 산다는 것은 그 장벽을 깨고 나와서 손을 맞잡는 것을 말한다. 결혼은 바로 그런 의미의 아름다운 화합이다.

책 좀 읽는다는 사람이라면 몇 손가락 안에 꼽는 작가 존 버거(John Berger, 1926~2017)의 소설 『결혼식 가는 길(To The Wedding)』의 줄거리다. 사랑의 힘은 죽음마저도 이겨낸다는 진부한 말이 이처럼 찌르르하게 와 닿은 건 이 소설이 처음이었다.

산다는 것은 어찌 보면 덧없음(무상)과의 줄다리기가 아닐까. 모든 것이 영원하지 않다는 것을 알면서도 사람은 덧없음을 그대로 받아들이지 못한다. 불안하고 외롭다. 영원한 것을 찾아서 기대려 한다. 어쩌면 그래서 우리는 사랑하고 싶고, 연인을 곁에 두고 싶은 건지도 모르겠다. 그것도 오래오래. 죽음이 갈라놓을 때까지!

사랑의 아름다운 종착지는 결혼이요, 그 사랑의 결실은 출산이라고들 한다. 산다는 것이 바로 그런 과정을 거쳐 가는 것이니 독신을 주장하는 사람이 점점 불어나고 있어도 우리는 어김없이 청첩장을 받는다.

그런데 가만 생각해 보면, 사랑하여 결혼에 골인하지만 그 끝은 반갑지 않다. 그건 이별이요, 더구나 죽음으로 맞이하는 이별이기 때문이다. 주례사에도 나와 있지 않던가? "죽음이 우리를 갈라놓을 때까지." 그러니 사랑의 힘이 영원하다 하여 결혼에 골인한다 해도 죽음 앞까지라는 유효기간이 명시되어 있음을 잊어서는 안 된다. 백년해로한다고 해도 죽음 앞에서는 갈라진다. 한 날 한 시에 생을 마친다 한들 다음 생을 동시에 함께 한다는 보장은 없기 때문이다.

사랑의 종착점에 죽음이 있다는 사실을 모르는 사람은 없으나, 그것까지 굳이 생각하고 싶어 하지 않는다. "살아 있는 동안 행복하면 된 것 아닌가요?" 이렇게 생각한다. 심지어 사랑으로 죽음까지도 극복할 수 있다고 믿기까지 한다. 엄밀하게 말하자면 죽음을 극복하는 것이 아니라 죽음의 두려움을 이겨내려는 것이다. 앞에서 인용한 니농과 지노처럼 말이다.

불교에 관심이 있는 사람들 중에는 '불교 믿으면 연애해도 괜찮을까? 결혼하고 가정을 꾸리는 그런 것 죄다 번뇌요 집착이라고 하는데…'라는 물음을 품는 이도 있다. 심지어는 "결혼해도 되나요? 결혼, 할까요, 말까요?"라고 농담 반 진담 반의 질문을 하는 청년을 만나기도 한다. 세상에서 가장 바보 같은 질문이 아닐 수 없다. 자기 인생은 자기 것인데 왜 자기의 연애와 결혼을 다른 사람에게 묻는지 모르겠다. 그리고 이런 질문을 품는 것 자체가 이미 마음속에 결혼을 향한 욕구가 싹터 있다는 증거가 아닐까?

"불교를 믿으면 사랑하거나 결혼하는 것이 괜찮을까요?" 하는 질문은 의미가 없다. 설령 붓다가 사랑하지 말고 결혼하지 말라고 해도 사람들은 본능적으로 사랑을 찾고 짝을 이루기 마련이다. 그렇다면 이제 문제를 다시 던져보기로 하자.

"불교에서는 사랑(혹은 결혼)을 어떻게 바라볼까?"

이런 질문이라면 한 번 다뤄볼 만하다.

붓다의
사랑법

대체로 불교가 세속 사람들의 사랑을 그리 긍정적으로 보지 않는 것
처럼 느껴지는 모양이다. 정작 석가모니는 보통 사람들이 경험한 결
혼과 출산의 과정을 거쳤다. 석가족의 왕자로서 10대 후반에 같은 석
가족인 꼴리야족의 여성 야소다라와 혼인했고, 아들 라훌라를 낳은
것은 역사적 사실이다. 따라서 붓다의 삶에서 사랑과 결혼이 어떻게
다뤄지고 있는지를 살펴보면 그에 대한 불교적 입장을 풀어나가는 실
마리를 잡을 수 있을 것이다.

　　붓다의 삶은 세 단계로 나눌 수 있다.

　　첫째는 붓다가 되기 이전 청년 싯다르타의 시기이니, 여느 세속
청년과 크게 다르지 않다. 둘째는 붓다가 되기 이전 구도자(보살) 싯다
르타의 시기이니, 이성을 향한 욕망은 극복하고 끊어내야 할 번뇌로

다뤄진다. 셋째는 붓다가 되고 난 이후의 시기이니, 여전히 이성을 만나 사랑하고 결혼하려는 세속 사람들을 향해 붓다가 어떤 입장을 취했는지를 살펴볼 수 있다.

1) 청년 싯다르타의 그녀, 야소다라

싯다르타가 막 태어나서 그의 미래를 점치던 선인(仙人)들은 손가락 두 개를 세우고서 말했다.

"태자 몸에는 성자들만이 지니는 32가지 신체적 특징이 나타나 있습니다. 이런 특징을 지닌 사람에게는 장차 두 가지 길이 펼쳐집니다. 한 가지 길은, 왕 중의 왕인 전륜성왕이 되어 온 천하를 다스림이요, 다른 한 가지 길은, 궁을 떠나 구도자가 되면 장차 붓다가 되어 세상 사람들의 큰 스승이 되는 것입니다."

세상의 대부분 부모는 자식이 세속의 영화를 누리기를 바란다. 부왕인 숫도다나도 마찬가지였다. 그는 아들에게 출가하려는 마음이 일어나지 못하도록 온갖 계책을 세웠다. 신하들도 앞 다퉈 달려와 이렇게 제안을 했다.

"대왕이시여, 이제 빨리 태자를 위해서 따로 궁궐을 짓고 온갖 궁녀들과 즐겨 놀도록 하소서. 그러면 태자는 출가하지 않을 것입니다."●

부왕은 아들의 둘레에 늙고 병든 사람이나 죽음의 그림자가 얼

● 　　이 이야기는 『불본행집경』 「결혼 상대를 쟁취하기 위해 무술을 다투는 품(捔術爭婚品)」에서 가져왔으며 문장을 많이 다듬었음을 밝힌다.

씬하지 못하도록 보초를 세웠고, 세 계절을 위한 궁전 세 채를 지어서 온갖 맛 좋고 아름답고 유쾌한 것들로 궁전을 채웠다. 숫도다나왕은 이것으로도 마음을 놓을 수 없어 짝을 지워주면 절대로 출가할 생각을 내지 않으리라는 판단 아래 혼례를 서두른다. 보석 노리개를 많이 만들어 태자에게 들려서 궁궐 문 앞에 7일 동안 서게 했다. 태자비를 간택하는 일임을 알고서 수많은 여인들이 몰려올 것이니, 태자가 그 여인들에게 노리개를 하나씩 건넬 때 표정과 시선을 잘 살폈다가 그 중에 여인 하나를 선택하기로 한다.

싯다르타는 이 일이 그리 즐겁지 않았는지 수많은 여인들이 몰려와서 태자를 향해 아름다운 자태를 뽐내며 노리개를 청하자 정중하게 건네면서도 표정은 무덤덤했다. 그러다 7일째 되던 날, 마침내 싯다르타의 그녀, 야소다라가 등장한다. 이 일은 『불본행집경』에 자세하게 기록되어 있는데 경전 내용을 조금 다듬어서 소개하고자 한다.

7일 째 되는 날, 보석 노리개가 담긴 바구니가 텅 비었다. 바로 그때 석가족 여인 야소다라가 수많은 시종과 시녀들에게 둘러싸여서 싯다르타 태자 앞에 나타났다. 야소다라는 멀리서부터 태자를 향해 꼿꼿하게 고개를 들고 시선을 맞추며 다가왔다. 그리고 싯다르타 태자 앞에 이르자 그녀는 조금도 부끄러워하거나 망설이지 않고 말했다.

"저에게 보석 노리개를 주십시오."

태자는 대답하였다.

"그대는 너무 늦게 온 바람에 보석 노리개가 남아 있지 않소."

그녀가 말했다.

"보석 노리개를 주겠노라 약속하지 않으셨나요? 저에게 무슨 허물이라도 있단 말입니까? 왜 거짓말을 하시죠?"

태자는 거듭 야소다라의 뒤늦은 출현 때문임을 알려주다가 자신의 손가락에 끼워져 있던 값비싼 가락지를 빼어서 건네주었다. 야소다라는 말했다.

"제가 당신에게 겨우 이 정도의 가치밖에 없습니까?"

태자는 대답하였다.

"내 몸에 걸치고 있는 모든 보석 장식물을 그대가 가져가고 싶은 대로 다 가져가도 좋소."

이 말을 듣자 야소다라가 대답했다.

"제가 어찌 태자님 것을 벗기겠습니까? 오히려 제가 태자님의 몸을 장엄해 드려야 할 것입니다."

태자에게 이렇게 말하고는 야소다라는 기쁜 내색 하나 없이 되돌아갔다.

기쁜 내색이 없었다는 말은 반지와 보석 장식으로 만족하지 못한다는 뜻이다. 태자의 배우자가 되겠다는 바람을 이렇게 표현하고 있다. 숫도다나왕은 신하를 통해 7일 동안 싯다르타 앞을 거쳐 간 수많은 여인 가운데 태자의 눈길이 가장 오래 머문 여인이 야소다라라는 보고를 받은 즉시 두 사람의 혼례를 서둘렀다. 싯다르타는 다시 석가족 왕자들과 야쇼다라를 얻기 위한 무술 시합에까지 나서 당당히 사랑을 쟁취했다.

비록 문학적으로 많이 각색되었을지라도 이 내용을 보자면 싯다르타는 어쩌면 순종적인 성품의 여성보다는 야쇼다라처럼 주관이 뚜렷하고 자기 생각을 거리낌 없이 표현하는 여성에게 더 이끌렸던 것 아닐까 짐작해 본다.

하지만 이렇게 당당한 야쇼다라와의 결혼도 오래 가지 못했다. 부왕의 바람대로 결혼을 했고 아들까지 낳았지만, 싯다르타는 이런 세속의 사랑과 결혼이 존재의 밑바탕에 깔려 있는 삶과 죽음에 대한 불안과 두려움을 해결해 주지 못한다는 생각을 떨쳐버릴 수 없었기 때문이다. 그 어떤 사랑도 인간에게 늙음과 병, 죽음을 없애주지 못하기에 세상에서 여느 사람들처럼 울고 웃고 살아가는 삶을 싯다르타는 스스로 용납할 수 없었다.

결혼이 인생의 전부가 아니라는 생각, 결혼에서 오는 기쁨과 즐거움이 한 개인의 근본적인 생에 대한 불안과 두려움을 상쇄하지는 못하리란 판단이 내려지자 그는 마침내 출가를 하게 된다. 아버지가 그토록 두려워한 일을 과감히 실행한 것이다. 그의 출가는 한 여인의 남편, 한 아이의 아버지, 아버지의 아들 자리를 포기하는 구체적이고 적극적인 행동이었다. 그는 스승을 찾아다니는 구도자가 되었다.

2) 구도자 싯다르타에게 사랑이란?

궁을 나와서 보리수 아래에서 깨달음을 얻기까지 6년 동안 구도자 싯다르타의 궤적에 여성은 없었다. (물론 고행으로 지친 몸에 기력을 불어 넣어 준 유미죽을 끓여온 수자타라는 여인이 등장하고 있기는 하지만) 당연한 일이다. 이성을 향한 갈망, 성욕은 구도자라면 반드시 극복하고 끊어야 할 번뇌였기 때문이다. 구도자 싯다르타가 6년 동안의 치열한 고행을 포기한 뒤 자신만의 방식으로 깨달음에 이르겠노라 다짐하고서 보리수 아래에 자리하고 앉았을 때, 그 앞에 모습을 드러낸 마왕 파순 이야기는 너무나도 유명하다.

마왕은 싯다르타를 부드럽게 회유하면서 보리수 자리에서 일어나 궁으로 돌아갈 것을 제안한다. 싯다르타가 마왕의 회유를 거절하자 마왕을 거들기 위해 나타난 존재들은 바로 그의 세 딸이다. "아버지, 우리는 여자입니다. 이제 그를 탐욕의 밧줄 등으로 묶어서 데려오겠습니다. 걱정하지 마십시오"라며 그들은 할 수 있는 한 가장 매력적이고 관능적인 자태로 보리수 아래에 정좌한 35세 청년 앞으로 다가갔다.

6년 고행으로 몸과 마음이 피폐해진 젊은 구도자에게 여성의 유혹은 치명적이다. 바로 그 점을 노린 마왕의 세 딸이 온갖 매력을 뽐내면서 싯다르타를 보리좌에서 일어나게 하려고 다가온 것이었다. 세 딸의 이름은 탕하(Taṇhā, 갈애), 아라띠(Aratī, 혐오), 라가(Ragā, 탐욕)다. 그 이름만으로도 구도자에게 여인의 등장은 어떤 의미를 담고 있는지 명확하다. 마왕의 딸들의 등장은 경전마다 그 내용이 조금씩 다른데 조금 더 극적으로 기술하고 있는 『방광대장엄경』「악마를 항복받는 품」을 보면, 이성을 유혹하기 위한 몸짓 32가지가 꽤 자세하게 표현되어 있다.

악마왕은 그때 또 여러 딸들에게 명하였다.

"너희 여러 딸들은 함께 저 보리수 아래에 가서 이 석가 태자를 꾀어 그의 깨끗한 행을 무너뜨려라."

이에 악마의 세 딸들은 보리수에 나아가 보살 앞에서 아름다운 말과 아름다운 자태 서른두 가지로 보살에게 교태를 떨며 유혹했나니, 첫째는 눈썹을 쳐들고 보면서 말이 없는 것이요, 둘째는 치마를 걷어 올리고서 앞으로 걸어가는 것이요, 셋째는 얼굴을 숙이고서 웃음을 머금는 것이요, 넷째는 서로 희롱하는 것이요, 다섯째는 사랑하며 그리운 듯이 하는 것이요, 여섯째는 서로 쳐다보는 것이요, 일곱째는 입술과 입을 가리며 감추는 것이요, 여덟째는 아양부리는 눈으로 곁눈질하여 보는 것이요, 아홉째는 새색시처럼 가늘게 뜨고 보는 것이요, 열째는 공경하여 절하며 뵈는 것이다.

열한째는 옷으로 머리를 덮는 것이며, 열두째는 번갈아 서로 꼬집고 때리는 것이며, 열셋째는 귀를 기울여서 듣는 척하는 것이며, 열넷째는 앞에서 마중하며 걷는 것이며, 열다섯째는 넓적다리와 무릎을 드러내 놓는 것이며, 열여섯째는 가슴을 드러내기도 하는 것이며, 열일곱째는 옛정을 불러일으키려는 듯 희롱하고 웃으며 잠자리하던 일을 생각하면서 음탕한 모양을 보이는 것이며, 열여덟째는 거울 앞에서 자신의 자태를 자랑하듯 하는 것이며, 열아홉째는 온몸에 빛을 내며 움직이는 것이며,

스무째는 언뜻 기뻐했다가 언뜻 슬퍼하는 것이다.

스물한째는 일어나기도 하고 앉기도 하는 것이요, 스물 두째는 문득 다가갈 수 없을 만큼 엄숙한 기운을 짓는 것이요, 스물셋째는 고운 향기를 내뿜는 것이요, 스물넷째는 손에 보석 장식을 쥔 것이요, 스물다섯째는 이따금 목덜미를 덮어서 감추는 것이요, 스물여섯째는 순진한 듯한 모습을 내보이는 것이요, 스물일곱째는 앞으로 나아가면서 살그머니 보살을 뒤돌아보는 것이요, 스물여 덟째는 무엇인가 살피려는 듯 눈을 떴다 감았다 하는 것이요, 스물아홉째는 발걸음을 돌려 똑바로 가면서 거짓 보지 않는 것 같이 하는 것이요, 서른째는 성적 쾌락과 관련한 말을 하며 찬탄하는 것이요, 서른한째는 아름다운 눈으로 그윽하게 바라보는 것이요, 서른두째는 뒤돌아 걸으면서 곁눈질을 하는 것이다. 이렇게 온갖 교태를 부리며 유혹하면서 나아가 보살을 부추기는 말을 내뱉었다.

하지만 보살인 싯다르타는 자신을 유혹하려 애쓰는 여인들을 오히려 안타깝게 여기면서 세상의 욕망이 얼마나 덧없는지 간곡한 어조로 들려준다. 마왕의 딸들은 굴하지 않고 거듭 부드러운 말로 보살을 회유했다. 아무리 위대한 인물이라도 시중드는 사람이 있어야 하는 법, 자신들처럼 젊고 아름다운 여인을 잠자리 시중들게 하라는 제안이었다. 보살인 구도자 싯다르타는 냉정하게 잘라 말한다.

"너희들은 옛날 복이 있어 이제 하늘 몸을 얻었거니와 무상(덧없음)을 생각하지 않고 이런 데 홀려 수행자를 어지럽히는구나. 너희 몸이 비록 매력 넘친다 해도 마음이 단정하지 못하니 이것은 그림으로 그려진 병에 온갖 쓰레기나 독을 담은 것과 같다. 스스로를 무너뜨리는 이런 행위가 어찌 자랑스럽다 하겠는가. 너희는 착하지 못한 짓으로 스스로 그 근본을 잊었으니, 세 가지 나쁜 갈래에 떨어질 것이요, 벗어나기란 몹시 어려울 것이다. 너희는 왜 굳이 이곳에 와서 다른 이의 선한 일을 어지럽히려 하는가. 가죽 주머니에 똥을 담은 깨끗하지 못한 물건들이 와서 무엇을 하려느냐. 떠나가라. 나는 기뻐하지 않노라."

결국 마왕의 딸들은 싯다르타를 유혹하지 못하고 돌아간다. 세속을 떠나 구도의 길을 걸어가는 수행자에게 이성(異性)은 가장 경계하고 극복해야 할 대상이다. 간혹 불자들 가운데는 경전에서 여성의 몸을 가리켜 '똥이 가득 담긴 깨끗하지 못한 가죽 주머니'라고 표현한 것을 듣고 여성혐오로 받아들이는 사람이 많이 있다. 하지만 맥락을 살펴볼 때 단순한 여성혐오로만 받아들일 일은 아니다. 수행자가 남성인 경우 스승이 제자를 일깨우기 위해 하는 말이요, 여성 수행자라면 자신을 유혹하려고 다가오는 남성을 그렇게 바라보고 있기 때문이다.

아무튼 여성의 접근과 유혹을 물리친 싯다르타는 마침내 그날 밤을 지나 다음 날 새벽에 깨달음을 이루고 인간과 천상 신들의 스승이 된다. 깨달은 자, 깨어난 자 붓다는 이성과의 사귐, 결합을 어떻게 보고 있을까?

3) 붓다, 다시 사랑을 말하다

성(性)은 사람에게 쾌락과 위안을 주는 행위이다. 하지만 성적 갈망은 더 큰 불안과 허무함을 가져오고, 사랑하는 사람과 함께 성적 욕구를 채우며 지내다 보면 어느 사이 사랑보다 세상의 잣대에 끼워 맞추고서 상대방을 바라보는 자신을 발견하게 된다. 처음에는 사랑 그 자체로 충분하지만 살다 보면 사랑+α를 요구하게 마련인 것이다.

싸밧티 시의 대부호 집안의 딸인 빠따짜라(Paṭācārā)는 집안 하인과 사랑에 빠졌다. 두 사람의 사랑은 당시 인도 사회에서는 절대로 이뤄질 수 없었기에 두 사람은 몰래 집을 빠져나와 살림을 차린다. 상위 계급 여자가 하위계급 남자와 하는 혼인은 역모혼(逆毛婚)이라 하여, 여자의 계급도 하락한다. 이런 것까지도 감수한 도피이니 두 사람의 사랑은 얼마나 깊었던 걸까? 그런데 처음에는 사랑하는 사람과 함께 하는 것만으로 행복했지만 시간이 지날수록 부모가 그리워졌고 빠따짜라는 친정으로 돌아가게 되었다. 하지만 그녀를 기다리고 있는 것은 파멸 뿐이었다. 남편과 자식을 잃고 친정마저 몰락한 끝이었기 때문이다.

모든 것을 다 잃은 빠따짜라는 반미치광이 상태가 되었다가 붓다를 만나 구도자의 길로 들어서게 된다. 『테리가타』에는 빠따짜라의 기구한 삶과 깨달음을 향한 구도의 노래가 전해지고 있다.

좀 극단적인 경우이기는 하지만, 그녀의 삶을 보면 왜 남편 한 사람으로 만족하지 못했을까 하는 아쉬움이 남는다. 사랑 그 하나만으로 사람이 온전히 행복해질 수 있다면 얼마나 좋을까? 하지만 마음은 그렇지 않다. 그토록 원한 사랑을 쟁취하면 또 다른 것을 원하게 마련이어서 애초의 뜨거웠던 사랑은 한쪽으로 밀려나고 만다.

심지어 나를 그토록 기쁘고 행복하게 한 바로 그 '사랑'과 '애정' 때문에 나는 깊은 상실이나 배신의 늪에 빠져 버리고 끝내 울음을 터뜨리게 된다. "슬픔, 비탄, 고통, 근심, 절망은 사랑하는 사람들로부터 일어나고, 사랑하는 사람들로부터 생겨납니다." 붓다가 이렇게 단정을 내리자, 이 말에 동의하지 못하는 빠쎄나디왕에게 그 왕비 말리까가 이렇게 물었다.

"대왕이여, 당신은 나를 사랑합니까?"

"그렇소. 말리까여, 나는 당신을 사랑하오."

"만약 제게 변고가 생긴다면 대왕께 슬픔, 비탄, 고통, 근심이 생겨날까요?"

"그렇소. 말리까여, 당신에게 변고가 생긴다면 내게 슬픔, 비탄, 고통, 근심이 생겨날 것이오."

다른 이의 죽음 앞에서 우리는 비교적 덤덤하다. 하지만 죽은 이가 나와 친밀한 사이라면 우리 마음은 절망하게 되고, 그 친밀도가 클수록 사람은 지옥을 경험하게 된다. "나의 ○○가 나를 떠났다. 두 번 다시 나의 ○○를 만날 수가 없게 되었다"라며 우리는 울부짖고 탄식한다. 슬픈 이유는 단 하나! 그는 바로 내가 사랑하는, 나의 ○○이기 때문이다. 붓다는 이것을 짚어서 말한 것이다. 깊은 슬픔의 바탕에는 진한 사랑이 있다.

사람들은 한 면만을 보게 마련이다. 사랑은 내게 기쁨과 행복과 즐거움을 가져올 것이라는 한 면만을 보기 때문에 사랑을 하면 근심과 슬픔을 물리칠 수 있으리라 생각한다. 하지만 수행자는 그 이면을 보는 사람이다. 나를 행복하게 만들어 준 바로 그 사랑은 영원하지 않기 때문에 이내 그 사랑 때문에 나는 근심하고 비탄에 빠지게 될 것임을 알고 있는 사람이다.

세상 사람들이 위안을 얻고 행복을 느끼는 것들에 대해서 세속인과 붓다의 견해차가 극명하게 나뉘는 경도 있다. 행복한 가정생활을 꾸리며 살고 있는 목동 다니야가 이렇게 노래했다.

"(다니야) 나의 아내는 온순하고 탐욕스럽지 않다. 오랫동안 함께 살아도 즐겁다. 나는 그녀에 관해 어떤 악도 들은 적이 없다. 그러니 하늘이여, 그대가 원한다면 비를 뿌리려무나."

가정이 행복하고 아내도 사랑스러우니 밖에서 어떤 어려운 일이 닥쳐도 걱정하지 않는다고 노래하자 그에 대해 붓다는 이렇게 답가를 부른다.

"(세존) 내 마음은 나에게 충실하고 번뇌에서 벗어났다. 오랫동안 잘 수련되고 잘 다스려졌다. 더욱이 어떤 악도 내게는 존재하지 않는다. 그러니 하늘이여, 그대가 원한다면 비를 뿌리려무나."

사람들은 사랑스럽고 온순한 아내와 행복한 결혼생활을 누리지만 수행자는 온순한 아내가 아닌, 잘 다스려진 자기 마음을 보며 행복해 한다는 것이다. 목동 다니야는 붓다의 의견에 동의하고 제자가 되는데 이때 악마 빠삐만이 등장하여 이렇게 노래한다.

"(악마 빠삐만) 자식이 있는 사람은 자식으로 인해 기뻐합니다. 마찬가지로 소를 가진 이는 소로 인해 기뻐합니다. 집착의 대상으로 말미암아 사람에게 기쁨이 있으니, 집착이 없는 사람에게는 기뻐할 것도 없습니다."

빠삐만의 이 말은 세상 사람들에게 커다란 공감을 불러일으켰다. 아들(자식)이 있어야 행복하고 재산(소)을 거느려야 기쁘기 때문이다. 사람들에게 기쁨과 행복을 주는 대상은 이렇게 배우자나, 자식, 재산 등이지만 이에 대한 붓다의 견해는 정반대이다.

"(세존) 자식이 있는 사람은 자식 때문에 슬퍼하고, 소를 가진 이는 소 때문에 슬퍼한다. 집착의 대상으로 말미암아 사람에게 슬픔이 있으니, 집착이 없는 사람에게는 슬퍼할 것이 없다."

부연 설명을 할 필요도 없다. 어떤 관점에 서 있는가. 바로 이것이 세속 사람과 불교수행자를 가르는 분기점이 된다.

그래도
사랑하고
결혼하겠다면

1) 네 종류의 부부

만약 붓다의 이런 생각에도 불구하고 '나는 누군가를 사랑하고, 결혼할 거야'라는 마음이 흔들리지 않는다면, 그렇게 해야할 것이다. 한 사람의 삶을 그 누구도 좌지우지할 권리는 없는 법이니까 말이다. 그럴 때 붓다의 법문을 귀담아 들으면 내가 사랑한 그 사람을 어떤 마음으로 받아들이고 어떻게 살아가야 하는지를 참고할 수 있다.

어느 날 붓다는 길에서 우연히 부부 여러 쌍을 만났다. 좋은 말씀을 청하는 그들에게 붓다는 말한다.

"결혼생활에 네 종류가 있습니다. 보잘 것 없는 남자와 보잘 것 없는 여자의 결혼생활, 보잘 것 없는 남자와 가치 있는 여자의 결혼생활, 가치 있는 남자와 보잘 것 없는 여자의 결혼생활, 가치 있는 남자와 가치 있는 여자의 결혼생활입니다."(『앙굿따라 니까야』 제4권)

사람의 가치 경중의 기준은 윤리적으로 스스로를 제어하고 다스리고 있느냐에 있다. 그런데 그리 '대단한 것처럼 보이지 않는 이 법문'을 가만히 음미하다 문득 드는 생각이 있었다. 그건 바로 아무리 부부가 일심동체라 하더라도 남편과 아내는 각자의 삶을 살아가는 존재임을 말하고 있다는 것이다. 대체로 가정주부가 절에 와서 온 가족의 행복을 비는 기도를 '대표'로 올리는 것이 불자들 사이에서 아주 흔한 일이다. 하지만 아무리 사랑과 믿음으로 똘똘 뭉쳤다 하더라도 한 사람의 삶을 누군가가 대신 해줄 수는 없다. 행복하게 살고 싶다면 그 스스로가 악업을 멈추고 선업을 짓고 계를 잘 지켜야 한다. 흔히들 남성들이 "난 우리 마누라가 절에 가서 기도하니까 걱정없어"라는 말을 하지만, 붓다의 저 법문을 들어보면 남편의 삶과 아내의 삶은 따로다. 상대방 배우자는 그저 나와 똑같은, 또 한 사람의 불안한 생명체일 뿐이니 자기 몫의 인생을 각자 제대로 잘 챙겨야 한다는 것이 붓다의 생각이다.

2) 늙은 부부의 바람

지금의 부부 사이가 참 행복해서 이대로 해로하고, 죽어서도 다음 생에서 다시 만나고 싶다는 사람들도 이따금 만난다. 경전에서 나꿀라마따와 나꿀라삐따 부부가 바로 그런 사람이다. 어려서 결혼한 이래 몸과 마음으로 상대방의 믿음을 저버린 일이 없고 서로를 아껴주며 살아왔기 때문에 이렇게 사랑하는 마음으로 이번 생을 마치고 싶을 뿐만 아니라 다음 생에도 부부로 만나고 싶다는 부부이다. 이런 바람을 이룰 수 있을지 묻는 부부에게 붓다는 방법이 있다고 알려준다. 네 가지를 일상 속에서 실천하면 되는데 믿음, 윤리(계), 베풂(보시), 지혜 키우기가 그것이다. 그런데 조건이 있다. 부부가 똑같이 함께 실천해야 한다는 것이다.

인생이란 것이 참, 그렇다. 날이 저물면 길을 가던 나그네들이 여인숙 한 곳에 깃들지만 아침이 되면 서로 제 갈 길을 가느라 흩어지는 것처럼, 이번 생에 사랑하는 연인, 결혼한 부부라 하더라도 인생길에서는 언제고 서로 제각각 흩어지게 마련이다. 상대방의 행복을 빌어주고 상대방과 더불어 함께 행복을 만끽하는 삶도 참으로 소중하지만 누군가의 연인, 누군가의 배우자가 아닌 자기 자신의 인생을 아름답고 진지하게 가꿔가는 일은 그 못지않게 더 의미가 있다. 붓다는 이런 점을 부부들에게 법문으로써 들려주고 있다고 생각한다.

세상의
사랑을
종교적 차원으로

1) 야소다라 이야기

앞서 왕자 시절 싯다르타가 야소다라와 만났을 때의 이야기를 했다. 왕자비가 된다는 것은 매우 영광스런 일이고 수많은 사람들이 바라는 바이지만 그 영예를 차지한 야소다라의 앞날은 화려하지 않았다. 결혼 초의 자긍심은 그리 오래가지 못했다. 자랑스러운 남편 싯다르타는 여느 왕가의 사내들과는 달리 늘 무엇인가를 골똘히 생각하며 조용히 지내기를 원하는 편이었기 때문이다. 그런 남편을 이해하고 받아들이려 하지만 아들의 출가를 염려한 시아버지 숫도다나왕은 세속의 쾌락을 모두 제공하려 안달이었을 것이다. 그러니 할 수 있는 한 어떻게 유혹해서라도 궁궐 안에 주저앉히려는 시아버지의 행동까지 야소다라는 참아내야 했을 것이다.

두 사람 사이에 아들이 태어났을 때 야소다라는 내심 안도했을 것이다. 사랑의 결실을 맺었으니 남편도 마음을 잡을 것이리라 생각하면서. 하지만 싯다르타는 아들이 태어나고 그리 오래지 않아(혹은 출산 당일) 인사도 없이 궁궐에서 사라진다.

자존심이 강한 여성이었기에 그 당혹감과 외로움을 함부로 드러내지 않았을 테지만 내색하지 않으면서도 분명 남편이 자신과 아들에게 돌아오리라는 기대를 품고 살지 않았을까 생각해 본다. 하지만 야소다라는 이제나 저제나 집 나간 남편이 돌아오기만을 목을 길게 빼고 기다리는 청순가련형 여인은 아니었다. 자신 역시도 구도자와 다르지 않은 방식으로 지냈다. 훗날 싯다르타가 붓다가 되어 제자들과 함께 귀향했을 때 숫도다나왕은 이렇게 말했다.

"세존이시여, 저의 며느리는 '당신이 가사를 입고 지낸다'라고 듣고 그때부터 가사를 입었고, 당신이 한 끼 식사를 한다는 것을 듣고 한 끼 식사를 했고, 당신이 큰 침대를 버린 것을 듣고 베로 만든 침상에서 잠을 잤고, 당신이 꽃타래와 향 등을 사용하지 않는 것을 알고 꽃타래와 향을 사용하지 않았고, 자신의 친지들이 보살펴주겠다고 하여도 그들 누구에게도 눈을 돌리지 않았습니다."

어쩌면 야소다라는 이런 행위 속에서 호화로운 궁중 생활을 떠나 구도자의 삶을 미리 연습하고 있던 것은 아니었을까? 훗날 야소다라는 시어머니인 마하파자파티 고타미와 함께 붓다의 출가제자가 된다. 그런데 (옛 남편이었던) 붓다는 (옛 아내였던) 야소다라를 가리켜 "밧다깟짜나(야소다라)● 는 위대한 최상의 지혜를 얻은 비구니 가운데 으뜸이다"라고 찬탄하는 대목도 있으나, 양모(養母) 마하파자파티 고타미가 비구니 승가를 총괄하며 묵직하게 존재감을 드러내는 반면 스님이 된 야소다라에 관해서는 그 이후 행적을 찾기가 쉽지 않아서 아쉽다.

경전에서는 야소다라가 아주 오랜 전생부터 남편이 구도자가 될 것임을 알면서도 그의 아내가 되기로 서원했고, 함께 스승에게 나아가서 수행을 완성하기를 바랐다고 전하고 있다. 영광스럽고 화려한 궁중에서의 젊은 부부의 삶은 길 위의 구도자로서 스승과 제자로 갈렸고, 그들은 진리 속에서 새로운 인연으로 거듭났다.

2) 남자의 구도를 완성시킨 여인

반야부 경전 가운데 이른 시기에 성립한 것으로 알려진 경전은『팔천송 반야경』(혹은 『소품 반야경』이라 불림)이다. 모든 것은 자기 성품이 비었다는 공 사상을 펼치고 있는 제법 두꺼운 이 경전을 읽다 보면 사실 일반 독자들은 슬그머니 헷갈리고 지루해지기 시작한다. 하지만 이 경의 마지막 즈음(제30~31권) 해서는 구도자가 등장하는데 그동안의 지루함을 단번에 날려준다. 이 구도자는 맨날 울며 지내서 언제나[常] 운다[涕]라는 뜻에서 상제보살[산스크리트어로는 삿다프라루디타(sadāprarudita)]이라 불렸다.

이 구도자에게 어느 날 공중에서 음성 하나가 들려왔다. 동쪽으

● 야소다라(Yasodharā)라는 이름은 북전(北傳) 경전에서 등장하고 있고, 남전 경전에서는 대체로 라훌라의 어머니라는 뜻에서 라훌라마따(Rahlamatā) 또는 눈부시게 빛나는 여성이라는 뜻의 밧다깟짜나(Bhaddakaccānā)라는 이름으로 불리고 있다.

로 가면 지혜의 완성(반야바라밀다)에 대해 자세하게 일러줄 스승을 만날 테니 그곳으로 가라는 메시지였다. 단, 그곳을 향해 갈 때 피곤하다거나 힘들다는 생각도 하지 말고, 먹을 것 걱정도 하지 말며 춥고 덥다는 생각도 일으키지 말 것이요, 그동안 누구를 만나도 아첨하거나 비굴하거나 거만하지 말며 오직 스승이 계신 곳으로 걸어가라고 한다. 그가 만나게 될 스승의 이름은 법상[法上, 다르모드가타(dharmodgata)]이었다.

처음에는 장한 마음으로 용기를 내서 걸어간다. 하지만 이내 깊은 회의가 들기 시작한다.

'무작정 동쪽으로 가라는 말만 듣고 길을 나서다니…. 왜 나는 조금 더 자세하게 묻지 않았을까? 내가 만날 스승은 대체 어떤 분이지 전혀 모르는데 말이다.'

그리고는 구슬프게 울기 시작한다. 울면서도 걸음을 멈추지는 않았고, 그의 이름은 바로 여기에서 비롯된 것이었다. 그 울음소리에 붓다가 모습을 나타내서 격려하며 그의 스승이 있는 곳을 아주 자세하게 일러주었다.

덕분에 어렵지 않게 스승 있는 곳에 이르렀지만 진리를 여쭙는 입장에서 빈손으로 나아갈 수 없는 법. 하지만 가진 것 없어 결국 자신을 내다 팔기로 한다. 사람들이 모여 있는 시장에 가서 자신을 팔 테니 어서 사가라고 외치지만 나서는 사람은 없었고, 그의 구도심을 처음부터 지켜보았던 신(제석천)이 시험을 해보기로 한다. 조상에게 올릴 공양물이 필요하니 당신의 몸을 잘라서 팔라는 것이었다.

오직 진리 한 조각을 얻고자 하는 열망에 이곳까지 어렵게 찾아온 상제보살은 두 번 생각하지 않고 날카로운 칼로 제 몸에 피를 냈다. 그런데 바로 이런 광경을 멀리서 지켜보던 한 사람이 있어 이 무시무시한 '자해'의 현장으로 달려간다. 사연을 듣고 자신이 구도자의 몸값을 내줄 테니 몸을 해치지 말라고 설득했다. 몸값이 어마어마하지만 내주겠다고 약속도 했다. 생명의 값은 과연 얼마일까? 세상의 그 어떤 재물로도 생명 하나의 값을 치를 수는 없다.

낯선 구도자의 장한 마음에 감동을 받아 아낌없이 재산을 내놓겠다는 이 사람, 바로 여인이다. 경전에서는 안타깝게도 이 여인의 이름을 밝히고 있지 않다. 대부호의 딸이며, 어마어마한 재산을 지니고 있다는 정도만 언급되고 있다. 여인은 자신의 모든 재산을 다 내놓아서 구도자를 구하고, 나아가 집으로 데리고 가서 부모에게 인사를 시킨다. 여인의 부모와 하녀들은 모두 이 구도자와 함께 반야의 가르침을 들려주는 스승에게 나아가는 것으로 끝을 맺는다.

경전 속에서는 오직 진리의 길을 걸으려는 구도자의 마음이 담겨 있지만 그 행간에는 상제보살의 구도를 완성하기 위한 배우자로서 여성의 모습이 생생하다. 구도자 남성이 주(主)요, 여성은 보조적 역할에 지나지 않는다고 할지 모르겠으나 한 사람의 완성을 위해서는 배우자가 필히 등장하고, 배우자의 절대적인 협조 속에서 구도자인 남성은 자신의 꿈을 이루며, 나아가 배우자까지도 함께 완성된 인간으로서 거듭난다. 이런 이야기는 석가모니 붓다의 전생담을 담은 『자타카』「벳산타라 태자의 전생 이야기」에서도 확인할 수 있으며, 한문으로 번역된 불전(佛傳) 속에서 먼 과거에 연등불에게서 성불의 예언(수기)을 받을 때도 여인의 도움이 없었다면 불가능했음을 알 수 있다.

구도자는 인간적인 온갖 욕망을 끊어버리는 치열한 수행의 시간을 보내야 지혜를 완성할 수 있다고 초기경전에서는 숱하게 반복해서 강조한다. 하지만 이렇게 이성(異性)이 어김없이 출현하고, 수행이든 결혼이든 세세생생 함께 하겠노라는 약속이 등장하는 내용을 볼 때면 불교적 차원에서의 결혼을 다른 관점에서 바라보게 된다. 배우자는 나의 정신적 성숙과 완성을 위한 절대적인 동반자가 아닐까 하는 생각이 든다. 그렇지 않다면 굳이 여러 경전에서 남성 구도자의 결정적인 순간에 여성을 출현시키지 않았을 터. 더구나 그의 수행을 망치는 것이 아니라 오히려 완성을 시켜주는 역할을 여성에게 주고 있으니 이러한 짐작이 그리 허무맹랑하지는 않으리라 생각해 본다.

3) 아내의 출가를 도운 남편

이런 일화도 있다. 석가모니 붓다가 살아계실 때 일이다. 한 집안의 가장인 비싸카(Visākha)가 외출했다 돌아왔는데 평소와 달랐다. 아내 담마딘나(Dhammadinnā)에게 다정하기 이를 데 없는 남편이었는데 그날은 거리를 두려는 기색이 역력했기에 아내가 의아해서 물었다.

"여보, 이상하네요. 오늘은 왜 내 손을 잡아주지 않나요? 혹시 내가 무슨 잘못이라도 저질렀나요?"

남편 비싸카가 대답한다.

"그렇지 않소. 그대에게는 아무런 잘못이 없소. 다만, 나는 오늘부터 여자와 신체적인 접촉을 하지 않고, 음식에도 관심을 갖지 않으리라 다짐했기 때문이오."

부부가 가정을 이루고 살아가는 데 신체적인 접촉도 하지 않고 게다가 맛있는 음식을 해서 함께 먹는 즐거움도 누리지 않는다면 가정이라 할 수가 없을 것이다. 느닷없는 폭탄선언에 아무 말도 하지 못하고 놀란 아내에게 남편은 또 말한다.

"나는 앞으로 이렇게 살 것이오. 그러니 그대도 이해해 주길 바라오. 만일 이렇게 살아도 괜찮다면 당신은 계속 이 집에서 나와 지낼 수 있소. 하지만 이렇게 사는 것이 싫다면 얼마든지 원하는 만큼의 재물을 가지고 당신 집으로 가도 좋소."

남편은 붓다를 만나 무엇을 삶의 가장 귀한 가치로 두어야 하는지에 대한 법문을 들은 것이 틀림없다. 그러니 그동안은 삶의 전부라 여겨졌던 가정과 아내조차도 돌아보지 않게 된 것이다. 아내는 잠시 생각했다. 그리고 결론을 내렸다.

"당신이 뱉어낸 것을 날 보고 가지라는 것인가요? 싫습니다. 나도 수행을 하겠습니다. 남편인 당신이 허락해 준다면 나는 출가하겠습니다."

남편 비싸카는 아내의 결심에 흔쾌히 동의하고 황금 가마에 태워서 비구니 승가로 보냈다. 이후 최고의 성자인 아라한 경지에 들어간 담마딘나는 자신의 옛집으로 찾아가 옛 남편인 비싸카를 만나 그와 진리의 대화를 주고받는다. 이때 나눈 법담은 초기경전에도 실려 있는데, 이후 담마딘나는 붓다로부터 '가르침을 설하는 비구니 가운데 으뜸'이라는 찬탄을 받는다.

세속의 차원에서라면 남편이 아내에게 어떤 애정도 기울이지 않는다면 큰 문제가 된다. 게다가 아내를 예전처럼 대할 수 없으니 친정으로 돌아가도 괜찮다는 폭탄선언은 상상도 할 수 없는 일이다. 하지만 이런 이야기는 세상의 평범한 부부 관계 차원에서 받아들일 것은 아니다. 어떤 부부는 평생 사랑을 속삭이고 서로에게 의지하면서 오 순도순 살기도 하고, 또 어떤 부부는 청춘의 시기를 보낸 뒤 각자 삶의 가치를 추구하며 서로의 이해와 배려 속에서 그 길을 충실하게 걸어 가기도 하기 때문이다. '나를 버리고 떠났다'라는 원망과 탄식이 아닌, 수행의 길을 앞서거니 뒤서거니 하며 아름답게 새로운 삶을 꾸려가는 이들 부부. 세속의 사랑을 종교적 차원으로 끌어올린 부부의 예가 독 자에게 어떻게 비춰질지 궁금하다.

4) 아난다 존자와 결혼하기

이런 이야기도 경전에 있다.

마등이라는 여자가 살고 있었다.● 그녀에게는 특별한 기술이 있 었는데, 사람들을 홀리거나 액난을 물리치는 주문을 외는 일이었다. 마등에게 딸이 있었는데 어느 날 딸이 우물가에서 물을 긷고 있었다.

때마침 붓다의 시자요, 예전 석가족 왕자였던 아난다가 우물가 를 지나다가 그 처녀에게 물 한 잔을 청하였다. 무심코 한 바가지의 물 을 떠서 건네주던 마등의 딸은 그만 마음을 홀랑 빼앗기고 말았다. 그 녀는 사랑병을 앓기 시작했고, 어머니 마등은 꿈도 꾸지 말라고 타일 렀지만 딸은 막무가내로 아난다와 결혼하고 싶다고 고집을 피운다.

● 『불설마등녀해형중육사경(佛說摩登女解形中六事經)』의 이야기로, 이 일을 배경으로 하여 번뇌라는 악마의 장난에서 마음을 단속하는 방법을 일러주기 위해 탄생한 경이 바로 『능엄경』이다. 이 내용은 '아난존자와 결혼하기'라는 제목으로 불교매체에 실었던 원고를 조금 다듬어서 다시 소개함을 밝힌다.

"어머니. 그분이 스님이라서 안 된다면 어머니에게 좋은 기술이 있잖아요. 남자를 꼼짝 못 하게 만드는 모든 술법을 다 써서라도 제 앞에 그분을 데려다 주세요."

일단 딸을 살리고 봐야겠기에 어머니 마등은 탁발하러 나선 아난다의 뒤를 밟다가 주술을 써서 그의 정신을 혼미하게 만든 뒤에 집으로 끌고 왔다. 그리고 딸의 방에 밀어 넣고는 밖에서 문을 잠갔다. 가장 아름답고 화려한 옷을 꺼내 입고 곱게 단장을 하고 기다리던 그녀는 아난다에게 온몸을 던졌고, 아난다의 마음을 흔들기 위해 애정 공세를 퍼부었다.

한편, 아난다는 자기가 어쩌다 이 지경에까지 오게 되었는지 생각할수록 기가 막혔다. 그가 의지할 데라고는 스승 붓다뿐이었기에 비록 곁에는 없지만 그는 마음속으로 붓다를 간절하게 외쳤다. 경전에서는 그의 외침을 듣고 붓다가 어떤 기적을 부려서 그를 마등의 집에서 빠져나오게 하였다고 한다. 그렇다고 사랑을 포기할 수는 없었다. 이번에는 아침마다 탁발을 하러 나가는 아난다를 따라다녔다. 당황한 아난다가 탁발하러 나가지 못했고, 절 문밖에서 그가 나오기만을 기다리던 마등의 딸은 슬피 울며 돌아갔다. 그냥 두고 볼 수는 없는 일이다. 붓다가 나서야 할 차례다. 붓다는 마등의 딸을 불러서 아난다가 그리도 좋다면 인연을 맺게 해주겠노라 제안한다. 사랑하는 사람과 함께 할 수만 있다면 무슨 일을 마다할까? 그런데 붓다의 제안은 다소 의외였다.

"그런데 아난다는 보다시피 머리를 깎고 출가자의 삶을 살아가고 있지 않느냐? 그러니 너도 그런 모습을 갖추어야 하는데 할 수 있겠느냐?"

물불 가릴 처지가 아니었던 마등의 딸은 부리나케 집으로 달려가서 어머니의 허락을 받고 그 길로 출가를 했다. 그녀에게 붓다가 물었다.

"대체 아난다의 어디가 그리도 좋으냐?"

"저는 아난의 눈도 사랑하고, 코도 사랑하고, 입도 사랑하고, 그 음성도 사랑하고, 그분의 움직임 하나하나를 다 사랑합니다."

사랑에 들뜬 그녀가 이렇게 조목조목 대답하자 붓다가 되물었다.

"자, 그럼 이제 우리 함께 생각해 보자. 네가 그리도 사랑한다는 아난다의 코 속에는 뭐가 들었지? 또 아난다의 귀 속에는 뭐가 들었고? 네가 그리 안고 싶어 하는 아난다의 몸속에는 뭐가 들어 있을까? 어디 한 번 냉정하게 생각해 보겠느냐?"

마등의 딸은 멍해졌다. 거기까지 생각할 겨를도 없이 그저 눈에 비친 아난다의 겉모습에 마음을 빼앗겼기 때문이다.

"남자와 여자가 사랑하여 부부를 이루기는 하지. 그런데 그들의 사랑이란 대체 무엇일까? 몸에서 흘러나오는 액체가 섞여 아이를 만들고 생명처럼 애지중지하다가 누구든 먼저 곁을 떠나면 그 아쉬움과 외로움에 평생 허탈한 눈물을 흘리고 말지 않더냐?"

마등의 딸은 대꾸할 말을 찾지 못하였다.

'나는 그토록 잘생긴 남자에게 마음을 빼앗겨 버렸는데…. 그런데 내 마음을 빼앗은 그 남자의 몸이란 것이 과연 무엇인가?'

그녀는 찬찬히 사람의 몸이란 것을 생각하기 시작하였다. 준수한 청년이건 절세미인이건 천하박색이건 젊은이건 늙은이건 한 꺼풀 벗겨내니 그 속에는 똑같이 눈물, 콧물, 침, 땀, 똥, 오줌 같은 것들이 들어차 있을 뿐이었다.

'대체 내가 뭘 사랑스럽다고 느꼈던 것일까? 아난다 스님의 그 준수한 이목구비는 다 어디로 갔을까?'

마등의 딸은 자기가 집착한 것에 대한 실체를 아주 천천히 바라보게 되었다. 한없이 사랑스럽고 아름답기만 할 것 같았던 대상이 알고 보니 언젠가는 흩어지고 스러질, 덧없고 괴로운 속성을 띤 것이었고, 그것을 내 것으로 만들려고 한 자기 자신도 그와 조금도 다를 바가 없음을 서서히 깨닫게 되었다. 그렇게 대상에 정신을 집중시키며 관찰하고 깊이 생각을 이어가자 제 마음을 온통 차지하고 있던 아난다의 이미지가 조금씩 녹아내리기 시작하였다. 덧없기 그지없는 아난다에 대한 집착이 사라지자 마등의 딸에게는 모든 생명체의 바탕에 흐르는 법칙을 바라보는 힘이 생겼다. 붓다는 그런 순간을 놓치지 않았다.

"자, 이제 너를 놓아줄 테니 아난다의 방으로 가보아라."

하지만 마등의 딸은 붓다에게 이렇게 여쭈었다.

"제가 참으로 어리석어서 아난다 스님을 쫓아다녔습니다. 그런데 이제 제 마음이 활짝 열렸습니다. 캄캄한 길을 헤매다 등불을 만난 것 같고, 난파당하여 집채만 한 파도에 휩쓸리다가 강기슭에 이른 것 같고, 앞을 보지 못하는 이가 뭔가 의지할 것을 붙잡은 것 같아졌습니다."

그녀는 그 자리에서 모든 번뇌를 다 떠난 성자가 되었다.

경전 속 이야기를 많이 다듬고 해설을 많이 보탰지만 핵심은 바뀌지 않았다. 사랑과 결혼을 붓다의 입장에서 바라보기에 아주 좋은 예화이다.

어쩌면 젊은이의 사랑을 부정하고 독신출가의 길을 권하는 것이 불교의 전부가 아닐까 하는 의심이 들 수도 있다. 물론 여러분은 안심해도 된다. 붓다는 세상의 모든 젊은이에게 독신출가의 길을 권하지는 않았다. 다만 자기가 지금 정신없이 빠져들고 있는 대상을 냉정하고 객관적으로 바라보는 방법을 가르쳐 준 것이다. 사랑하는 이가 덧없는 존재임을 깨달았다고 하여 다 버리고 떠날 일은 아니다. 덧없기 짝이 없는 존재끼리 만나 조금 더 가치 있는 시간을 보내기 위해 노력하는 일이 연인과 부부에게 주어진 새로운 숙제라 생각해도 좋을 것이다.

아난다와 마등의 딸은 지난 5백 세 동안 부부의 연을 맺어왔다고 한다. 이제 붓다는 그 인연을 진리 속에서 형제의 인연으로, 도반의 인연으로 맺어주는 해결책을 내놓은 것이다.

마등의 딸은 끝까지 고집을 피워서 아난다를 환속시켜 행복한 가정을 이룰 수도 있었을 것이다. 하지만 붓다의 해결책을 받아들여 한 사람의 지아비 대신 수많은 도반을 얻은 그녀의 선택이 그리 손해인 것 같지는 않다.

서로
성숙시켜줄
도반을 위해

이제 이야기의 끝을 맺을 때가 되었다. 이보다 더 많은 이야기를 들려드릴 수 있지만 생각이 정리되지 않아서 이 정도에서 소심하게 나름의 결론을 내려 보려고 한다.

가장 먼저, "결혼해도 될까요?"라는 질문은 그 누구에게도 하지 말고 스스로에게 던져야 한다. 결혼은 어른이 되어서 합리적인 판단 아래 실행해야 할 인생의 중요한 의례이며, 주변 사람들의 의견을 참고할 수 있을지언정 이 인연맺음에 따라오는 모든 의무와 책임은 온전히 자신의 것이기 때문이다.

불교는 사람들에게 사랑과 결혼을 반대하고 막는 종교가 아니다. 아니, 설령 불교가 그런다 해도 사람들은 본능적으로 사랑을 찾고 그 사랑과 영원히 함께하고 싶어 한다. 다만, 붓다는 이렇게 생각하고 있다는 것을 기억해야 한다.

- 사람은 외로워서 사랑을 찾아 다니지만 사랑이 존재의 불안을 해결해 주지는 못한다는 점.
- 그럴수록 사랑을 더욱 견고하게 만들어가지만, 견고하면 견고할수록 그 사랑으로 사람은 슬프고 괴로운 일을 겪게 된다는 점.
- 누군가가 자신을 제 목숨보다 더 사랑한다고 해도 인생이란 것은 각자의 몫이 있는 법이기에 자기 인생의 의미와 보람을 연인이나 배우자에게서만 찾으려 하지 말 것.
- 사랑하고 가정을 이루다 보면 처음 마음과 달리 사랑하는 사람과 다투고 등을 돌리는 일이 비일비재하다는 것을 기억할 것.
- 하지만 그 대립과 갈등을 어떻게 풀어나가느냐가 그 사람을 더 성숙시킬 수 있다는 점을 잊지 말 것.

사랑에 빠질 때면 사람들은 말한다.

"그 사람이 없으면 나는 못 삽니다."

그러나 시간이 지나면 이 말은 이렇게 변하곤 한다.

"그 사람 때문에 못 살겠습니다."

연인에서 원수가 되고, 원수도 '웬수'가 되어서 눈을 흘기며 인생을 살 것인지, 그렇지 않고 왜 상대방을 '웬수'로 여기게 되었는지를 곰곰이 생각하면서 이런 관계를 통해 내 자신이 성숙해질 것인지는 각자의 몫이다.

어느 쪽을 선택할 것인가? 어쩌면 사랑과 결혼이 우리에게는 수행도량이요, 연인(혹은 배우자)은 평생 나를 정서적으로 성숙시켜줄 도반일지도 모른다. 마음을 활짝 열고 연인에게 다가가시고, 형편을 잘 헤아리셔서 사랑의 결실을 맺으시길 바란다.

3

불교, 페미니즘과 만나다

글. **옥복연**(종교와젠더연구소 소장)

왜
불교페미니즘이
필요한가

"불교에 페미니즘이라니, 불교가 여자만을 위한
종교인가?"
"불교와 페미니즘이 가당키나 하나?"
"불교를 모독한다…."

몇 해 전 '불교, 페미니즘과 만나다'라는 칼럼을 모 신문사에 실었을 때
올라온 댓글들이다. 사실 불교계에서 페미니즘이라는 말을 들을 기회
가 흔치 않다. 이웃 종교인 기독교에서는 여성의 관점으로 기독교를
해석하는 여성 신학이 오래전부터 학술회나 강좌 등으로 활동하고 있
지만, 불교계에서는 불교 내 젠더 이슈에 관한 강좌나 담론 논쟁도 거

의 없다. 다수 신도가 여성이며 여성에 대한 관심이 없는 것은 아니겠지만, 분명한 것은 불교계에서 여성에 대해 별로 언급하지 않는다.

그러다 보니 불교페미니즘이라는 용어를 낯설어하거나, 인간 평등은 붓다의 기본 가르침인데 굳이 여성의 관점을 강조하는 페미니즘이 필요한가에 대해 의문을 제기하곤 한다. 이럴 때마다 과연 불교계는 붓다의 가르침대로 교단이 성평등한지 묻고 싶다. 성평등이 국가 정책의 기본으로 적용되고 있지만 교단에서 여성 이슈에 대한 논의가 거의 없다는 것은 불교 신자로서도 염려스럽고, 여성학 연구자로서도 아쉬운 것이 사실이다.

한국갤럽의 '한국인의 종교 1984-2021' 설문조사에 의하면, 불교는 비종교인들에게 가장 호감 가는 종교라고 한다. 불교의 핵심 사상인 연기, 공, 무아사상 등은 모든 존재가 원인이나 조건에 의해서 생겨나며, 홀로 독립적으로 존재하는 것이 아니라 서로에게 의지하여 상호 의존적으로 존재한다고 가르친다. 현대인들에게 많은 공감을 불러일으킬 수 있는 진리이다. 또한 남성이나 여성은 서로 의지하고 상생하면서 연기적으로 존재할 뿐이기에, 남녀 간의 우열을 나누거나 차별은 존재할 수 없다. 하지만 불교 전통이나 관습에는 여전히 가부장적이거나 심지어는 여성 혐오적인 사상이 전해오고 있다.

한때 나는 불교가 여성을 차별하는 종교라고 생각하였다. 나는 모태 불교 신자였고, 우리 동네 사람들 대부분은 불교 신자였다. 물론 교리도 배운 적이 없고 절하는 방법도 각자 마음대로였지만, 부처님 오신 날은 일종의 동네 행사 같았다. 고운 한복을 입은 엄마 손을 잡고 절에 가서 친구들과 노는 것은 어린 나에게도 신나는 일이었다. 여고 시절에는 학교 가까이 사찰이 있어서 불교학생회에 가입했는데, 딸에게 엄하기로 소문났던 아버지에게는 그 모임에 남녀학생이 섞여 있다는 말은 차마 꺼내지도 못했다. 하지만 절에 간다는 말에 아버지는 마지못해 침묵으로 승낙하셨다.

불교에 회의를 느낀 것은 대학에 들어가고부터이다. 당시 만난 한 비구스님은 "업이 많아서 여자로 태어났으니 현생에 좋은 일을 많이 해서 다음 생에는 꼭 남자로 태어나라"고 말씀하셨다. 감히 스님 말씀에 문제를 제기할 용기가 없어 침묵했지만, 이 말은 나의 20, 30대 내내 목 안의 가시처럼 걸려 있었다. 40대가 되었을 때, 나는 스스로, 사찰에 가는 것을 그만두었다.

당시 강남의 큰 사찰 일요법회를 다녔는데, 법회 참석자가 너무 많아 법당에 들어가지 못할 때도 법당 한가운데는 '거사석' 팻말을 붙여놓고 남성 불자들만 앉도록 하였다. 여성 불자들은 법당이나 공양간에서 바쁘게 봉사할 때 남성 불자들은 스님과 차담을 나누었고, 여성 불자들은 비좁은 공간에 끼여 앉아 점심을 먹을 때 남성 불자들은 분리된 공간에서 따로 먹었다. 이런 상황들을 보기만 하다 신도회를 찾아가 그 이유를 물었다. 남성 신자들이 절에 많이 와야 절이 발전한다는 사찰의 방침 때문이라는 말에 크게 실망한 나는 그 후로 사찰을 나가지 않았다. 누군가 종교를 물으면 종교가 없다고 대답했다. 불교 신자라고 말하기가 부끄러웠다.

늦게 여성학을 공부한 나는, 페미니즘적인 관점으로 불교 교리를 만나고 나서 네 번 놀랐다. 첫 번째는 인간 평등을 넘어서 온 존재의 존귀함과 평등을 말씀하셨던 붓다의 가르침이 페미니즘과 너무나도 유사해서 놀랐다. 두 번째는, 그럼에도 불구하고 너무나도 성차별적인 교단의 법과 제도가 당연시될 뿐만 아니라 오히려 성차별을 고착화하는 수단으로 교리가 작동하고 있음에 놀랐다. 세 번째는 이러한 여성 차별에 문제를 제기하는 여성들이 많지 않아 놀랐다. 그리고 네 번째는 오랜 불교 역사에서 여성에 관한 연구 논문이나 출판물이 부족함에 놀랐다. 큰 사찰들에 개설된 '불교대학'들은 비구스님들이 한문 경전을 가르치고 있었고, 교리의 현대적 해설서가 부족하다 보니 젊은 여성들에게 불교는 너무나도 낯설거나 어렵게 여겨졌다.

그래서 이 글은 가부장적 불교를 비판만 하기보다, 불교 내 정확하고 유용한 요인들을 발굴하여 교단의 성 차별성을 극복할 대안을 모색하는 데 그 목적이 있다. 이를 위해서 '붓다와 세 여인 이야기'를 기존의 경전으로 읽을 때와 여성의 관점으로 읽을 때 어떻게 다른지 살펴보면서, 왜 이 시대에 불교페미니즘이 필요한지 알아보고자 한다. 그리고 성평등한 불교 문화를 구축하기 위한 불교페미니즘의 역할과 앞으로의 과제 등에 대해 살펴보고자 한다.

1) 기존의 경전으로 읽는 '붓다와 세 여인' 이야기

"마야 왕비는 싯다르타를 낳고 7일 만에 돌아가셨기 때문에 별로 할 이야기가 없다?"
"마하파자파티는 싯다르타를 키워준 양모이지만 붓다께서 여성이라는 이유로 출가를 거절하였다?"
"야소다라는 붓다가 되신 분의 아내이므로 싯다르타 출

가 이후의 어려움은 감내해야 한다?"

붓다는 모든 것을 올바로 깨달은 존귀한 분으로 세상의 이치를 터득하고, 더할 나위 없이 훌륭한 인격을 가졌기에 공양받아 마땅한 분으로, 신들과 인간의 스승이다. 그는 태어난 지 7일 만에 어머니 마야 왕비를 잃고 양모이자 이모인 마하파자파티의 손에서 자랐다. 19세에 야소다라와 결혼을 하고, 29세에 아들 라훌라가 태어난 바로 그날 생로병사의 해답을 찾기 위해 출가한다. 6년 동안의 고행 후, 35세에 깨달음을 얻고, 그 후로 45년 동안 이 마을에서 저 마을로 포교를 다니시며 제자들을 가르쳤고, 85세에 열반에 든다. 지극히 인간적인 태어남이고 또한 완전한 열반이다.

붓다의 탄생, 출가, 깨달음, 열반이라는 생애사를 보면, 낳아준 어머니 마야 왕비, 키워준 양모 마하파자파티, 그리고 그의 아내 야소다라는 붓다의 탄생에 큰 역할을 한 매우 중요한 여성들이다. 붓다의 일생을 다룬 경전에서 이 세 여성은 빠지지 않고 등장하지만, 이 세 여성과 관련된 기록들은 아주 짧게 언급되거나 중요치 않게 서술되고 있다. 왜 그럴까? 그 이유는 과거에 발생했던 일들 가운데 무엇을 기록할 것인가는 남성(출가자)의 선택이었기 때문이다.

그래서 여성들의 이야기는 매우 드물거나 잘 알려지지 않아서, 현대 여성들에게도 낯설게 느껴지기도 한다. 불교페미니즘은 남성중심적인 역사를 비판만 하는 것이 아니라, 불교여성에게 유용한 과거를 재구성하거나 여성의 관점에서 정확하고 유용한 사실을 발굴하기 위해 고민한다. 이는 그동안 우리에게 익숙했던 남성중심성으로부터 벗어나기 위한 방향 전환을 함과 동시에 익숙하지 않지만 유용한 것의 발견이라는 두 가지를 얻게 된다.

그렇다면 기존의 남성중심적 해석이 아니라, 여성의 관점으로 여성에게 유용하고 정확한 사실로 해석하거나 재구성하면 이 세 여성의 이야기는 어떻게 될까? 그럼 기존의 경전에 나타난 이 세 여성을 조계종단이 출판한 『불교성전』을 중심으로 만나보도록 하겠다.

먼저, 붓다를 낳은 어머니 마야 왕비에 대해 알아보자.

붓다가 세상에 나타나기 전에 호명보살로 도솔천에 있을 때 스스로 선택한 어머니가 마야 왕비였다. 마야 왕비는 어느 날 큰 코끼리가 배 속으로 들어오는 꿈을 꾸고서 임신했다는 것을 알게 되었고, 출산을 위해 친정으로 가는 도중에 룸비니 동산에서 무우수 나뭇가지를 잡고 옆구리로 아이를 낳는다.

태어난 싯다르타를 본 선인들은 아이가 장차 전륜성왕이나 붓다와 같은 큰 인물이 될 것이라는 예언을 했지만, 그녀는 7일 만에 눈을 감는다. 마야 왕비가 왜, 무슨 이유로 죽었는지 어떤 경전에서도 설명은 없고, 붓다의 전 생애를 통해서 붓다의 탄생 장면에서 너무나도 짧게 등장한다.

그래서일까? 붓다를 낳은 마야 왕비이지만, 세계의 불교국가 어디에서도 그녀의 숭고함을 기리는 행사는 없고, 그녀를 경배하는 어떤 기록도 불교사에는 없다. 이웃 종교인 예수의 어머니 성모 마리아와 관련해서는 '천주의 성모 마리아 대축일', '성모 승천 대축일', '원죄 없이 잉태되신 복되신 동정 마리아 대축일' 등 16개에 이르는 다양한 축일이 있음에도 불구하고 성스러운 어머니인 마야 왕비에 대해서는 무관심한 것이다.

그리고 싯다르타를 어머니 대신 키워준 양모이자 이모인 마하파 자파티는 어떤 삶을 살았던가?

마야 왕비가 죽자 그녀는 자기가 낳은 아들은 시녀에게 맡기고 싯다르타를 지극정성으로 키웠다. 그리고 싯다르타가 붓다가 되어 궁궐을 방문하자, 그녀는 붓다에게 간곡하게 출가를 허락해줄 것을 요청하였다. 하지만 붓다는 그녀의 출가를 거절하였다. 첫 번째도, 두 번째도, 세 번째도 거절했다. 마하파자파티는 수백 명의 궁궐 여성들을 데리고 머나먼 길을 맨발로 걸어서 붓다를 찾아가 눈물로 호소했지만, 붓다는 이를 매정하게 거절했다. 그러자 이를 보던 제자 아난존자가 붓다를 간곡히 설득하였고, 붓다는 마하파자파티에게 '비구니 팔경계'를 지킬 것을 약속받은 후에야 출가를 허락한다.

신분이나 연령, 결혼 여부에도 관계없이 많은 남성들이 출가하도록 도와서 깨달음을 이루게 했던 붓다이지만, 자신을 키워준 양모의 출가를 세 번씩이나 거절했음이 기록으로 전해온다. 출가를 거절한 이유도, 팔경계를 지킬 것을 요구한 이유에 대해서도 명확한 기록이 없다. 그러므로 오늘날까지 이 해석이나 진위 여부에 대해서 많은 논쟁이 있을 뿐만 아니라, 여성들에게 열등한 여성관의 예시로 소개될 정도로 부정적인 영향을 미치고 있다.

마지막으로 그의 아내 야소다라의 삶을 살펴보자.

싯다르타와 결혼한 지 12년 만에 아들을 낳고 산고로 지쳐 잠들어 있던 바로 그날, 남편인 싯다르타는 아내에게 한 마디 말도 없이 집을 나가버렸다. 생로병사로부터의 해탈이라는 원대한 목표를 가지고 출가했다고 하지만, 졸지에 홀로 남은 아내의 삶은 비참하기 그지없었을 것이다. 싯다르타가 출가한 그날부터 야소다라는 화려한 옷과 장신구들을 떼고 흰 옷만을 입었으며, 침대에서 내려와 차디찬 바닥에서 잠을 잤고, 거친 음식을 먹으며 남편의 소식만을 기다리며 살았다. 당시 엄격한 가부장제였던 인도 사회에서, 태자비로서 궁궐의 화려한 삶은 하루아침에 남편에게 버림받은 여성의 절망적인 삶으로 변했을 것이다.

그리고 아들 라훌라가 7세가 되던 해 붓다가 궁궐을 방문하자, 야소다라는 라훌라에게 "아버지에게 가서 왕위를 물려받을 수 있도록 유산을 달라고 하렴" 하고 시켰다. 홀로된 야소다라에게 아들 라훌라는 그녀가 살아가는 유일한 이유였을 정도로 소중한 아들이었으리라. 그러기에 아버지의 인정을 받고자 했지만, 붓다는 야소다라에게 한 마디 의논도 없이 그 어린 아들을 출가시킨다.

그때 야소다라의 심정은 어떠했을까? 남편인 싯다르타는 스스로 출가를 선택했으니 그렇다 치더라도, 아내이자 어머니인 자신에게 아무런 의논도 없이, 궁궐에서만 살던 어린 아들을 데리고 가서 머리를 깎이고, 걸식으로 밥을 먹게 하고, 숲속에서의 삶을 살도록 한 것이다. 그때 야소다라는 절망적인 아픔을 겪지 않았을까? 집안의 가장(家長)으로서 자식의 삶을 결정하고 아내에게는 무조건 복종하기를 요구하는 것은 가부장적 남성상의 전형이라고 할 수 있다.

낳아준 어머니, 키워준 어머니, 자식을 낳은 아내, 이처럼 세 여인의 삶을 기존의 경전으로 만나면, 마치 붓다는 여성이 남성에게 무조건 복종하고 봉사해야 하는 존재로 여기는 듯하다. 즉, 불교는 매우 남성중심적인 종교이자 열등하고 부정한 여성관을 가지고 있으며, 붓다는 여성에게 희생과 봉사를 강요하는 반(反) 페미니스트라고 생각할 수 있다.

하지만 정말 그럴까? 경전이나 기록들에 그나마 남아 있는 유용하고 정확한 이야기 조각들을 찾아내서 연결하면 또 다른 이야기가 나온다. 그리고 기존의 경전 암송·전승·기록의 주체인 비구의 관점이 아니라 여성의 관점으로 경전을 보면, 세 여성의 이야기를 새롭게 만날 수 있다. 이는 앞서 말한 것처럼, 우리에게 익숙했던 남성중심성으로부터 방향을 전환함과 동시에, 익숙하지 않지만 불교여성에게 유용한 과거의 발견이라는 두 가지 측면이 동시에 드러날 수 있도록 한다.

2) 여성의 관점으로 만나는 '붓다와 세 여인'

"고귀한 품성으로 붓다께서 어머니로 선택한 여성으로,
해탈문을 성취한 선지식인 마야 왕비."
"여성으로 최초로 출가하여 비구니 승가를 설립하고, 수
행으로 아라한이 된 마하파자파티."
"원조 알파걸에서 초월지를 갖춘 뛰어난 비구니가 된 야
소다라."

그렇다면 불교사에서 세 여인에 대해 남아 있는 기록들 가운데 여성에게 유용하고 정확한 부분들을 찾아서 여성의 관점으로 재구성해 보면 어떤 이야기가 될까? 역사적인 사실이었지만 그동안 우리에게 알려지

지 않았거나 경전 여기저기 파편처럼 흩어져 있었던 사실들을 모으면, 여성들에게 낯설 수도 있지만 여성들에게 유용한 과거를 만날 수 있다.

가장 먼저 마야 왕비를 여성의 관점으로 만나보자.

붓다는 호명보살로 도솔천에 있으면서 어머니가 될 여인을 신중하게 관찰하였다. 어머니 배 속에서 열 달을 지내야 하기에, 어머니가 될 사람을 매우 신중하게 찾아보았을 것이다. 그리고는 드디어, 지혜와 자비심이 충만하고, 계율을 잘 지키며 자애로움이 넘쳐나는 마야(Māyā) 왕비를 보게 된다. 호명보살은 깊은 선정에 들어 자신의 어머니가 될 사람의 '조건'들을 모두 다 살펴본 후에 비로소 '저 여인의 태에 들리라'라고 결심한다. 붓다의 전생 이야기를 담고 있는 『자따까(Jātaka)』에 의하면,

> "붓다의 어머니가 될 사람은 애욕이 없고,
> 술에 빠지지 않으며,
> 10만 겁 동안 바라밀(Pāramī)을 완전히 닦고,
> 세상에 태어나서는 오계(五戒)를 파하는 일이
> 없어야 한다."

고 전한다. 마야 왕비는 평소에 '살생, 도둑질, 잘못된 성적 행위, 거짓말, 술과 같이 정신을 혼미하게 만드는 것에 빠지지 않음'이라는 오계를 잘 지켰다. 그리고 임신 중이나 출산 후에도 모든 순간을 싯다르타를 위해 온갖 정성을 쏟았고, 출산 7일 만에 사망한다. 마야 왕비는 붓

다가 스스로 어머니로 선택한 여성이고, 붓다라는 성인을 낳은 불모(佛母)이다. 그녀는 붓다를 낳아서 위대한 것이 아니라, 위대한 여성이었기 때문에 붓다를 낳을 수 있었던 여성이었다.

대승경전인『마하마야경』에서는 붓다가 어머니의 은혜에 보답하기 위해 도리천에 있는 마야 왕비를 찾아가서 설법했고, 그 가르침으로 마야 왕비는 성자의 단계에 올랐다. 하지만 함께 있던 대중들도 깨우침을 얻을 수 있도록 붓다에게 다시 가르침을 요청했고, 그 결과 모든 대중들을 성자의 단계에 이르도록 도와줄 정도로 이타심을 실천하였다.

뿐만 아니다. 대승불교 교리의 집약서라고 할 수 있는『화엄경』에서 마야 왕비는 스승으로 등장한다. 즉, 선재동자가 53인의 뛰어난 선지식을 찾아다니며 중생을 구제하기 위한 방법을 배우는데, 이 과정에서 만난 스승 가운데 한 명인 마야 왕비는 '보살의 큰 원과 지혜를 가진 해탈문을 성취한 선지식'으로, 해탈에 대해 가르치는 스승이다.

두 번째는 태어나서 7일 만에 엄마를 잃은 싯다르타를 키워준 마하파자파티를 만나보자. 당시 인도 사회의 결혼 풍속은 자매가 함께 한 남자와 결혼하기도 했는데, 마하파자파티 역시 언니인 마야 왕비와 함께 숫도다나대왕에게 시집을 갔다. 마야 왕비가 싯다르타를 낳고 7일 만에 사망할 즈음에 그녀에게도 태어난 지 얼마 되지 않은 '난다'라는 아들이 있었다. 그런데 마하파자파티는 자신의 아들은 시녀의 손에 맡기고, 온갖 정성을 다해서 싯다르타를 키우게 된다. 훗날 붓다가 되어 궁전을 찾아왔을 때 만감이 교차했을 그녀는, 붓다에게 출가를 허락해달라고 간청하게 된다.

하지만 붓다는 마하파자파티의 출가 요청을 거절하였고, 이후에 그녀는 두 번이나 더 간절하게 요청했지만 거절당한다. 그렇다면 왜 붓다는 자신을 키워준 마하파자파티의 출가를 거절했을까? 당시 신생 종교인 불교가 남성에 종속된 존재인 여성의 출가를 받아들인다면 사회적 지탄을 받을 수 있고, 숲이나 나무 아래에서의 출가 생활이 여성들의 안전에 위협적일 수 있고, 남성 출가자들만의 승단에서 발생할 수 있는 성적인 문제들도 염려되고, 궁궐 여성인 마하파자파티가 과연 출가 생활을 견딜 수 있을까 우려도 컸을 것이다.

그리고 또 붓다는 생각했을 것이다. 궁궐 여성들이 출가한 비구들과 친인척 관계이거나 주인과 하인 관계였을 수도 있는데, 이러한 인적 관계들로 인해 혹시 승단의 질서가 흐트러질 것을 우려하였을 것이다. 그러나 마하파자파티의 확고한 출가 결심을 확인한 붓다는 여성들에게 출가라는 새로운 길을 열었고, 이어 비구니 승단이 설립된다. 당시 붓다는 비구니가 지켜야 할 여덟 가지 계율(팔경계)● 을 제시하였는데, 이 진위 여부는 논쟁적이다. 하지만 분명한 것은 마하파자파티는 비구니 승단을 만든 창시자이자 여성 출가자들의 스승이자 아라한을 성취한 위대한 여성이 됐다는 것이다.

세 번째는 싯다르타의 아내 야소다라이다. 그녀는 원조 알파걸(사회에서 두각을 나타내는 엘리트 여성)로, 어릴 때부터 너무나도 총명하고

● 팔경계는 성립 과정이나 적용 대상 등에 있어서 논쟁적임에도 불구하고, 오늘날까지 비구니 승단에 부정적인 영향을 미치고 있다. 그러므로 만약 계율이라고 할지라도 계율 정신은 살리면서 현실에 맞게 재해석하는 것이 불교 발전을 위한 길이라고 생각한다.

아름다워서 부모님의 자랑거리였다고 한다. 결혼할 나이가 되어서는 구혼자가 너무 많이 몰려들어서, 태자인 싯다르타도 수많은 구혼자들과 문무(文武) 대결을 해야 했다. 결국 야소다라는 치열한 경쟁을 뚫은 싯다르타와 혼인했는데, 결혼식을 치른 후에 궁궐에 들어올 때 그녀는 자신의 얼굴을 가려야 할 이유가 없다며 얼굴을 덮은 휘장을 벗어버릴 정도로 당당한 여성이었고, 결혼으로 집을 떠나는 그녀를 수백 명의 백성들이 따라가 이사할 정도로 신망받는 여성이었다. 그리고 결혼 10년 만에 아들을 낳은 그날 밤 남편이 출가했다는 소식을 듣고는 먹는 것, 입는 것, 자는 것을 마치 싯다르타처럼 하면서 수행자로 살게 된다.

후에 싯다르타가 붓다가 되어 궁궐에 처음 방문했을 때 아들 라홀라도 출가하게 되고, 그녀도 결국 고따미의 지도 아래 출가한 최초의 석가족 여인이 되었다. 출가 후 밧다깟짜나 비구니가 된 그녀는 그 누구보다도 더 열심히 주체적인 수행 생활을 하면서 통찰의 지혜를 닦았고, 마침내 깨달음을 성취할 수 있었다.

그녀는 깨달은 후에도 스스로 참회하는 자자와 포살에 솔선수범하면서, 가장 낮은 계급의 여인들만을 제자로 받아들여 지도하고 보살피는 희생적인 삶을 살았다고 전해진다. 붓다는 야소다라에게 "위대한 최상의 지혜(초월지)를 얻은 비구니들 가운데서 밧다깟짜나(야소다라)가 으뜸"이라고 칭찬했다. 비구 아라한 가운데에서도 이와 같은 초월지를 갖춘 비구는 사리뿟따나 목련존자 정도였다고 하니, 그녀가 도달한 깨달음의 수준은 대단한 것임을 알 수 있다.

이처럼 경전에서 붓다의 생애사에 짧게 언급되거나 부차적인 인물로 잠깐 등장하는 여성들을 여성의 관점으로 보게 되면, 여성들의 이야기는 새롭게 다가온다. 단지 낳아준 어머니로, 혹은 키워준 어머니로, 혹은 아내로서가 아니라, 깨달음을 성취한 위대한 여성들이자 스승, 여성 지도자로 자리매김한다. 물론 이 과정에서 붓다의 여성관은 확실하다. 여성은 열등하거나 부정한 존재가 아니라, 남성과 똑같이 수행하면 깨달음을 성취할 수 있는 존귀한 존재로 인정한 것을 그의 전 생애를 통해서 보여준다.

3) 평등과 인간 존중을 위한 붓다의 가르침으로 돌아가기

> "남자든 여자든 수행을 해서 깨달으면 되는데, 굳이 왜 남녀를 나누는가?"
> "남자 여자가 모두 평등하다면서, 왜 여성의 권리만 강조하는가?"
> "이웃 종교와 비교하면 불교는 비구스님과 비구니스님의 차별이 없다?"

불교는 이웃 종교에 비해 사회봉사 활동이나 사회 개혁에 대한 참여나 관심이 부족하다는 지적을 많이 받아왔다. 특히 교단 내에서 여성 문제나 성평등과 관련된 이슈에서는 목소리조차 듣기 쉽지가 않은데, 이는 여러 이유를 짐작할 수 있다. 즉, 불교가 남녀를 나누지 않고 '인간해방'을 강조하는 몰성적(沒性的, gender-blind) 교리에 익숙해져 있고, 사회 개혁보다는 세속 이치를 벗어나 수행을 통한 깨달음을 강조하거나, 출가자에 대한 무조건적인 존중을 강조하면서 스님의 가르침에 복종하거나,● 오랜 전통으로 내려온 비구스님 중심의 종단 운영에 순응하는 것 등이 원인일 수 있다.

그런데 현실적으로 불교 교단은 성차별이 고착화된 것이 사실이다. 한국 불교 최대 종단인 조계종단은 총무원장, 교육원장, 포교원장 등 종단 지도자로 남성 출가자인 '비구'만이 가능하게 종단법으로 정해져 있다. 비구 승가나 비구니 승가는 교육제도나 수행, 복식 등에서 모두 동일하고 그 숫자 또한 비슷함에도 불구하고, 비구니는 종단 내 지도자가 될 수 없다. 종단의 최고 의결기관인 중앙종회(사회의 국회와 유사함) 의원 숫자 81명 가운데 비구스님은 71명 임에도 비구니스님은 단지 10명에 불과하다.

한국 불교의 다수 신도가 여성이고, 공양간이나 법당 봉사로 여성 불자들은 헌신하지만 대부분의 신도회 대표는 남성불자들이다. 그 결과 한국 불교는 비구, 비구니, 남성 불자, 여성 불자라는 '21세기 신(新) 카스트제도'가 오늘날까지 유지·존속되고 있다. "모든 인간이 불성(佛性, 부처가 될 수 있는 성품)을 가지고 있다"는 붓다의 가르침에도 불구하고, 교단에서 성차별이 유지되는 이유를 분석하고 그 대안을 모색하는 데 유용한 도구가 불교페미니즘이라고 할 수 있다.

붓다는 출신 성분이나 인종, 연령 등에 관계없이 출가를 허용했

● 불교 신자가 되기 위해서는 세 가지[부처님, 가르침, 상가(Saṅgha)]에 귀의해야 하는데, 이때 상가는 스님이 아니라 자기반성과 점검을 통해 자정능력을 갖는 청정과 화합의 공동체라는 뜻이다. 하지만 한국 불교는 '거룩한 스님들'로 번역하면서 출가자 중심주의 등 문제가 등장하고 있다

기에 비구 승단에는 왕족을 포함하여 이발사, 요리사, 하인 등이 다 함께 공동체를 이루어 수행하였다. 비구니 승단 역시 궁궐 여성과 하녀들, 결혼한 여성이나 성매매 여성들까지 출가를 받아주었다. 하지만 남성 중심 사회에서 교리는 비구 중심으로 암송되고, 기록되고, 또 전승되는 과정에서 가부장제적 가치가 교리에 스며들었고, 교단의 법과 제도 역시 비구/남성 중심으로 정착되었다.

그 결과 경전에서 보여주는 여성상은 혼란스럽기도 하다. 어떤 경전에서는 여성이 성불할 수 있다(여성성불론)고 하지만, 또 다른 경전에서는 여성이 성불할 수 없다(여성불성불론)거나 다음 생에 남성의 몸으로 다시 태어나서 수행해야 성불할 수 있다(변성성불론)고 한다. 여성은 수행자를 유혹하는 유혹자로 묘사되는가 하면, 또 다른 한편으로는 중생을 구제하는 보살로 기록되기도 한다. 전생에 업이 많아 여자로 태어났다고 하지만, 깨달은 여성들이 기록으로 전해지기도 한다.

그러면 왜 경전에서 부정적이거나 열등한 여성상이 오늘날까지 전해질까? 불교페미니즘에서는 그 원인에 대해, 불교의 전승 과정에서 가부장적 가치관이 첨가되었다는 '첨가설', 차별적인 인도 사회에서 여성을 보호하기 위한 '방편설', 그리고 신흥종교인 불교가 그 사회에 뿌리내리기 위한 '정치적 타협설' 등으로 설명한다. 불교페미니스트들은 본래 붓다의 가르침은 성평등한데도 불구하고 불교사와 승단의 법/제도 등에서 여성이 삭제되거나 왜곡된 것을 '제도적인 실패'로 본다. 남성 중심 가부장 사회에서 통용되는 남성우월적인 법과 제도가 교단 내로 이식되면서, 교리는 평등한데 교단의 법과 제도가 성차별적으로 고착되었다는 것이다.

하지만 성평등을 강조하는 시대적 변화에 따라, 이제는 붓다의 처음 가르침으로 돌아가야 한다. 평등과 인간 존중의 생명 중심사상으로 돌아가서, 불교사에서 축소되거나 잊힌 여성들의 이야기를 찾아서 완전한 불교사를 구축해야 한다.

불교,
페미니즘과
만나다

1) 페미니즘, 여성들만 위한 것인가?

"페미니즘은 여성들의 이익이나 권리만 주장한다."
"페미니즘은 여성들이 남성보다 더 우위에
서기 위한 것이다."
"페미니즘을 주장하는 여자들은 가까이하면 안 된다."

우리 사회는 2016년 강남역 살인사건부터 '미투' 운동, 'n번방' 사건 등
으로 페미니즘이 공식 담론에 자연스럽게 등장했지만, 남성 역차별을
화두로 한 '이대남 현상'으로 페미니즘 백래시(backlash, 반동)가 나타났

다. 사회 일각의 여러 오해들과는 달리 페미니즘은 동등한 인간으로서의 권리를 요구한다. 남녀평등은 오늘날 매우 당연한 일로 여겨지지만, 여성의 권리가 인정받기까지 수많은 세월과 다수 여성들의 희생이 있었다.

여성이 남성에게 종속적인 삶을 살아야 하는가에 의문을 가지면서, 이러한 차별적인 상황에 대해서 분노하는 것을 '성스러운 분노'라고 말한다. 왜냐면 이 분노는 여성 개인만이 아니라 사회의 변화를 가져오는 원동력이 되기 때문인데, 이러한 차별 극복을 위한 실천 과정을 담은 이론을 '페미니즘'이라고 한다. 페미니즘의 등장은 아이러니하게도 1789년 프랑스대혁명에서 등장한 '천부인권론'부터이다. 즉, "모든 사람이 태어나면서부터 그 누구에게도 침해받을 수 없는 기본적 권리를 가진다"라고 천부인권을 주장했지만, 이때의 모든 사람은 "국왕이든, 귀족이든, 평민이든 누구나 포함되지만, 여성만은 제외"되었다. 여성은 열등하고 부족하기 때문에, 남성에게 지도를 받아야 한다는 것이다. 그렇기에, 여성도 남성과 동등한 인간임을 주장하는 과정에서, 여성들은 엄청난 대가를 치러야만 했다.

예를 들면 1793년 프랑스 여성운동가인 올랭프 드 구즈(Olympe de Gouges)는 여성의 참정권과 양성평등을 주장하다 남성혁명 방해죄로 사형을 언도 받았는데, "여자가 단두대에 오를 권리가 있다면 연단에도 오를 수 있다"라고 주장하며 당당하게 죽음을 맞았다. 메리 울스턴크래프트(Mary Wollstonecraft)는 '도대체 누가, 남성들에게, 여성을 지배하는 권력을 주었단 말인가?'라며 최초의 페미니즘 선언서인 『여성의 권리 옹호(1792)』를 발표하였다.

당시 노예 남성보다 못한 여성의 처지를 한탄하며 여성들은 끊임없이 투쟁하였고, 여성도 국가에 속한 국민이자 시민임을 주장하였다. 이는 투표권 요구로 연결되면서 여성 참정권 운동으로 확대된다. 하지만 그 과정은 참으로 지난했다. 여성들이 참정권을 획득한 것은 미국은 1920년, 영국은 1928년, 그리고 한국은 1958년에야 가능했다. 특히 한국은 1898년 서울 북촌에서 이소사, 김소사 등이 여성의 교육권과 참정권을 주장하는 '여권통문'을 발표한 이래 60여 년이 지나서야 투표권을 얻게 된다.

동서양을 막론하고 여성은 열등하고 부정하게 여겨졌으며, 이슬람국가의 명예살인, 중국의 전족, 아프리카의 여성 할례처럼 여성이 지켜야 할 성 규범은 남성에 의해 만들어졌다. 호주(戶主)로서 가족 구성원에 대한 절대적인 지배권을 가진 남성은 산업화로 인한 급격한 사회 변화에도 변함없었다. 사적 영역에서 가사와 육아라는 여성 역할은 직장이라는 공적 영역으로 확대되었지만, 성 역할 고정관념이나 이중적인 성 규범 등으로 여성의 권리는 제한되었다. 이에 여성들은 스스로 문제를 제기하면서, 남성과 동등한 인간으로서의 권리를 위한 페미니즘이 확산된다.

그렇다면 페미니즘은 여성들의 이익이나 권리만을 주장하거나, 여성이 남성보다 더 우월한 위치에 서기 위한 것일까? 아니다. 페미니즘은 여성만의 이익이나 여성이 더 많은 권리를 가질 것을 주장하는 것이 아니라, 남녀가 평등하며 함께 행복한 사회를 추구한다. 가부장 사회에서 남성만 가정 경제를 책임지고 가족에 대한 결정권을 가지는 것을 거부하며, 남성과 여성이 함께 생계를 책임지고 서로를 존중하면서 가정을 꾸려나가는 것을 요구한다.

2) 불교, 페미니즘과 만나다

"불교에는 페미니즘이 필요 없다.
이미 여자들은 평등하다."
"그렇게 차별적이라고 불만이면 다음 생에 남자로 태어
나라."
"페미니즘은 여자들이 남자를 가르치려 든다."

불교사에서 불교여성에 대한 기록을 찾기는 쉽지 않다. 그런데 놀랍게
도 불교 역사의 모든 주요 시기의 문헌이나 경전에서 파편으로건 부
차적인 자료로건 여성의 흔적을 찾을 수 있다. 그러므로 여성에 무관
심했던 과거를 비판만 할 것이 아니라, 현대적 관점에서 불교여성들에
게 유용한 과거를 찾아내고, 불교여성들을 발굴하여 널리 알리는 것
이 필요하다. 이를 위해서는 불교를 여성의 관점에서 해석하는 이론인
불교페미니즘이 매우 유용한 도구이다. 불교페미니즘은 파편이나 부
록으로 남아 있는 여성의 이야기를 모아서 재해석하고, 기존의 남성들
만의 기록에 여성을 더하여 온전한 불교사를 만들어 낸다.

그렇다면 불교는 페미니즘과 어떤 관계가 있을까? 서구에서 등장
한 페미니즘은 불교에 어떤 영향을 미칠 수 있는 것일까? 불교와 페미
니즘, 이 둘은 서로 다를 것 같지만, 유사한 점이 매우 많다. 페미니즘
이 여성 스스로 차별을 인식하고 이를 극복하기 위한 실천을 중시한다

면, 불교는 고통에 처한 현실을 인식하고 이를 극복하기 위한 실천 수행을 중시한다. 페미니즘이 여성 스스로의 실천을 통한 해방 가능성을 믿는다면, 불교 또한 인간은 누구나 고통이나 억압으로부터 해방될 수 있으며 이러한 해방은 스스로의 노력에 의해 성취되는 것이라는 점에서 불교와 페미니즘은 매우 유사하다.

또한 이 둘은 상호 보완적인데, 불교는 페미니즘에 남녀 이분법적인 사고를 극복하고 가부장제 이후 인간의 기본적인 고통과 실존적 불안을 해소하는 데 도움을 준다. 반대로 페미니즘은 불교가 개인적인 깨달음에 치우쳤다면 그 관점을 사회 정의로 확대하는 데 도움을 주고, 자애와 연민심을 우리가 살고 있는 공동체를 위해 실천하도록 도움을 준다. 그래서 불교와 페미니즘은 서로 도움을 주고받으며 변화를 만들기 때문에 세계적인 종교(불교)학자 리타 그로스(Rita Gross)는 "축복할만한 동반자" 혹은 "상서로운 만남"이라고 한다

불교에서 여성이 남성에 비해서 열등하고 부정하기 때문에 깨달음을 얻을 수 없다는 주장과 관련하여, 불교 문헌에서 두 가지 해답을 제시한다. 일반적인 주장은 본질적으로 "가르침(Dhamma, 붓다께서 깨달은 불변의 진리)은 여자도 아니고 남자도 아니다"라는 것으로, 성별(gender)은 깨달음과 무관하거나 심지어 존재하지도 않는 것으로 해석할 수 있다. 또한 티베트 불교는 오히려 여성이 수행에 유리하다고 주장하기도 한다. 이처럼 분명한 답이 제시되어 있음에도 불구하고, 열등한 여성관이 오늘날까지도 유통되면서 많은 사람들에게 불교는 반여성적이라는 인상을 심어주기도 한다. 바로 그 이유 때문이라도 불교 페미니즘이 필요하다고 하겠다.

또한 비구니스님 67명의 전생과 현생의 삶과 깨달음 이야기가 있는 「위대한 장로니게」를 통해 깨달음에 이른 많은 여성 출가자가 존재했음을 알 수 있고, 재가여성인 비사카는 '교단의 어머니'로 불리면서 교단 운영에 주도적인 역할을 하였으며, 궁궐 하녀이자 장애인이었던 쿳줏따라는 붓다의 가르침을 전하는 포교사로 궁궐 여성들을 포교했고, 담마딘나 비구니는 비구를 가르치고 붓다에게도 그 지혜를 인정받을 정도로 뛰어난 여성 지도자였다는 기록이 전해온다. 이처럼 불교인들에게 친숙한 전통들에서 뛰어난 불교여성들이 존재하기 때문에, 불교는 페미니즘을 실현하는 현대적 가치를 담고 있는 혁신적인 사상이라고 할 수 있다.

1980년대 등장한 불교페미니즘은 불교계에서도 여성의 관점으로 경전 읽기를 도와준다. 불교페미니즘은 서구의 물질문명, 개인주의에 대한 반성과 비판이 불교에 대한 관심으로 이어지면서, 붓다의 가르침을 새로운 페미니즘 이론으로 받아들인다. 즉, 불교페미니즘이 남성 중심의 이분화되고 위계적인 가부장제를 지지하는 이데올로기가 아니라, 억압과 고통으로부터 해방의 출구를 위한 핵심적인 논리를 제공한다고 주장한다.

불교페미니스트인 리타 그로스는 불교여성주의를 "여성과 남성의 공동 인간성(co-humanity)에 대한 급진적 수행"으로 정의하며, 남성의 지배와 억압에 대항하는 여성의 투쟁이라는 이념적 경직성을 극복하는 이론을 제공한다고 본다. 성차별을 부정하는 것이 아니라, 성차별을 극복하는 방식에 있어서 탈이분법적인 상호 존중을 강조한 것이다.

필자는 불교여성주의를 실현하는 과정은 세 단계로 나타난다고 본다. 첫째, 여성이 억압받고 있는 현실에 대한 자각 단계이며, 둘째, 이러한 억압이 사회적으로 구성되었기 때문에 변화 가능함을 인식하는 단계이며, 셋째, 붓다의 가르침을 기반으로 여성해방은 물론 온 생명의 존귀함과 평등을 성취하기 위한 실천 단계로 본다. 이처럼 불교 페미니즘은 남녀를 대립적이거나 적대적인 투쟁의 대상으로 보기보다는, 불성을 가진 존귀한 존재로서 공동체에서 함께 성장하는 관계로 상정한다.

3) 불교페미니즘으로 여성성 회복하기

"불교는 탈이분법적으로 남녀를 극복하는 것인데, 왜 여
 자만 강조하는가?"
"페미니즘은 화합을 깨고 분별심을 조장한다."
"불교페미니즘은 여자들의 권리만 주장하기 때문에
 불교적이지 않다."

"일체중생 개유불성(모든 중생은 부처가 될 수 있는 성품을 가지고 있다)"은 불교의 가장 기본 사상이다. 그럼에도 불구하고 여성 업설, 여성 유혹자, 여성 불성불론 등이 오늘날까지 전해오는데, 불교페미니스트들은 현대 여성들이 받아들일 수 있는 새로운 가치관을 제시하기 위해 노력한다.

그렇다면 오랜 세월 동안 이처럼 널리 유포된 '열등한 여성관'을

극복하기 위해 활용할 수 있는 정확하고 유용한 자원은 있을까? 어떻게 하면 여성으로 태어난 것에 자부심과 긍지를 가질 수 있을까? 불교사에서 여성들이 어떤 중요한 역할을 했을까? 긍정적인 여성관은 붓다의 가르침으로 돌아가는 것이므로, 이를 위해 불교 내에서 활용할 수 있는 자원들을 확보하는 것이 매우 중요하다.

긍정적인 여성 정체성을 회복하는 데 첫 번째로 중요한 자원은 신과 인간의 스승인 붓다의 탄생에 여성들이 지대한 영향을 미쳤다는 것이다. 붓다의 탄생에 여성들은 주체적이고 매우 극적으로 등장한다. 먼저 수자타를 보면, 싯다르타가 고행을 끝내고 처음 먹은 음식은 수자타가 공양한 죽이었다. 이 죽으로 기운을 차린 후 보리수 아래에 정좌하여 깨달은 자 붓다가 되었으니, 수자타는 음식 보시를 통해 붓다 탄생을 도운 여성이다.

또한 붓다가 탄생하는 바로 그 순간에 결정적인 도움을 준 존재는 '대지의 여신(女神) 스타바라'이다. 보리수 아래에 정좌한 싯다르타가 드디어 깨달은 순간에 악마 마라가 나타나서, '무수한 전생 동안에 선업을 닦아야 붓다가 되는데 누가 그것을 증명하느냐?'라며 붓다로 인정하지 않으려 했다. 그러자 땅속에서 '여신(女神) 스타바라'가 솟아올라 싯다르타의 무수한 전생 선업들을 증언하였고, 결국 붓다는 깨달은 자로서 모든 존재들로부터 인정받게 된다. 이처럼 붓다 탄생에서 여성의 역할이 매우 컸다.

긍정적인 여성성 회복을 위한 정확하고 유용한 두 번째 자원은, 불교에서 중시하는 여성적 원리이다. 예를 들면 금강승 불교라고 불리는 티베트 불교에서 여성적 원리는 지혜를, 남성적 원리는 연민을 의미한다. 그리고 이 둘이 결합할 때 완벽한 보살행이 실현되기 때문에 여성이 열등하다는 주장은 교리에도 맞지 않다. 심지어 여성 붓다로 추앙받는 예세 초겔은, 깨달음에는 남자의 몸보다 여자의 몸이 훨씬 더 유리하다는 주장을 했고, 오늘날까지도 티베트 불교에서 존중받는 친근한 여성 보살인 따라보살은 자비와 공사상을 구현한 해탈의 어머니로 묘사된다. 뿐만 아니라 수많은 다키니와 요기니 등 여성 수행자들이 존재하는 것처럼, 여성성은 열등한 것이 아니라 수행에 절대적인 성품이 된다.

여성성 회복과 관련하여 정확하고 유용한 세 번째 자원은, 대승불교 경전에서 성전환을 하는 뛰어난 여성들이다. 불교 교리가 남성 중심으로 고착화되는 과정에서 여성의 몸으로 깨달음에 이를 수 없다는 '여성불성불론'은, 붓다의 제자 가운데 가장 지혜롭고 나이도 많은 비구스님을 법담으로 설복시키는 뛰어난 어린 여성들이 등장하면서 획기적인 변화를 맞는다. 즉, 여성의 성불이 불가능한 것이 아니라 남자로 변하면 성불할 수 있다는 '변성성불론'을 거쳐, 여성의 몸으로 곧바로 성불하는 '여성성불론'으로 완성된다. 예를 들면 『법화경』에는 붓다의 지혜 제일 제자인 사리불이 8세 나가공주에게 "여자의 몸으로는 성불할 수 없다"라고 주장한다. 그러자 나가공주가 바로 남자의 몸으로 바꿔서 붓다가 된 후에, 남녀의 몸은 무의미함을 사리불에게 가르친다. 이 시기까지는 여성의 몸이 남성으로 변해야만 성불했지만, 『유마경』에 와서는 여성의 몸으로 곧바로 성불하게 된다. 사리불이 천녀에게 "능력이 뛰어난 네가 왜 아직까지 여자의 몸을 하고 있냐?"라고 묻자, 남자든 여자든 고정불변의 성품이 없다고 사리불에게 가르친다. 8세 여자아이 혹은 젊은 여자가, 가장 지혜롭고 나이 많은 비구스님과의 논쟁에서, 젠더는 고정된 것이 아님을 가르치고 스스로 붓다가 되어 떠난다는 것은 서구 페미니스트들조차 놀랄 정도로 진보적이다. 이처럼 대승불교는 교리나 수행 등에서 여성성을 존중하고 있음을 널리 알려야 한다.

그렇다면 한국 불교에서 '긍정적인 여성관'에 도움을 줄 수 있는 정확하고 유용한 자원은 무엇이 있을까? 한국 불교는 숭유억불 조선 시대나 일제 강점기에도 전통 한국 불교 지키기에 앞장서 왔으며, 오늘날까지도 다수 신자가 여성이다. 그러므로 여성으로 태어난 것에 대한 긍지를 가지는 것은 매우 중요한데, 이를 위한 유용한 자원은 첫째, 지혜롭고 자비로운 모습으로 중생을 구제하는 한국 불교의 여신들이다. 불교 여신들은 마치 어머니가 하나밖에 없는 자식을 돌보는 것처럼 중생들을 돕기 위해 나선다. 예를 들면 신라시대부터 호국사상을 담고 있는 대승경전으로 널리 알려진 『금광명경(金光明經)』에는 변재천, 귀자모, 길상천, 견뢰지신, 그리고 보리수신 등 다섯 명의 여신이 각기 다양한 방식으로 중생 구제를 위해 등장한다. 마리지천은 인간에게 복을 갖다주고 어려운 일을 당하지 않도록 막아주며 인간에게 이롭게 하는 신으로 고려시대에 널리 알려졌다.

한국 불교의 긍정적 여성관을 위한 두 번째 자원은 민간신앙으로 숭배받다가 한국 불교에 습합된 여산신이다. 오래전부터 한반도에 존재했던 토속 여신들은 할망신화로 전해오는데, 이때 할망은 단순히 나이 많은 노파가 아니라 영동할매, 설문대할망, 구슬할망, 조왕할망 등 창조와 양육 등의 능력을 가진 "여신"을 의미한다. 마고여신은 천지를 창조한 여신으로 오늘날까지 우리들에게 전해지고 있으며, 삼신(三神)할머니는 출산과 운명을 관장한다. 한국 불교는 전통적인 할매신앙을 배척하지 않고 습합하여, 사찰 안에 '산신각'이라는 전각에 모시고 있다.

불교와 전통 신앙이 공존하는 산신각에는 할머니 여산신이 모셔져 있는데, 지리산 대원사 산신각이나 지리산 쌍계사 삼신각 등에서는 천지를 호령할 만한 위엄을 갖추고도 한없이 자상한 모습의 여산신을 만날 수 있다. 심지어 경주 감실에는 신라 석불 가운데 가장 오래된 '불곡 마애여래좌상'이 있는데, 이는 '할매부처'라는 이름으로 더 잘 알려져 있다. 붓다가 중생을 구제하는 것처럼 할머니가 사람들을 돕는다는 의미로, 이 할매부처 덕분에 골짜기의 이름도 부처골이라고 한다.

한국의 긍정적 여성관에 대한 세 번째 자원은 마을 어귀에 세워진 돌벅수 '미륵할매'이다. 미래의 부처인 미륵불이 세상을 구원한다는 미륵신앙은 우리나라에서 양반들의 수탈로 살기 힘들어진 민중들에게 혁명사상으로도 역할을 했는데, 구원불인 미륵이 할매로 재현되어 전국적으로 분포하고 있다. 원래는 마을 어귀에 세워진 돌벅수였는데, 어려움이 닥칠 때마다 동네 사람들은 이 돌벅수를 '미륵할매'로 부르고 의지한 것이다.

한국 불교의 긍정적 여성관에 대한 네 번째 자원은 여성으로 재현되는 관세음보살이다. 인도에서 남성이었던 관세음보살은 중국에 와서 여성으로 바뀌었고, 한국에서는 남성과 여성의 모습이 혼재되어 나타난다. 관세음보살은 중생을 이롭게 하기 위해 여러 가지 모습으로 나타나는데, 특히 바다 풍랑에서 구제해 주는 백의관음은 한반도에서도 해수관음으로 불리며 바닷가 지역에 다양하게 분포되어 있다. 누구든 어려움에 처할 때 관세음을 부르기만 해도 언제든지 나타나 중생들을 고통에서 구제해 주는 여성보살은 지혜롭고 자비로운 특성을 잘 표현하고 있다.

이처럼 불교에서 여성성은 할매신앙으로 승화하거나, 할매부처로 친근하게 불리거나, 미륵할매로 사람들의 보호신 역할을 하면서, 필요에 따라 때로는 강력하게, 또 때로는 자비롭게 중생들을 구제하면서 오늘날까지 전해지고 있다. 경전이나 문헌에서뿐만 아니라, 한국의 불교문화에서도 긍정적인 여성성과 관련된 다양한 자원들이 한반도 곳곳에 존재하기에 한국 불교의 긍정적인 여성관을 회복하는 데 적극적으로 활용해야 한다.

깨어날
불교 공동체를
기대하며

글자를 몰라 남성 성직자들이 전해주는 교리를 듣기만 하던 옛날 여성들과 달리, 오늘날 여성들은 스스로 성서나 경전을 읽기 시작하면서 "왜?"라는 질문을 하게 되었다. 그리고 기존의 성서나 경전에 기록된 내용에 대해 의심하기 시작했다.

"성차별이 붓다의 가르침이 맞는가?"

"뛰어난 여성들은 왜 기록에서 사라졌는가?"

"불교사에서 여성 이야기가 삭제되었는데 어떻게 온전한 불교사가 되는가?"

이러한 여성들의 질문이 '쓸데없는' 혹은 '하찮은' 것으로 심지어는 무식한, 비불교적이라고 무시당하며 오랜 시간 동안 여성들은 억압받았다. 남성 중심의 경전이나 교단에서는 이러한 질문에 답을 구할 수 없었기에, 지난한 세월 동안 여성들은 그 답을 찾기 위해 노력했다.

이제 여성들은 불교페미니즘이라는 도구로 이 질문들에 대한 답을 찾아가고 있다. 현재 전해오는 교리가 붓다의 가르침이 맞는지 의심하고, 열등하고 부정적인 여성관은 창시자의 가르침에 맞지 않음을 선포하고, 여성 스스로 경전을 읽고 해석하고자 한다. 비구 승가에 대한 무조건적인 추종을 거부하고, 일상과 수행을 스스로 일체화하며 주체적으로 살아가고자 한다.

또한 불교페미니즘은 '열등한 여성관'이 붓다의 가르침을 제대로 반영하지 못함에 대해 반박하는 데서 그치지 않고 그 대안을 찾기 위해 노력한다. 그 결과 사부대중이 서로 존중하며 평등한 교단 문화를 구축하기 위한 방법을 고민한다. 왜냐면 만들어진 것은 변화하기 마련이라는 불교 가르침처럼, 성 평등한 사회로 나아가는 과정에 교단의 변화도 너무나도 당연하기 때문이다.

오랫동안 비구니 승단이 소멸되었던 상좌불교 국가들에서 비구니 승단이 다시 설립되고 있다. 부탄 불교는 비구니 승단이 성공적으로 복원되었으며, 스리랑카는 1998년 비구니 구족계 이후 현재 5,000여 명의 비구니스님들이 활동하고, 태국은 2003년 담마난다 비구니스님 이후 300여 명의 비구니가 있으며, 미얀마는 사미니계를 받은 딸라신의 숫자가 급격하게 증가하여 2019년 기준 6,800여 명에 이르고 있다.

불교뿐만 아니라 이웃종교 여성들은 각자의 종교 안에서 여성의 목소리를 내려고 노력 중이다. 가장 활발한 활동을 보이는 곳은 개신교로, 1960년대 말 서구에서 등장한 '여성 신학'은 여성의 경험과 관점에서 기존 신학을 비판하며 성서를 재해석하거나, 기존의 성서는 가부장제에 오염되었다며 '교회 밖으로' 뛰쳐나가는 흐름도 등장했다.

가톨릭 또한 여성의 눈으로 신학을 만나기 위해 1997년 '한국가톨릭여성신학회'가 설립되었고, 여성신자들의 존엄성과 소명감을 회복하고 공헌하고 있다. 교리를 재해석하거나 여성 신비가들을 발굴하고 널리 알리며, 마리아의 모성성을 지구어머니로 확대 해석하여 생태계 보호에 앞장서고 있다. 천도교는 시천주(侍天主), 즉 사람은 누구나 한울님을 모신 존재라는 가르침에 따라 남녀가 평등한 조건에서 교리를 가르치고 수련에 임하게 하였다. 1924년 '천도교여성회'를 설립하고, 여성의 수도를 권장하고, 문맹 생활개선이나 남녀평등을 찬성하며, 부당결혼 등 악습 철폐운동도 전개하였다. 원불교는 개교 104년 만에 여성 교무에게만 요구되던 '독신'을 공식적으로 폐지하고, 2019년 여성 교역자의 결혼을 금지하는 '독신서약'을 공식 폐지했다. 많이 늦은 감은 있지만, 참으로 환영할 만한 일이다 .

불교계도 재가여성들을 중심으로 생태불교, 생명불교, 평등불교 실천을 위해 노력하고 있는데, 종교와젠더연구소는 여성의 관점을 반영한 교리의 재해석이나 뛰어난 여성 수행자의 발굴 등을 위해 열심히 활동 중이다. 특히 교단 내 성차별 이슈에 대해 적극적으로 대응하고자 불교단체들이 연대하는 '성평등불교연대'는 다양한 포럼이나 강좌를 주관한다. 또 종교사에서 뛰어난 여성의 이야기를 복원하여 출판하거나, 전 세계에서 유일하게 마야 왕비를 경배하는 '위대한 여성, 마하마야페스티벌'을 주도하고 있다.

여성들의 목소리는 변화하는 사회에 따라 교단도 변화할 것을 요구하고 있다. 가부장제 이후의 불교 변화를 상상하면서, 교단이 출가자 중심에서 사부대중(비구, 비구니, 재가남·녀)의 평등 공동체, 돌봄 공동체, 수행 공동체가 되어야 함을 요구한다. 이 과정에서 불교 내 남성 중심성에 대한 무조건적인 비판이나 거부가 아니라 그 대안을 제시하고자 하며, 여성들이 불교 혁신과 재구축의 주체로 나서고자 노력한다. 이 세상에 모든 존재는 혼자 독립적으로 존재하는 게 아니라 상호 의존적으로 존재한다는 붓다의 가르침처럼, 불교여성들은 교단이 성평등하게 재구축될 것임을 믿는다. 여성 불자가 깨어나면 불교가 깨어난다고 한다. 이제 여성 불자가 깨어나고 있으니, 교단이 응답을 해야 한다.

2부

한국 불교에서
여성을 말하다

4

조선 전기 왕실과
사대부 여성들의
삶과 불교•

글. 민순의(한국종교문화연구소)

• 이 글은 필자가 2022~2023년 『법보신문』에 연재한 '조선의 스님들은 어떻게 살았을까?' 칼럼 중 관련된 부분을 저본으로 하며, 더러 칼럼 내용의 일부를 인용하며 재정리하였음을 밝힌다.

조선 전기 불교와
승려의 위상과 역할

조선시대에는 숭유억불의 국가 정책으로 불교가 탄압받았다는 통설이 있다. 또 그 속에서도 왕실과 사족 출신의 여성들이 가정의 화합과 자손의 번영을 염원하며 각종 불사를 후원한 공덕으로 불교가 명맥을 유지해 오늘날까지 이어져 올 수 있었다는 통념도 있다. 이러한 통설과 통념에는 몇 가지 재고의 여지가 있다. 첫째, 숭유억불 주장의 근거는 무엇이며 그 실상은 어떠한 것이었나? 혹시 그것은 사실이 왜곡되었거나 과장된 이미지는 아닌가? 둘째, 왕실과 사족 여성들의 불교 신행은 재가자로서 불사를 후원하는 정도에만 그친 것이었을까? 혹시 그들 스스로가 출가인의 신분으로 수행에 힘쓴 예는 없을까? 셋째, 왕실 여성들의 경우 불사 후원의 목적이 가정의 화합과 자손의 번영에만 국한된 것이었을까? 왕실의 일원이었기에 남다를 수 있었던 또 다른 목적과 기능은 없었을까?

이 글에서는 이상 세 가지 문제의식을 축으로 하여 논의를 전개하고자 한다. 먼저 조선시대 승려의 처우와 역할을 살피어 당대 불교의 사회적 위상과 불교에 대한 신앙의 배경을 확인하고자 한다. 다음으로 왕실 및 사족 출신의 여성이 출가하여 승단을 운영한 사례를 찾아 봄으로써 전통 시대 여성의 불교 신행을 재가자의 자리에 국한하곤 했던 기존의 인식에 균열을 시도하고자 한다. 마지막으로 대비의 자리에서 왕실 웃어른으로서 강력한 정치적 영향력을 행사했던 자성대비(세조비 정희왕후)와 성렬대비(명종비 문정왕후)의 불교 정책을 살피고, 그 취지와 효과를 정치 및 경제의 차원에서 톺아봄으로써 조선시대 왕실 여성의 불사 후원의 목적을 보다 입체적으로 조망하고자 한다.

논의의 대상 시기는 조선 전기가 위주가 될 것이다. 조선 전기와 후기는 정치, 사회, 문화적 환경이 판이하게 차이가 나는 관계로 위의 세 가지 문제의식을 갖추어 함께 논의하기에는 지면의 한계가 있다. 필자의 연구 역량이 조선 후기에까지 충분히 미치지 않은 것도 하나의 이유가 되었음을 고백한다. 아쉬우나마 이 글에서는 먼저 조선 전기의 상황을 확인하고, 이를 토대로 이어지는 연구를 통해 같은 주제에 대한 조선 후기의 전개 양상을 살필 기회를 얻기를 바란다.

국가 승려자격증 '도첩' 받고, 시험 통과해야 법계 받아

태조 4년(1395) 대사헌 박경(朴經) 등이 올린 상서에 "승려[僧]가 백성 가운데 3/10을 차지한다"는 내용이 나온다. 태종 4년(1404) 4월에 집계된 전국의 인구수는 한양과 경기 지역을 제외하고 32만 2,786명으로 보고되었고, 2년 뒤인 태종 6년(1406) 10월에는 한양과 경기 지역을 제외한 인구가 33만 2,227명, 경기 지역의 인구가 3만 8,138명으로 한양 제외 전국 도합 37만 365명의 인구수가 보고되고 있다. 그런데 이 숫자들의 단위가 태종 4년에는 '구(口)'로 표기된 데 비해 태종 6년에는 '정(丁)'으로 표기되어 있어, 그 대상이 모두 조세와 부역의 의무를 지는 정구(丁口), 즉 양인 남성임을 알 수 있다. 즉 이들 수치에는 여성이 배제되었으며, 천민 남성과 16~59세의 나이대를 벗어난 남성들도 반영되지 않은 것으로 보아야 한다.

박경 등이 상서를 올린 태조 4년과 태종 4년의 첫 번째 인구조사 사이에 불과 10년의 차이만 있을 뿐이므로, 태종 6년 한양 거주를 제외한 전국의 양인 남성을 기준으로 3/10을 추산하면 개국 초 전국의 승려 수는 대략 11만 명을 상회하는 것으로 계산된다. 한편 조선의 개국 공신인 정도전(1342~1398)도 『조선경국전』에서 '유수(遊手)의 존재', 즉 부역하지 않는 존재로서 승려를 거론하며 그 수를 10만 명 이상으로 추산하고 있어 비구승 11만이라는 수치의 추정에 근거를 더한다. 이는 조선 초 적어도 승단 규모로 파악되는 불교의 교세가 만만치 않았음을 보여준다.

상기 11만을 헤아리는 승(僧)에 남성만이 포함되는 것이라면 여성 승려들은 어떻게 표현되었을까? 정종 1년(1399) 9월 태상왕 이성계와 계비 신덕왕후 강씨 사이의 딸 경순공주가 출가한 날에 대해 『실록』은 "태상왕이 경순궁주로 하여금 비구니가 되게 하였다[太上王使敬順宮主爲尼]"라고 기록하였다. 여승, 즉 비구니에 대해서는 명백히 '니

(尼)'로 표기한 것이다. 조선시대에는 한자로 표현할 때 비구는 승(僧)으로, 그리고 비구니는 니(尼)로 표기하였음을 알 수 있는 대목이다.

그렇다면 승려에 대한 처우와 그들의 역할은 어떠했을까? 조선시대의 법전인『경국대전』「예전(禮典)」에는 '도승(度僧)'이라는 조항이 있다.● '도승'이란 '득도위승(得度爲僧)'의 줄임말로서, '도(度)'는 부처의 가르침을 깨닫고 도달하게 된 최상의 종교적 상태인 구경열반(究竟涅槃)을 가리킨다. 따라서 득도위승, 즉 도승은 본래 '깨달음을 얻은 뒤 승려가 되는 것'을 의미하지만, 실제 역사에서는 국왕이 승려를 출가시키는 경우에 주로 쓰였다. '출가(出家)'가 승려가 된(또는 되려는) 사람의 입장에 서있는 말이라면, '도승'이라는 표현은 다른 사람을 승려가 되도록 허락한다는 뜻으로 출가시키는 이의 입장을 반영하는 셈이다.『경국대전』의 '도승' 조항은 바로 국가기관인 예조에서 승려 지원자에게 시취(試取, 자격시험)와 정전(丁錢, 군역을 대신하는 값)을 받고 승려의 자격증인 도첩(度牒)을 발급하는 절차를 규정한 것이었다.

도첩을 발급받았다는 것은 국가로부터 승려의 자격을 인정받은 공도승(公度僧)이 되었음을 의미한다. 물론 국가의 허락을 받지 않는 출가는 누구나 할 수 있었다. "무식한 승려들이 국가의 법령을 두려워하지 않고, 단지 양반의 자제뿐 아니라 병역에 나간 군인이나 향리·역리의 자식 또는 공노비와 사노비들까지도 제 마음대로 머리를 깎으니

● '도승니(度僧尼)'가 아니라 '도승(度僧)'으로 명시되고 있는 데에서 이 법제가 비구(僧)만을 대상으로 한 것임을 알 수 있다. 이는 당시의 행정력이 남성 정구만을 수취의 대상으로 두었던 사정과 부합한다.

몹시 잘못된 일입니다(세종 2년 11월 7일)"라는 기록은 출가라는 말 대신 체발(剃髮), 즉 머리를 깎는다는 표현을 사용하고 있지만, 국가로부터 공인 받은 도승이 아닌 자발적 출가의 사례를 잘 보여준다. 자발적 출가의 경우에는 국가로부터 추쇄(推刷)를 당하여 환속될 위험이 상존하였다. 다만 공도승에게는 승과(僧科)를 치를 자격이 주어졌다. 태종 11년(1411)의 기록에 "처음에 (불교의) 각 종단에 선(選, 선발시험)을 두었다"라는 내용이 나오는데, 이는 이미 종단별로 승과가 시행되고 있었음을 방증한다. 승과에 대한 이러한 규정은 시간을 두고 정비되어 마침내 『경국대전』에 "선종과 교종의 양종은 3년마다 선시(選試)를 실시하며, 선종은 『전등(傳燈)』과 『염송(拈頌)』을, 교종은 『화엄경』과 『십지론(十地論)』을 (시험 쳐서) 각각 30명씩 뽑는" 것으로 정리되었다.

중요한 것은 승과 시험을 주관한 곳이 양종의 도회소로 지정된 흥천사와 흥덕사였지만, 주최 측은 예조였다는 사실이다. 도회소란 과거시험을 주관하는 임시 행정소를 의미한다. 당연히 불교에만 국한된 용어는 아니고, 오히려 『실록』에서는 문무과의 유교 시험을 준비하는 과정에서 많이 등장한다. 따라서 흥천사와 흥덕사가 선교 양종의 도회소였다는 것은 이 두 사찰에서 선종과 교종의 승과 시험을 주관하였음을 의미한다. 선교 양종의 도회소는 국초 흥천사와 흥덕사로 지정되었지만, 중종 연간 『경국대전』의 '도승' 조항이 삭제되고 흥천사와 흥덕사가 유생들의 공격을 받아 파괴되면서 그 의미를 잃는다. 명종 대 성렬대비(문정왕후)의 불교 중흥 정책으로 도승 제도 전반이 복구되면서, 광주의 봉은사(현 서울시 강남구 삼성동 소재)와 양주의 봉선사(현 경기도 남양주시 소재)가 각각 선종과 교종의 본산으로 지정되어 승과의 업무를 계승하였다. 성현(成俔, 1439~1504)이 지은 『용재총화』에 따르면 승과를 관리하기 위하여 예조의 낭청(郎廳, 정5~6품의 품계에 해당하는 육조의 실무직 관리)이 시험 장소에 파견되는 것으로 나온다.

승과에 합격한 승려에게는 제일 먼저 대선(大選)이라는 법계가 주어졌다. 이후 선종에서는 중덕(中德)-선사(禪師)-대선사(大禪師)로, 교종에서는 중덕-대덕(大德)-대사(大師)로 법계가 올라갔고, 선종의 대선사와 교종의 대사들 중에서 각각 한 명씩을 뽑아 도대선사(都大禪師)와 도대사(都大師)의 법계를 주고 종단을 통솔하는 판사(判事)의 직책에 임명하였다. 선종의 도대선사와 교종의 도대사는 선교 양종 도회소 소재 사찰의 주지가 되었다.

양종도회소 이외의 사찰 주지 자리에는 중덕의 법계를 받은 뒤에 오를 수 있었다. 특정 사찰에 주지를 임명해야 할 때가 되면 그 사찰을 관할하는 선종 또는 교종에서 (아마도 각 종의 판사가) 3명의 승려를 예조에 추천하게 되어 있었는데, 이 추천 명단에는 바로 중덕 법계의 승려만이 이름을 올릴 수 있었다. 예조에서는 추천받은 명단을 이조에 전달하고, 이조에서는 다시 이 내용을 임금에게 상주한 뒤 임금의 낙점을 받는 구조로 주지의 임명이 이루어졌다. 또 『경국대전』에는 "주지로 파견한 인물은 30개월이 되면 교체한다"라는 내용이 덧붙어 있어, 각 종 판사의 3배수 추천, 예조의 접수, 이조의 인수인계 및 국왕에 대한 상신, 국왕의 최종 재가라는 공식 절차를 거쳐 임명된 주지는 그 임기도 30개월로 정해져 있었음을 잘 알려 준다.

국가 권력과 상부상조하며 행정력 지원하는 위치

그러면 나라 안 모든 사찰의 주지를 한결같이 이런 과정에 따라 임금이 임명해야 하는 것이었을까? 그럴 리 없고, 그럴 수 없으며, 그럴 필요도 없었다. 선종과 교종에서 주지 적임자를 추천해야 하는 절은 어디까지나 도회소가 설치된 양종의 수사찰(선종은 흥천사→봉은사, 교종은 흥덕사→봉선사)에서 관할하는 사찰이었다. 이는 곧 이 사찰들이 국가의 행정력에 복속되어 있었음을 의미한다. 세종 6년(1424) 불교계의 종단을 선교 양종으로 통합할 때 "서울과 지방에 승려들이 머무를 만한 곳을 가려서 (각각 18개씩) 36개의 절만을 두어 양종에 분속시킬 것"을 아울러 결정했던 것과 상통한다. 그리고 이렇게 선정된 36개의 사찰에는 "전지(田地)를 넉넉하게 지급하여 … (소속 승려들이) 불도(佛道)를 청정하게 닦도록" 했던 데에서도 확인된다. 국가 권력의 입장에서는 모종의 필요에 따라 일정 숫자의 사찰만을 공인하여 관리하였으며, 관리 대상이 되는 사찰에 주지를 임명하고 승직을 허가하여 사찰의 원활한 운영과 유지를 도모하였던 것이다.

물론 국가에서 공인하지 않은 사찰도 존재하였으며, 이는 『세종실록』「지리지」나 『신증동국여지승람』에 기재된 사찰의 명단에서도 확인된다. 다만 그 사찰들은 국가의 관리와 지원을 받지 않았고, 국가에 대한 공무의 의무도 없었다. 한편 세종 6년 전국적으로 지정된 36개 공인 사찰 이외에도 국행(국가 주도) 및 내행(왕실 주도)의 의례를 주관한 사찰의 이름이 더 보이기도 하는데, 이는 세종 6년 이후 국가 공인 사찰로 추가 지정되었거나 또는 왕과 왕비의 능을 관리하는 능침사찰 내지 왕실 인사들의 신앙과 기복을 위해 기능한 왕실 원찰이었던 것으로 추정된다. 능침사찰이나 왕실 원찰이라고 해도 역시 공인 사찰로서 인정받으며, 국가로부터 사사전 지급 등의 혜택을 받았던 것으로 보인다.

그리고 승과와 법계의 제도를 국가가 나서서 주도적으로 운영하였던 것은 바로 그 사찰 관리에 필요한 인력의 양성과 관리를 위해서였다. 양종의 관할하에 있던 사찰은 소속 승려의 수가 정해져 (이는 응당 도첩을 발급받은 공도승이었을 것이다) 전지와 노비를 지급받고, 주지도 국왕의 재가 하에 임명되었다. 이는 이 공인 사찰들이 국가의 필요에 의해 유지 관리되었음을 의미한다. 공인 사찰에 대한 국가의 필요는 주로 국행의례와 관련된 것으로서, 국상(國喪)이 발생했을 때 이들 사찰에서 돌아가며 칠칠재(49재)와 백일재, 소상재, 대상재를 올리는 것이 대표적인 업무였다.

그런데 조선 전기 승려의 역할은 이뿐만이 아니었다. 그들은 국가의 행정력을 대신해서 교량을 제작하고, 기와를 굽고, 연고 없는 시신을 거두었으며, 활인원(活人院), 한증소(汗蒸所), 역원(驛院) 등에서 구료활동에 종사하였다. 또 간경도감(刊經都監)과 같은 국영 출판소에서 관찬도서를 제작하기도 하였다. 그들은 또 임금의 재가를 받아 일종의 안식년처럼 업무를 쉬고 사찰로 독서하러 온 관리들을 뒷바라지하기도 하고, 각종 공공 건물의 신증축에 투입되기도 했다.

이러한 다양한 방식의 행정력 지원은 처음에는 승단 자체의 발원에 의해 이루어진 경우가 많았지만, 이내 국가의 공식 체계 내로 편입되어 제도화되기도 하였다. 즉 이들은 조선 전기 미비한 행정력을 물적 인적으로 대신하며 일종의 공무원과 같이 기능하였던 것이다.

국가의 쓰임에 부응하는 이 승려들은 도첩을 받은 공도승이었을 것으로 추정되지만, 경우에 따라 도첩을 지니지 못한 출자가들도 이러한 행정업무에 지원한 대가로 도첩을 발급받곤 했다. 또 높은 공로를 인정받은 지도자급의 승려에게는 선사나 대선사와 같은 고위의 법계가 수여되기도 하였다.

이처럼 조선 전기의 불교와 승단은 그 사회적 위상이 결코 작지 않았으며, 국가의 공인을 받는 한 국가 권력과 상부상조하며 물적 인적 차원에서 행정력을 지원하는 위치에 있었다. 이 당시 승려들은 일종의 준-관인, 즉 유사-공무원이었다고 할 수 있었던 것이다.

왕실 및
사족 출신
여성의 출가

정종 1년(1399) 9월 태상왕 이성계와 계비 신덕왕후 강씨 사이의 딸 경순공주가 출가하였다. 『실록』으로 확인되는 조선 왕실 여성의 첫 번째 출가 사례였다. 신의왕후 한씨 소생의 아들 이방원이 일으킨 1차 왕자의 난으로 이성계가 실각한 지 1년여 만의 일이었다. 『실록』에 따르면 이 일은 아버지인 이성계의 결정에 의한 것으로 묘사된다. 이 밖에도 임금이 사망했을 경우 그 후궁들이 출가하는 일은 조선 전기에 드물지 않은 일이었다.

경순공주의 출가 기록은 몇 가지 사실을 암시한다. 첫째, 조선시대에 왕족 등 지체 높은 신분의 여성들은 가문이 몰락하거나 의지할 남성이 없게 되었을 때 출가의 길이 고려되었다. 둘째, 이러한 경우 고위급 여성들의 출가는 남성의 결정에 의하거나 최소한 남성 사회의 묵인이 전제되는 것이었다. 셋째, 이들의 출가란 단지 사찰에 몸을 의탁하는 정도가 아니라 정말로 머리를 깎고[剃髮] 비구니스님이 되는 것[爲尼]이었다.

경순공주가 비구니가 된 뒤 어느 사찰에 기거하였는지는 자세하지 않다. 다만 공주의 작은올케인 이방석 부인 심씨가 태종 8년(1408) 정업원(淨業院)의 주지가 된 사실로 미루어 볼 때, 경순공주가 주석한 사찰도 정업원이었을 가능성이 높다.

고려 때부터 존재한 비구니 사찰, 정업원

정업원은 사실 고려시대부터 존재했던 비구니 도량이었다. 고려시대의 정업원은 비구니의 거주지를 보호하고자 세워진 사찰로서, 국왕의 행차가 이루어질 정도로 왕실 또는 국가 권력의 보호를 받았다. 조선도 이를 계승하여 정업원을 비구니 전담 사찰로 유지 관리하였다. 조선시대 최초의 정업원 주지는 고려 공민왕의 후궁이었던 혜화궁주(惠和宮主) 이씨, 즉 혜비(惠妃)였다. 이방석의 부인 심씨는 혜비의 사망 이후 그 뒤를 계승하여 정업원의 주지가 되었던 것이었다.

국가의 보호를 받았던 사찰답게 정업원은 창덕궁 뒤쪽의 산등성이에 위치하였다. "…이제 창덕궁과 수강궁은 모두 종묘의 주맥(主脈)에 매우 가까워서 비록 좌우에 끊어짐이 없다 하나, 정맥(正脈)이 있는 곳은 적이 파헤쳐지고 손상된 곳이 있으니, 정업원 동쪽 언덕으로부터 종묘 주산에 이르기까지 정척(正脊)의 좌우 20~30보 되는 곳에 소나무를 재배하는 것이 좋겠다"라는 세종 23년(1441)의 기록에서 그 위치가 확인된다.

왕궁 뒤편 언덕의 위치가 용인될 정도로 왕실 또는 국가 권력의 대우와 보호를 받았다는 사실은 곧 정업원이 공인 사찰이었다는 것을 의미한다. (다만 세종 6년에 지정된 전국 36개의 공인 사찰에는 정업원이 포함되지 않았다.) 이는 정업원에 공노비가 지원되었다는 사실에서도 확인된다. 세종 30년(1448) 당시 정업원에 소속된 공노비는 서울의 노비가 484명, 그 외 전국적으로 산재한 수는 3,025명에 달하는 규모였다. 이 밖에도 정업원에는 사원전과 함께 매달 분향 비용으로 4석의 요(料, 급료로 주던 곡식)가 지급되었다.

세조 3년(1457) 정업원을 다시 세우라[復立淨業院]는 왕명이 내려졌다. "과부와 외로운 여자들이 대개 머리를 깎고 비구니[尼]가 되는데, 비구니란 실로 궁박한 무리(이므로) … 이들을 구제하려고 한다"라는 이유에서였다. '다시'라는 표현에서 세종 30년(1448) 정업원의 노비를 전농시(典農寺, 나라의 제사에 쓰는 곡식에 관한 일을 보던 관아)에 이관시켰을 무렵 또는 그 후의 어느 시기에 정업원 자체가 폐지되어 있었음을 알게 된다. 정업원의 복설과 함께 재정적 지원도 재개되었다.

새로 복설된 정업원도 예전과 같은 자리인 창덕궁 뒤편 언덕이나 왕궁 바로 곁에 위치했던 것으로 추정된다. 성종 17년(1486) "정업원이 궁궐 담장[宮墻] 곁에 있어서 범패(梵唄) 소리가 궁중[禁中]에까지 들린다"라는 『실록』의 기록이 이러한 추정을 뒷받침한다. 그런데 이 기록은 정업원이 명백하게 불사(佛事)의 업무를 수행하고 있었다는 점을 말해 주기도 한다. '범패 소리[梵唄之聲]'가 들렸다는 것은 불교 의례가 행해졌음을 말해 주는 단서이기 때문이다. 범패가 동원된 불교 의례는 아마도 망자의 추선을 기원하는 불재(佛齋)를 가리키는 것으로 보인다. 이는 "과부와 외로운 여자들이 대개 머리를 깎고 비구니가 된다"라는 세조의 증언과도 상통하는 바 있다. 위에서 언급한 바와 같이 지체 높은 신분으로서 정변 등의 이유로 남편을 잃은 여인들이, 또는 신분이나 정치적 배경이 반드시 그렇지는 않은 경우라 할지라도, 정업원의 비구니가 되어 불도를 수행하면서 유명을 달리한 가족의 기일에 맞추어 추선재를 올렸을 가능성은 충분하다.

정업원에서 지내는 불사의 설판재자는 비단 정업원의 비구니뿐만이 아니었다. "정업원의 비구니[尼僧] 등이 사족(士族)의 부녀자들을 맞이하고 청하여 절에 올라가서 유숙하기에 이르렀다"라는 기록은 신분과 경제면에서 여력이 있는 재가의 여성 불자들이 정업원에서 여러 날을 묵으며 불사를 올렸던 정황을 잘 보여준다. 이들이 며칠 동안 계속해서 지냈던 불사에는 범패 소리가 동원되는 대규모의 추선재도 당연히 포함되었을 것이다. 이들 재가의 여성 불자들은 국가의 공인을 받아 상대적으로 안정이 보장된 정업원에서 어쩌면 같은 사족 출신으로 오랜 친분이 있었을 수도 있는 그곳의 비구니들과 함께 돌아가신 가족을 위해 재를 지내고 저마다 불공을 올리는 등 종교 활동을 유지하였던 것이다.

성종은 재위 3년(1472)에 "정업원은 세조께서 특별히 명하여 중수하였고, 또 노비와 전지(田地)를 준 것은 그 삼보(三寶)를 옹호함이 지극하였기 때문이다. 그 전지세(田地稅) 외의 잡역과 노비 각 호(戶)의 공부(貢賦) 외 잡역을 모두 면제하여 주어서 향화(香火)에만 전심하게 하라"라고 지시하였다. 이는 당시 정업원이 승속을 막론하고 여성이 위주가 된 명백한 종교 활동의 구심처였음을 증언함과 함께, 이러한 사실을 당대인들 특히 여성의 불교 활동에 부정적이었던 남성 유교 지식인들도 인식하고 있었음을 잘 보여준다.

종교적 카리스마 갖춘 비구니스님들

이처럼 조선시대의 여성 특히 신분이 높은 여성들은 의지할 남성을 잃었을 때 출가하는 경향이 있었다. 그러나 모든 여성의 출가가 오로지 그러한 계기에 의한 것만은 아니었을 것이며, 또 그러한 계기에 의한 출가였다 할지라도 출가 여성을 정치적 사회적 약자의 입장에서만 조명할 일도 아닐 것이다. 이와 관련하여 주목할 만한 인물이 유자환(柳子煥, ?~1467)의 부인 윤씨이다.

유자환의 부인 윤씨는 정업원의 역대 주지 중 한 명이자 단종비 정순왕후(법명 혜은)의 사형(師兄, 한 스승 밑에서 자기보다 먼저 제자가 된 승려)이 되는 인물이다. [최근 발견된 여산송씨 분재기(分財記) 등의 고문서에 따르면 정순왕후는 정업원 주지 이씨라는 이를 스승으로 하여 출가하였고, 또 다른 정업원 주지 윤씨와는 같은 스승 밑에서 사형사제 관계를 맺었던 것으로 파악된다. (탁효정, 2017) 참조] 유자환은 문종 1년(1451) 문과에 급제하여 벼슬살이를 시작하고, 단종 1년(1453) 수양대군이 일으킨 계유정난에 참가한 공으로 정난공신(靖難功臣)으로 책록된 후 세조의 신임을 받으며 도승지와 대사헌 등 조정의 요직을 두루 맡았던 문신이었다. 예종 때 '남이의 옥'과 연산군 때 '무오사화'를 주도한 것으로 잘 알려진 유자광(柳子光, 1439~1512)이 바로 유자환의 서제(庶弟), 즉 서모(庶母)로부터 본 이복동생이다.

윤씨는 세종 때의 문신 윤형(尹炯, 1388~1453)의 딸로서 남편인 유자환의 사후에 비구니가 되었으며, 성종 4년(1473) 당시에는 정업원의 주지로 재임 중이었음이 『실록』에 기록되고 있다. 그런데 이 기사들에 기록된 윤씨의 행적이 눈길을 끈다.

『실록』의 '유자환의 졸기'에 따르면 윤씨는 "유자환이 살아 있을 때부터 비구니들과 은근히 교류하였고[潛結尼僧], (유자환이) 죽자 … 발인하는 날 저녁에 몰래 도망하여 가지 않고, 마침내 머리를 깎고 비구니가 되어 여러 산을 두루 돌아다니며 여러 승려들[僧]을 면대(面對)하여 경(經)을 받거나 유숙(留宿)하였다"라고 한다. 그리고 그러한 자신의 행동에 대하여 "죽은 남편을 위하여 복(福)을 드리는 것"으로 해명하였다. 또 성종 4년의 기록에는 "윤씨는 유자환이 살아 있을 때에도 반목하여 서로 맞지 않아 금슬이 화합하지 아니하여서, … 식자(識者)들이 모두 말하기를, '지아비가 비록 지아비 노릇을 못하더라도 지어미가 어찌 지어미 노릇을 하지 않을 수 있느냐?' 하였다"라고 한다.

이로 보건대 윤씨와 유자환의 부부관계는 유자환이 살아있을 때부터 애정이 깊은 것은 아니며, 그 이유는 남편인 유자환이 가정에 충실하지 못했던 데에 있는 것으로 보인다. 윤씨 또한 여성에게 점차 보수화되어가는 시대 분위기 속에서, 고위직 관리의 딸인 사족 출신 여인임에도 불구하고, 남편의 불성실을 관대히 용인하지만은 않았던 성정의 여성이었던 것으로 짐작된다.

이처럼 강인한 윤씨의 성정이 결혼생활의 불우함을 종교적 교류와 활동으로 극복하게 하였고, 남편의 사후에는 타인의 판단이나 강요가 아니라 자발적인 의지에 따라 출가를 결정하게 만들었던 것이다. 그리고 아마도 개인의 신심과 신념에서 비롯되었을 그 출가의 목표는 마침내 애증 어린 남편의 추복을 위한 수행으로까지 이어지며 윤씨의 종교성을 믿음과 실천 모두에서 더욱 깊이 있게 했을 것이다.

성종 대 이후 여성과 불교에 대해 한층 더 불친절해진 남성 유교 지식인 사회는 자신들의 기준에 걸맞지 않은 윤씨 같은 여성이 정업원의 주지라는 사실을 탐탁치 않아 하며 윤씨와 정업원 모두를 탄핵하고 나섰지만, 오히려 그러한 강인한 주체성과 종교적 열망을 지닌 인물이었기에 윤씨는 비구니 승단의 존경을 받으며 당당히 정업원의 주지직을 유지할 수 있었던 것으로 보인다. 또한 그럼으로써 윤씨는 스승인 전 정업원 주지 이씨에게서 물려받은 재산을 자신의 사제(師弟)인 혜은 스님, 즉 단종비 정순왕후에게 물려줄 수 있었다. 이러한 윤씨의 적극적이고 단호한 신심과 실천은 조선 전기 비구니들이 지니고 있던 종교적 카리스마의 일단을 보여준다.

윤씨가 스승 이씨로부터 상속받아 사제 혜은에게 물려준 동부 인창방 소재의 가옥과 전답은 사실(師室) 구씨의 기일과 제사를 봉행하기 위한 것이었다. 그런데 '비구니 사실[尼僧師室]'이라는 인물에 대해 『세종실록』에 다음과 같은 기록이 전한다.

> 성균관 생원 유이(柳眙) 등이 상소하였다. "효령대군은 왕실의 의친(懿親)으로서 사설(邪說)에 빠져서 상문(桑門, 불교)에 무릎을 꿇고 제자의 예를 공손히 행하며, … 또 나이 든 비구니 '사실'이라는 자[老尼號曰師室]가 글을 읽을 줄 안다고 하며 미혹한 이야기[幻化之說]를 만들어 무

식한 부녀들을 우롱하고 허탄망령한 경지로 이끌고 있
습니다. 이에 사족 남성과 여성들[士男士女]이 휩쓸려 귀
의하여 모두 '효령대군은 생불(生佛)이다. 사실(師室) 비
구니스님도 생불이다'라고 말하며, 남자는 승려[僧]가
되기를 원하고 여인은 비구니[尼]가 되기를 원합니다.
…"

– 세종 23년 윤11월 24일

인용문이 기록된 세종 23년(1441)은 유자환의 처 윤씨가 정업원 주지
로 재임한 성종 4년(1473)보다 32년이 앞선 시기이므로, 윤씨의 스승
이씨가 그 제사를 모시면서까지 받들었던 사실(師室) 구씨와 동일 인
물인 것으로 생각된다. 인용문의 용법으로 볼 때 '사실(師室)'이라는
호칭도 단순히 이씨의 스승이라는 보통명사의 의미를 넘어, 당대인
다수가 자신들의 스승이라는 취지로 불렀던 고유명사적인 명칭이었
을 가능성이 있다.

중요한 것은 이 글이 효령대군의 불사 행적과 사실 비구니의 존
재를 비판하기 위한 것이었음에도 불구하고, 지성과 종교적 감수성을
겸비하며 대중을 사로잡았던 사실 비구니의 깊은 감화력과 그에 대한
일반인들의 높은 추앙의 열기를 선명하게 보여주고 있다는 사실이다.

조선 전기의 비구니들은 남성 유교 지식인들에 의해 쓰여진 역
사 기록에서 정치적 사회적 종교적으로 열세한 존재인 것처럼 그려
지고 있다. 하지만 여성뿐 아니라 사실상 남성들에게까지 귀의의 대
상이 되며 정치적으로 가장 높은 신분의 남성인 효령대군과 동렬에서

'살아 있는 부처님'으로 불릴 정도로 강력한 종교적 카리스마를 지니고 있었음을 기억해야 할 것이다.

붓다, 성과 사랑을 말하다

왕실 여성의 불교 후원:
자성대비(정희왕후)와
성렬대비(문정왕후)를 중심으로

조선의 건국과 함께 건국의 중심 세력이었던 남성 성리학자들은 유교적 가부장제에 근거하여 남성이 우월한 권력을 갖는 형태로 양성 관계를 재조정하고자 하였다. 사족 남성들은 여성의 활동 범위 축소에 대한 의견을 조정에서 공론화하고, 이를 『경제육전』에 명시하여 제도화하고 처벌 규정까지 덧붙였으며, 『소학』이나 『삼강행실도』의 「열녀편」과 같은 책자를 보급하여 남성 우월적 가치관을 확산하고자 하였다. 그들이 공론화한 여성 활동 범위의 규제에는 불교나 무속 등에 대한 여성의 종교 활동 금지까지 포함되는 것이었다.

　　이러한 분위기 속에서 세조비 정희왕후(1418~1483, 대비로서의 존호는 자성. 이후 대비 시절의 활동은 자성대비로 명명)와 중종비 문정왕후

(1501~1565, 대비로서의 존호는 성렬. 이후 대비 시절의 활동은 성렬대비로 명명)는
주목할 만하다. 자성대비는 남편 사후 대비의 신분으로 어린 임금을
대신해 수렴청정을 하고, 성렬대비는 훈구대신 또는 신진 사림에 맞
서 왕권을 지켜냈다. 두 대비는 불교를 후원 또는 중흥했던 대표적인
여성이었다.

1) 자성대비(정희왕후)의 불교 후원

자성대비는 세조가 왕위에 오르는 과정에서부터 남편을 정치적으로
조력한 것으로 잘 알려져 있다. 세조 또한 임금으로 재위하는 동안 통
치자로서의 권위를 부인인 정희왕후(자성대비)와 나누었기에 정희왕
후(자성대비)의 정치력이 성장할 수 있는 기회를 제공하였다. (이하 자성
대비의 불교 후원에 관한 서술은 거의 전적으로 '민순의, 2023'을 인용했음을 밝힌다.)
대표적인 호불 군주인 남편과 마찬가지로 그 또한 세조 재위 말기 국
왕에 의해 직접 단행되었던 각종 불사에 참여했을 뿐 아니라, 재위하
는 동안 네 번 있었던 순행을 모두 함께하며 각 지역의 사찰 답방에도
동행하였다. 하지만 그의 본격적인 불교 후원은 손자인 성종이 12세
의 나이로 왕위에 오른 후 대비로서 행하였던 수렴청정 기간에 이루
어졌다.

그런데 자성대비의 불교 후원은 종교심의 발로 이상의 목적이
있었던 것으로 보인다. 자성대비는 수렴청정 기간 동안 국정 전반에
걸친 정책 논의에도 활발히 참여하였는데, 이 과정에서 그가 권력 행
사의 근간으로 삼은 것은 일차적으로 척족 세력이었다. 자성대비는
원칙적으로 관료제 운용을 강조하였지만, 이와 대조적으로 태조, 태

종, 세종의 외손으로 서용되지 못한 자를 아뢰도록 하거나, 대비의 친정 형제에게 특혜를 베풀기도 했다. 이에 대해 대간은 물론 원상을 비롯한 훈구대신들로부터도 반발과 견제가 이어지곤 했는데, 사실상 척족에 기대는 자성대비의 전략이 반드시 좋은 성과를 내는 것만은 아니었다. 이러한 상황에서 자성대비가 활용했던 또 하나의 권력 행사의 근간이 바로 불교였다.

성종 1년(1470) 내불당의 이건, 성종 2년(1471) 낙산사 옛길의 폐쇄, 성종 6년(1475) 회암사 중수 등의 시책은 모두 자성대비의 수렴청정 시기에 이루어진 일로 자성대비의 의지에 따라 행해진 것이었다. 자성대비는 내불당의 이건에 대한 대간들의 반대에 대하여 "대간이 내불당의 개조를 정지시키도록 청하였으나, 이것은 부득이한 일이 있어서 따르기가 어려울 것 같다"라는 의견을 피력하였으며, 낙산사 옛길의 폐쇄에 대해서도 "낙산사를 영선한 공력이 많았는데, 화재가 있을까 두렵다. 절에 가는 자들은 모름지기 새 길[新路]을 거쳐야 하는데, 옛 길[舊路]은 절에 가는 자들이 밥을 지어 먹다가 불이 절에 번질까 두렵다"라고 하며 이 조치를 선창하였다. 회암사의 중수 역시 의숙공주의 발원에 자성대비가 힘을 보탠 것이었다.

이 같은 자성대비의 불사는 성종 7년(1476) 수렴청정을 그만둔 이후에도 계속되었다. 성종 11년(1480) 상원사에 산산(蒜山)의 제언(堤堰)을 돌려주게 하고, 수춘군(壽春君)의 부인을 정업원의 주지로 삼은 것 등이 대표적인 예에 해당한다. 이러한 대비의 불사는 성리학 이념을 지향하는 신료들의 입장과는 상반되는 것이었으며, 따라서 이에 대한 조야(朝野)의 반발이 잇달았다. 그때마다 성종은 자성대비의 불교 옹호 시책을 옹호하였으며, 자성대비도 불사를 좋아하는 자신 탓으로 돌려 논란을 수습하려 하였다.

자성대비의 불교 우호적 태도에 대해 기존의 연구는 대체로 그의 개인적인 종교적 신념에서 말미암은 것으로 설명하곤 했다. 물론 대비 시절 전체를 관통하는 완고한 친불교 시책은 그의 개인적인 종교성이 일차적인 기반이 되었겠으나, 그 이상의 의도가 있었던 것으로 파악할 여지가 있다.

위에서 내불당 이건과 회암사 중수를 자성대비의 주요한 친불교 시책으로 거론하였지만, 사실 그가 추진하였던 가장 주목할 만한 불사는 바로 세조의 능침사찰인 봉선사를 건립(중창)한 일이었다. 이것은 예종 대에 추진된 불사였으므로 자성대비의 수렴청정과 관련이 있는 것은 아니다. 하지만 규모가 남다르고 자성대비와 왕실 전체에 남달리 중요한 사업이었을 뿐 아니라, 이후 여타 대비들의 수렴청정기 사찰 불사의 선례가 된다는 점에서 주목하지 않을 수 없다.

김수온의 『식우집(拭疣集)』에 실린 「봉선사기(奉先寺記)」에 따르면 1468년 가을 세조가 승하하자 자성대비는 운악산에 능[광릉]을 마련하고, 사위인 정현조(鄭顯祖), 상당부원군 한명회(韓明澮), 능성부원군 구치관(具致寬) 등을 제조(提調)로 삼아 능실 남쪽 아늑하고 물 좋은 곳에 터를 잡아 그 능침사찰로서 봉선사를 중창하였다. 1469년 6월에 불사를 시작하여 7월에 낙성하고 4개월 만인 9월에 마쳤는데, 전각은 모두 89칸이고 대종을 조성하고 기물과 각종 의식 용구들을 구비하여 그 어떤 사찰도 비길 바가 아니었다고 한다. 불사의 진행 과정에서 자성대비의 두터운 신임을 받았던 승려 학열(學悅)과 학조(學

祖)가 이미 완성된 승당을 헐고 다시 짓게 하였을 만큼 정성을 들였으며, 절이 완성되자 국가에서는 토지와 노비, 돈을 항상 부족함 없이 갖추게 하여 영원토록 절과 승려를 공양토록 하였다. 불사를 마친 그해 9월 7일에는 세조의 천도재를 이곳에서 성대하게 열었다. 자성대비는 능과 절의 간격이 상당히 떨어져 있음을 보고, 절의 동쪽 가까이에 다시 숭은전(崇恩殿)을 세워 세조의 진영을 봉안하였다. 또 특별히 참봉 2인을 두어 수호하게 하였다. 여기에서 알 수 있듯이 봉선사의 실질적인 창건주는 자성대비라 할 수 있었다. 성종 대에도 봉선사에 대한 관심과 지원이 계속되어, 성종 11년(1480)에 왕명으로 절을 보수하였고, 성종 14년(1483)에는 잡인의 출입을 금하여 정결함을 유지케 하였으며, 성종 19년(1488)에는 전각의 지붕을 청기와로 바꾸는 등 각별한 보호와 지원을 아끼지 않았다.

그런데 봉선사의 창건과 유지는 내수사(內需司)의 비용으로 충당되는 것이었다. 내수사는 조선시대에 왕실의 재정 담당 기관으로 자리 잡은 관청으로서, 본래 태조와 태종의 잠저였던 본궁(本宮)에 기원을 두고 세종 5년(1423) 무렵 내수소(內需所)라는 이름으로 존재하였다가, 세조 12년(1466)의 관제개혁 때 내수사로 개칭되어 정5품 아문(衙門)으로 『경국대전』에 등재되었다. 내수사는 내수소 시절부터 왕실의 수조지(收租地) 뿐 아니라 고려 말 이래 여러 본궁 소속의 사유지와 노비를 관장하였는데, 내수사로 개칭된 이후 더욱 많은 전민(田民)을 소유하게 되었다. 뿐만 아니라 내수사에서는 정부 측의 행정 예산과 관계없이 ['그것이 가능한 이유는 물론 내수사 장리가 대비전의 본궁(本宮)에 이속되어 사장(私藏)화 되어 이용되었기 때문이다. 그 결과 조선 전기에 내수사 그리고 대비나 왕비의 본궁은 전혀 별도의 조직으로 운영되었다."(신명호, 2013)] 자체적으로 연간 5부 이자를 받는 장리(長利)를 운용하여 왕실의 각종 비용을 충당하면서도 일정한 규모를 유지할 수 있도록 하였다. 내수사의 장리는 신료들의 반대에도 불구하고 시절에 따라 치폐를 거듭하면서도 끝내 재허용되곤 했는데, 이는 대비전의 용처를 고려한 결정이기도 했다.

능침사찰 건립과 경제력·정치 권력 확대

주목할 만한 사실은 이 시기를 전후하여 내수사의 비용이 왕실 사찰 불사에 대규모로 투입되기 시작한다는 점이다. 덕종(세조의 장자이자 성종의 친부인 의경세자)의 경릉(敬陵)과 예종의 창릉(昌陵)을 위한 능침사찰 정인사, 세조의 광릉(光陵)을 위한 봉선사, 성종의 선릉(宣陵)과 중종의 정릉(靖陵)을 위한 봉은사는 모두 내수사의 재곡(財穀)으로 창건한 능침사찰들이었다. 이러한 현상에 대하여 기존의 연구는 "왕실의 사사로운 불사 설행을 위한 비용 염출(김정희, 2015)"이라거나, 이전 시기의 불교식 재궁(齋宮)이 모두 국왕의 명에 의하여 설치되었던 것과는 달리 이 시기 내수사 비용에 의한 능침사찰 건립이 모두 대비들의 신앙에 의거하여 이루어졌음을 지적하며 "이 시설들이 국가기구가 아니라 왕실의 사적 기도처로 전환되었음을 방증한다(탁효정, 2018)"라고 평가해 왔다.

그런데 이와 별도로 내수사 비용에 의한 능침사찰 건립은 재용의 소비라기보다 보관 및 축적의 기능으로 활용되었을 가능성이 있는 것으로 추정된다. 물론 사찰의 건립에 일차적인 비용이 소비된다는 것은 부인할 수 없는 사실이다. 그러나 이후 능침사찰들에 주어지는 일반적인 특혜, 즉 수조지와 노비의 이속, 그리고 경우에 따라 별도로 부가되는 특혜, 즉 주변의 산림, 저수지, 어렵(漁獵)에 대한 이용권 등을 고려할 때, 능침사찰의 존재는 오히려 왕실의 재산을 보관·유지하는 기능을 가지며, 더러는 국가의 공공재가 신료들에게 분급될 수 있는 가능성을 미연에 차단하고 왕실의 소유로 귀속될 수 있도록 할 수 있지 않겠는가 하는 것이다. (이러한 견해는 필자의 견문이 닿는 한 이 글에서 필자에 의해 처음 제시된 것이다.)

이 같은 추정이 사실이라면, 이는 왕실 여성들에 의해 내탕고가 투입되어 건립 또는 중건된 왕실 능침사찰들의 존재를 효령대군과 같은 왕실의 재정 수호적 기능 속에서 조망할 수 있는 길이 열리며, 또 그 같은 불사를 통해서 왕실 혹인 개인에게 귀속된 사적 재산의 관리 및 식화(殖貨, 재화를 늘림)로써 왕실의 여성들이 정치경제적 자원으로 삼았으리라는 추정 또한 가능하다. 그리고 그 같은 관례의 모범이 자성대비로부터 비롯되었다고 말할 수 있게 되는 것이다. 물론 자성대비의 내탕금을 사용한 왕실 사찰 불사는 앞서 말한 바와 같이 일정 부분 세조 말기 상원사와 낙선사의 중창 사례로부터 학습된 것이었다. 그런데 상원사의 중창 같은 경우 표면적으로는 세조의 명에 의한 것이었다고 하나, 사실상 발원과 명령의 주체는 부군의 병환을 낫게 하고자 했던 정희왕후(자성대비)였다.

이처럼 내수사의 비용을 사용한 왕실 사찰의 건립으로 경제력의 유지·확대를 도모했던 자성대비는 당대 불교계의 실력자들을 후원하고 친분을 다짐으로써, 동시에 그들로부터 인정되는 권위와 명망을 획득하고자 하였다. 세조는 종교적이고 초월적인 권위의 취득을 위하여 잦은 상서(祥瑞)와 이적(異蹟)을 대내외에 홍보하였다. 그리고 여기에는 효령대군과 같은 왕실의 더 높은 어른들의 도움이 필요하였다. 그러나 임금이 아닌 왕비 출신의 대비이고, 전주 이씨 출신이 아니라 결혼을 통해 왕실에 편입된 타성이었던 자성대비에게는 상서 및 이적의 홍보나 왕실 웃어른들의 권위에 기댈 수 있는 여건이 충분히 주어지지 않았다. 따라서 그에게는 교계 실력자들과의 관계를 통해 종교적 권위를 획득하는 것이 보다 용이하였으며, 그것도 남성 권력과 짝을 이루는 유교/성리학에 대항 기제로 활용될 수 있는 불교에서부터 그러한 종교적 권위를 획득하고 활용하는 것이 더 적합했던 것이 아닐까? 세조~성종 대를 대표하던 불교 승단의 실력자는 단연 신미(信眉)와 그의 두 제자인 학열(學悅)과 학조(學祖)였다.

그들에 대한 성리학 신료들의 반감과 공격은 오래된 것이었다. 세조 대에 시행되었던 낙산사 및 상원사의 중창과 금강산 유점사의 중창에는 각각 학열과 학조가 책임자로 활동하였으나, 이미 그 당시부터 두 사람은 세조로부터 부여받은 역마의 사용권과 모연 활동 등을 둘러싸고 구설에 오르내리며 조야의 공격을 받고 있던 터였다. 세조는 그러한 공격에 당면하여 더러 제재를 가하면서도 그들의 권한을 보장해 주고자 하였으나, 세조의 뒤를 이은 예종은 부왕에 비하여 그들에게 엄격한 조치를 취하곤 했다. 그러나 예종 역시 학열과 학조에 대한 고발을 눈감아주며 도리어 고발자를 처벌하는 등 관용과 우대의 태도를 완전히 버리지는 않았던바, 여기에는 모후인 자성대비의 의견이 개입되지 않았다고 말할 수 없다.

성종 초반 자성대비의 수렴청정기와 철렴 이후에도 그들에 대한 우대는 더욱 깊어져, 충청도 복천사(福泉寺)를 방문 중인 신미와 학열에게 말을 내어주도록 병조에 지시하기도 하고, 강원도 지역에서 학열이 상원사를 거점으로 주도했던 제언(堤堰) 및 답지(畓地) 개간 사업 등을 허용해 주기도 하였다. 학열의 제언 축조 및 개간 사업에는 인근 주민들의 노동력과 경제력이 동원되는 것이었으므로 엄밀히 보면 국가 법령에 위배되는 것이었고, 따라서 신료들의 탄원은 당연한 것이었다. 그럼에도 불구하고 성종은 (사실은 그 뒤에서 불교계 인사들에 관한 긍정적 의지를 지니고 있었을 자성대비가) 학열이라는 승단 지도자에 대한 우대와 그의 사업으로 인하여 늘어날 경제력의 확대를 고려하여 그 같은 우호적 조치를 취했던 것으로 보인다.

이렇게 자성대비는 왕실 사찰의 건립 및 중수를 통하여 경제력을, 그리고 승단 실력자들에 대한 우대를 통하여 종교적 권위를 획득하고, 이를 토대로 자신의 정치 권력을 유지하며 이후 그 권력을 이양받을 후대의 국왕들이 왕권을 강화할 수 있는 수단으로 삼고자 하였던 것으로 보인다. 여기에 한 가지 더 필요한 것이 있다면 그것은 동료, 그리고 그들로부터 제공되는 지지와 연대일 것이다. 세조에게는 계유정난을 함께 했던 공신세력들이 그 역할이 되어 주었지만, 그들은 세조의 동료일지언정 자성대비의 동료는 아니었다. 대신에 자성대비에게 심정적 지지를 보내주었던 이들은 바로 그와 같은 처지에 놓여 있던 이들, 바로 왕실과 사족 출신의 과부들이었다. 그들은 비록 경제력이나 정치 권력에 있어 절대적 힘을 가지고 있지는 못했지만, 자성대비를 의지하며 그에게 자매애에서 비롯된 우의를 보여주었던 것

으로 보인다. 자성대비 또한 그러한 그들에게 연대의식과 우두머리로
서의 책임감을 느꼈을 것이다.

사실 그들에게 주어진 경제력이 대단하지는 않았을지라도 그들
이 전혀 가진 것 없는 이들로 생각되지는 않는다. 그들은 사족 출신
의 신분이었고, 신분에 걸맞은 경제력을 일정 정도 확보 받았다. 단종
비 정순왕후(1745~1805)가 시조카이자 양자인 정미수(鄭眉壽)의 처에
게 물려주었던 분재기(分財記)의 내용이나 간혹 산견되는 왕실 과부들
의 불사 참여 등의 사실은 그러한 경제력에 대한 방증이라 할 수 있다.
한편 대비들을 제외하고는 그들에게 커다란 정치 권력이 허용된 것은
아니었지만, 적어도 대비를 수장으로 하는 그들의 연대는 바로 연배
있는 사족 출신 고위급 여성들의 사회적 권위 유지와도 직결되는 것
이었다. 자성대비가 신료들의 비난과 공격을 무릅쓰고 수춘군 부인을
직접 주지로 임명하면서까지 정업원을 보호하였던 것은 바로 그러한
심리적 연대와 아울러 사족 출신 고위급 여성들의 권위 유지 때문이
기도 했을 것으로 생각된다.

2) 성렬대비(문정왕후)의 불교 중흥

자성대비가 시도했던 방식을 계승하여 불교를 통해 본인의 권력과 왕
권의 강화를 더욱 전면적으로 이루고자 했던 이가 바로 성렬대비이
다. 성렬대비에 의해 허응당 보우(虛應堂 普雨, 1509~1565)가 중용되고
불교 중흥이 이루어졌다는 것은 잘 알려진 이야기이다. 자성대비가
학열과 학조라는 불교계 고승의 종교적 권위에 기대어 남성 유학자들
의 카르텔에 대항했듯이, 성렬대비 또한 보우를 통하여 같은 효과를

기대했던 것으로 보인다. 뿐만 아니라 성렬대비는 성종~중종 대에 정계에 진출하여 왕권을 압도할 정도의 세력을 이루고 있던 신진 사림파에 대항하며, 중종 대에 사림파에 의해 혁파되었던 각종 불교 제도를 부활하여 대항 기제로 삼고자 하였다. 당시 자성대비에 비해 성렬대비에 대한 신료들의 비판과 비난이 더 심했다. 세조와 정권 획득 과정을 함께하며 성장한 훈구대신 관료들보다, 성종~중종 대에 출세한 신진 사림파 관료들이 이념적으로 더 근본주의적이고 왕권에 대립하는 새로운 세력으로서의 자의식을 가졌기 때문이 아니었을까 생각한다.

1545년 중종의 뒤를 이은 인종이 재위 8개월 만에 후사 없이 세상을 뜨자 인종의 이복동생이자 중종과 문정왕후 사이의 아들인 명종이 12세의 나이로 즉위하였다. 성종이 12세의 나이로 즉위한 직후 조모인 자성대비가 그랬듯이, 명종의 경우에도 모후인 성렬대비가 수렴청정을 실시하였다.

이 시기 불교정책과 관련하여 가장 먼저 눈에 띄는 것은 내원당(內願堂)의 존재이다. 명종 5년(1550) 사간원에서 "중앙과 지방의 큰 절로 내원당이라 지칭되지 않는 곳이 없으니 그 수가 많게는 79곳이나 된다"라고 하며 이에 대한 시정을 요청하자, 임금은 여러 도에 있는 것을 합산하여 그 수가 많은 것 같다고 하면서 내수사(內需司)로 하여금 이전대로 수호하게 하라고 명하였다.

원당(願堂)이란 개인 또는 일족이 소원이나 조상의 명복을 빌기 위하여 세운 사찰이다. 그중에서도 왕실의 기도 사찰로 궁궐 안에 세워진 원당을 내원당이라고 했는데, 조선에서는 국초 창덕궁 내 문소

전 옆에 설치되어 있었다. 이후 부침을 거듭하면서도 중종 때까지 존속하였고, 국가로부터 공식적인 재정 지원도 받았다.

그렇다면 내원당이란 궁궐 내의 법당 한 곳, 설령 여러 채가 지어졌다 한들 손가락에 꼽을 정도여야 하는데, 명종 5년의 기사는 그 개념과 수에서 파격을 보이는 것이다. 그런데 이와 관련하여 중종 34년(1539) 검토관(檢討官) 임형수(林亨秀)라는 이의 언급을 참고할 만하다. 이날 그는 "신은 젊어서 산사(山寺)에서 글을 읽은 적이 있습니다. 그때 승려들이 하는 말을 들었는데, 아무 사찰은 아무 전(殿)의 원당이고 아무 사찰은 아무 왕자, 아무 공주, 아무 옹주의 원당이라고 하였습니다. 또 공공연히 언찰(諺札)에다 아무 전으로 보내는 것이라고 썼습니다. 진기스러운 물품을 보고 출처를 물으면, 아무 전께서 보내주신 것이라고 하였습니다(중종 34년 6월 4일)"라고 임금에게 아뢰었다.

이 발언은 16세기 전반 전국의 많은 사찰이 왕실의 여러 인사들과 개별적인 인연을 맺으며 그들의 개인 원당으로 기능하였음을 시사한다. 물론 이 절들은 어디까지나 개인의 원당일 뿐 국가로부터 사사전(寺社田)을 지급받은 공식 사찰은 아니었겠으나, 중종 초 도첩, 승과, 기신재(忌晨齋)의 폐지 등으로 국가의 승정(僧正) 제도가 거의 와해되다시피 한 이후에도 불교계는 개인 시주에 의하여 규모 있는 존속을 이어나가고 있었음을 보여준다.

그렇다면 명종 5년에 보이는 '전국 내원당 79곳'이라는 것은 바로 그 왕실 인사들의 개인 원당들을 아울러 왕실의 내원당으로 간주하는 인식 또는 정책의 변화를 보여주는 것을 아닐까? '내(內)'라는 글자를 '궁궐 내부'라고 하는 공간적인 의미가 아닌 '왕실의 것'이라는 범주 상의 의미로 새기며, 왕실 내원당의 규모를 전국적으로 확장하여 불교와 왕실과의 관계성을 두드러지게 하는 방향으로 말이다. 여하튼 이후 내원당의 숫자는 급속히 증가하여 명종 9년(1554)에는 300~400에 이른다는 보고가 나올 정도가 되었다. 이들 사찰에서는 왕실의 번영과 가문 구성원들의 안녕을 비는 여러 불사와 불공이 이루어졌던 것으로 보인다.

전국 단위로 확대된 이 '새로운' 내원당의 수호를 내수사에 지시하였다는 사실도 의미심장하다. 앞에서도 소개했듯이 내수사는 국고와 구분되는 왕실의 사유재산을 관리하는 부서이다. 따라서 내수사가 왕실의 기도처인 내원당과 재정적으로 밀착하는 것은 자연스러운데, 때때로 왕실 인사나 내외인척들의 개인 자금이 희사되기도 하였다. 이러한 사적 보시를 통하여 전국의 이른바 내원당들은 그 규모와 활동을 유지하였을 것이며, 경우에 따라 내원당의 보시금이 다시 내수사로 유입됨으로써 왕실과 내원당의 밀착이 더욱 공고해졌을 가능성도 배제할 수 없다.

한편 이처럼 늘어난 내원당들을 운영하려면 응당 그에 상응한 인력이 필요했을 것이므로, 도첩과 승과의 부활은 당연한 수순이었다. 그리고 이러한 승정을 도맡을 기관, 즉 양종도회소의 복설이 요구되었다. 명종 5년 12월 문정왕후 본인이 직접 비망기(備忘記)를 내려 양종도회소의 복설을 지시하였다. "양민(良民)의 수가 날로 줄어들어 군졸의 고통스러움이 지금보다 더한 때가 없다. 이것은 다른 까닭이 아니라 백성들이 4~5명의 아들이 있을 경우에는 군역(軍役)의 괴로움을 꺼려서 모두 도망하여 승려가 되는데, 이 때문에 승도(僧徒)는 날로 많아지고 군액(軍額)은 날로 줄어드니 매우 한심스럽다. 대체로 승도들 중에 통솔하는 이가 없으면 잡승(雜僧)을 금단하기가 어렵다. 조종조의 『대전(大典)』(경국대전)에 선종과 교종을 설립해 놓은 것은 불교를 숭상해서가 아니라 승려가 되는 길을 막고자 함이었는데, 근래에 혁파했기 때문에 폐단을 막기가 어렵게 되었다. 봉은사와 봉선사를 선종과 교종의 본산으로 삼아서 『대전』에 따라 '대선취재조(大禪取才條)' 및 승려가 될 수 있는 조건을 밝혀 거행하도록 하라(명종 5년 12월 15일)"는 것이 그 내용이었다.

엘리트 승려 양성과 경제적 차원의 왕권 강화

승려의 증가와 군액의 감소를 막고자 함이라고 하였지만, "승도들 중에 통솔하는 이가 없으면 잡승을 금단하기가 어렵다"라는 말에서 분명히 드러나듯 엘리트 승려의 양성이 주된 목적이었던 것으로 보인다. 따라서 보우가 봉은사 주지로서 판선종사 도대선사(判禪宗事 都大禪師)에, 수진(守眞)이 봉선사 주지로서 판교종사 도대사(判敎宗事 都大師)에 임명된 것은 도첩과 승과를 통한 엘리트 승려의 양성 및 내원당 확대를 위한 사전 작업이었던 것으로 볼 수 있다.

그리하여 명종 7년(1552) 8월 마침내 중종 11년(1516) 이후 폐지되어 있던 도첩의 발급이 재개되었다. 시경(試經)한 스님 가운데 이상이 없거나 약간의 착오가 있는 인원 462명에게 발급된 것이었다. 이듬해 1월에는 양종의 시경승(試經僧) 2,600명 중 전라도 교종승 20명을 제외한 2,580명에게 도첩이 발급되었다. 한편 명종 7년 4월 봉은사와 봉선사에서 승과를 시행하여 선종과 교종에서 각각 21명과

12명이 선발되었다.

이후로도 3년마다 있는 식년시(式年試)에 승과가 시행되었으며, 훗날 임진왜란 때 승병을 이끌고 한국 불교의 큰스승이 된 청허 휴정(淸虛休靜)이 이 시기에 입격한 것 또한 유명한 일화다. 이렇듯 명종 대의 불교 중흥은 내원당의 전국적인 확대와 엘리트 스님의 육성이라는 점에서 큰 의미를 지니며, 문정왕후에 의해 물적 인적 토대를 구축한 조선의 불교는 다가오는 다음 시대를 맞이한 준비를 갖추게 되었다. 그리고 그 결과는 불교 서적 간행의 증가와 의례의 전국적 확대로 나타났다.

사실 16세기 현격해진 사찰판 불서 간행이 문정왕후의 불교 중흥과 시기적으로 꼭 들어맞는 것은 아니다. 문정왕후가 정치적 실권을 가지기 이전인 중종 재위 중반기 이후부터 사찰판 불서 간행이 급증한 양상이 나타난다. 추정컨대 이는 세조 10년(1464) 군역제도의 개편으로 군역의 부담이 커지자 이를 이기지 못하고 달아난 사람 중 다수가 출가한 결과, 중종 후반기 전국의 사찰에 적지 않은 승려가 거주하게 된 사정과 관련이 있는 것으로 보인다. 군역을 피하여 출가한 이들은 그 다수가 학문적 소양이 깊지 않았을 것이고, 또 중종 11년(1516) 도첩제도 폐지 이후에는 도첩을 획득하기 위한 취재(取才) 준비, 즉 최소한의 교리 학습도 거치지 못했을 가능성이 크기에, 이들을 위한 기초적인 학습이 불가피했을 것이다. 『법화경』(광흥사 1527, 귀진사 1535, 안심사 1545, 신흥사 1545), 『금강경』(광흥사 1530), 『미타경』(광흥사 1525), 『지장경』(신흥사 1537), 『원각경』(보현사 1545), 『수능엄경』(신흥사 1527) 등 대중적인 대승불교 경전과 『부모은중경』(귀진사 1548) 등이 전국 각지의 사찰에서 간행된 것은 스님의 교육과 신도 법회를 위한 기본서가 요구되었기 때문으로 보인다.

한편 개국 후 이때까지 단 한 번도 큰 전란을 겪지 않고 발전해 온 조선은, 신분 간 또는 개인 간 빈부의 격차는 있었을지언정, 사족뿐 아니라 민간 계층에서도 종교적 활동을 영위할 정도의 경제적 총량을 보유하게 되었다. 예종과 성종 대에 생업을 버리고 염불과 범패 등 종교 활동에 헌신했다고 묘사되는 사장(社長)의 출현이나, [사장이란 조선 중기 상사분향(上寺焚香)과 염불(念佛), 그리고 치의(緇衣)·치관(緇冠) 등을 특징으로 하며 불교 신행을 영위하던 일종의 종교공동체 또는 그 우두머리였다.] 중종 대에 "근일 이래로 두세 승니(僧尼)가 머리를 땋아 늘이고 속인(俗人)의 복장으로 몰래 내지(內旨)라 일컬으며 산중에 있는 절에 출입하면서 쌀과 재물을 많이 가져다가 재승(齋僧)을 공양하고, 당개(幢蓋)를 만들어 산골에 이리저리 늘어놓고, 또 시왕(十王)의 화상을 설치하여 각각 전번(錢幡)을 두며, 한 곳에 종이 1백 여 속(束)을 쌓아두었다가 법회를 설행하는 저녁에 다 태워 버리고는 '소번재(燒幡齋)'라고 부릅니다(중종 13년 7월 17일)"라고 하며 예수재(豫修齋)의 전신으로 보이는 불교 의례의 양상이 강원도에서부터 보고되는 것 등은 모두 전국적으로 불교 의례가 활성화되어 가던 시대 분위기와 함께 그 실행을 위한 경제력이 이 시기 조선 사회에 갖추어져 있었음을 잘 보여준다.

『승가일용식시묵언작법』(1531)과 『시식의문』(1550), 그리고 광흥사에서 간행된 『북두칠성공양문』(제반문, 1534), 『수륙무차평등재의촬요』(1538), 『천지명양수륙재의찬요』(1538) 등은 이 시기 지방 사찰별로 약진하는 불교 의례의 흥성을 잘 보여준다. 한편 이렇듯 다량의 불교

서적 간행을 주도했던 사찰들이 전국적으로 비교적 고르게 분포된 데에서 사찰판 불서 간행을 요하는 교육 및 의례에의 필요성이 전국적으로 제기되고 있었음을 알 수 있으며, 나아가 이들 사찰이 각 지역의 출판 거점 사찰로 기능했을 가능성도 추정케 한다.

명종 대의 승정 제도 복설과 전국적인 내원당 확대는 14세기 후반~15세기 전반에 이루어진 불교의 이러한 전국적이고 기층적인 확산을 반영한 것이기도 하다. 성렬대비는 불교 중흥 정책을 통해 전 시기부터 쌓여 온 불교의 저변화된 활력을 제도화하여, 이를 다시금 중앙 권력의 통제 하에 두고자 했던 것이라 할 수 있다. 자성대비의 경우와 마찬가지로 성렬대비도 전국적으로 확산된 내원당을 왕실 내탕고의 관리 기구인 내수사에서 지원하게 함으로써 사찰의 경제력을 왕실과 소통하게 했을 가능성이 있으며, 이를 통하여 경제적인 차원에서 왕권의 강화를 도모했던 것으로 보인다. 도첩과 승과 제도의 회복을 통한 승단의 복구는 내원당의 관리와 유지를 위한 인적 확보의 수단이기도 했지만, 역시 자성대비의 경우와 마찬가지로 유교적으로 취약한 자신과 국왕의 권력을 불교의 교세를 통해 유지할 수 있게 해 주는 수단일 수도 있었을 것이다.

요컨대 내원당의 전국적 확산과 승단의 복구를 주요한 내용으로 하는 성렬대비의 불교 중흥은 불사를 위한 인적, 물적 인프라의 전국적 확대에 크게 기여하여, 명종 대 불서 간행이 중종 후반기와 동등한 수준으로 지속될 수 있게 하였다. 성렬대비의 지원과 보우의 활약으로 중종 대에 폐지되었던 각종 승정(僧政)이 복구되고 전국적으로 설치된 내원당으로 인적 물적 자원이 지원되자, 전국으로 확산된 공인

승들을 교육시키고 여러 재회를 설행하기 위한 자료로서 대중적인 불교 경전과 의례집의 간행이 더욱 촉발될 수 있었다.

자성대비와 성렬대비의 이러한 불교 후원 시책/불교 중흥 정책의 목적은 크게 보아 선행 연구들이 주장했던 대로 가정의 화합과 자손의 번영에 있었다고 할 수도 있을 것이다. 하지만 그들의 활동은 단순히 신앙에서 비롯된 불사 후원 정도에만 그치는 것이 아니라, 정책의 입안자로서 경제적 정치적 차원에서 왕권 강화를 강력히 추진하는 것으로 재평가될 필요가 있다.

5

한국 여성관음과 서구 여신관음

글. 김신명숙(여신 연구자, 서울대 여성연구소 객원연구원)

여성화한
중국관음

관세음보살(관음)은 여성일까, 남성일까? 아니면 중성 혹은 양성일까?

보통의 한국인들에게 관음의 성을 물으면 대개는 당혹스러운 표정을 짓는다. 뭐라고 딱 집어 말하기 어렵게 관음의 성이 경계를 넘나든다는 사실을 느낌으로라도 알고 있기 때문이다. 불교에 대한 지식이 있다는 사람일수록 "여자"라는 답에 거리를 두지만 대중적으로는 그 반대인 점도 흥미롭다. 성적 정체성이 분명한 다른 신이나 신격들과 달리 관음의 성은 이처럼 문제적이다. 모호하고 미끄러지며 경계를 가로지른다. 남성인가 하면 여성이고 중성적인가 하면 다젠더(multi-gender)적이다.

동아시아에서 관음의 젠더는 주로 여성으로 인식된다. 하지만 그녀/그의 본향인 인도에서 관음은 명백한 남성이었다. 그런데 불교

151
한국 여성관음과 서구 여신관음

가 중국으로 전파된 후 중국화하는 과정에서 여성으로 탈바꿈해 버렸다. 중국 뿐 아니라 일본의 관음도 상당 부분 여성화됐고 한국관음 역시 정도는 상대적으로 약하지만 유사한 여성화 과정을 거쳐왔다. 이 변화는 지금도 진행 중이다.

주목되는 것은 관음을 여성으로 인식하고 표상하는 경향이 현대에 들어 더 강화되고 있다는 사실이다. 20세기 중반 이후 중국과 일본에서는 거대한 여성관음상들이 이곳저곳에서 경쟁이라도 하듯 솟아올랐다.

한국 역시 이러한 추세에 동조하고 있다. 낙산사에 여성 해수관음이 들어섰고, 서울의 길상사에는 성모 마리아를 닮은 관음상이 등장했다.

인도 불교가 중국에 전파된 것은 1세기경인 서한 말 동한 초로 알려져 있다. 관음신앙도 이에 따라 중국에 수입됐는데, 늦어도 3세기 무렵에는 중국 각지에 널리 유포되었고 중국화 혹은 국내화하는 과정에서 관음이 여성으로 성이 바뀌게 된다. 이 유례없이 흥미로운 사건은 어떻게 발생했고 이후 어떠한 과정을 거쳐왔을까? 이 쉽지 않은 질문에 대해 지금까지 여러 가지 이론들이 제시돼 왔다.

우선 자비가 남성보다는 여성적 특성으로 여겨졌기 때문이라는 설, 도교여신인 천후성모나 서왕모와의 관련설 등이 있다. 중국 여성관음의 뿌리를 도교의 여신들에게서 찾는 것은 자연스러운 시도다. 불교 유입 당시 중국의 고유종교는 도교였으므로 그 신앙체계를 통해 불교가 이해됐고, 이후 상호작용을 통해 두 종교가 발전했기 때문이다. 이는 불교 유입 초기에 붓다가 황제나 노자와 함께 불로불사의 비밀을 가르칠 수 있는 신격으로 여겨졌던 데서도 알 수 있다. 민간도교 신앙에서 서왕모가 왕모낭낭이라고 불렸던 것처럼 관음이 관음낭낭으로 불리고 있는 것에서 그 습합의 경과를 짐작할 수 있다.

한편 몽골과 티베트에서 관음의 여성 화신으로 숭배되는 타라 여신과의 관련설도 있다. 또 구마라집이 번역한 『법화경』「보문품」에 관음이 여성으로 응신한다는 내용이 있는 것도 관음의 여성화와 관련이 있을 것이라고 본다. 산스크리트어로 된 「보문품」에는 관음의 응신이 16개 밖에 안 되고 모두 남성으로 되어 있다고 한다. 또 불교 경전들에 여성 보살들이 남성으로 몸을 바꾸는 내용들이 있어 '성변화'라는 생각이 이미 존재하고 있었던 것도 한 이유일 것이라고 추정한다.

그런데 중국관음의 여성화와 관련해 첫 번째로 거론되는 자료로는 묘선(妙善)공주 설화가 있다. 이는 중국에서 생겨난 관음의 전생담으로, 중국인들의 관음에 대한 인식과 신앙에 지대한 영향을 끼쳤다. 이에 대해서는 아래에서 다시 소개한다.

관음이 여성신으로 인식되고, 예술가들에 의해 여성 형태의 관음 이미지들이 창조되기 시작한 것은 11세기 무렵 송대 초기였다. 당대 이전은 물론 당대에도 관음은 남성으로 여겨졌고 예술에서도 그렇게 표현되었다. 관음의 여성 전환이 완성된 것은 원나라 시기인 것으로 보이고 명대 이후, 시기적으로 15세기 이후 관음은 완전한 여성형으로 인식되고 재현돼 왔다.

관음의 성전환 문제를 풍부한 자료들을 바탕으로 역사적, 종교사회학적으로 검토한 쵠팡위는 관음의 여성화를 송대 이후 강화된 제도불교와 신유교의 가부장제적 태도에 대한 반응으로 해석한다. 만약 신유교와 제도불교가 여성적 상징들을 사용하고 여성 수행자들을 받아들였다면 관음은 성적 전환을 하지 않았을 것이라는 추정이다. 또 여성화한 관음은 중국에 새로운 여신들이 등장하는 데도 영향을 끼쳤다고 한다. 그와 동시에 불교 영역 내에 국한된 여신이 아니라 중국인 일반에 의해 경배되는 중국의 주요 여신이라는 위상을 차지하게 됐다. 천팡위가 내린 결론은 다음과 같다.

"내가 과감하게 말하고 싶은 것은 여성적 관음과 다른 새로운 여신들이 이 특정한 시기에 나타나게 된 이유는 기성종교들, 특히 신유교의 반페미니즘적 입장과 연관이 있어 보인다는 것이다. 신유교는 지난 천년 동안 중국의 지배적인 담론이자 이데올로기였다…. 새로운 여신들에 대한 숭배는 이러한 믿음과 실천의 전체주의적 체계에 대한 비슷한 반응이라고 볼 수도 있지만, 다른 측면에서 보자면 여성적 관음이 다른 여신들의 모델이자 영감으로 보여졌을 수 있다. 제도불교와 도교의 경우도 크게 나을 것은 없었다."

묘선공주 설화

앞서 언급했듯 중국에서 관음의 중국화와 여성화에 가장 큰 역할을 한 자료로는 묘선공주 이야기가 꼽힌다. 이 이야기는 송대인 1100년 장지기(蔣之奇)가 지은 『여주향산대비보살전』에 가장 먼저 소개됐고, 이후 다른 문헌들에도 연이어 실리며 중국 전역으로 퍼져나갔다. 줄거리를 간략히 소개하면 다음과 같다.

묘선은 묘장왕의 셋째 딸이었다. 그녀는 천성적으로 불교에 끌려 어릴 때부터 채식을 했으며 낮에는 경전을 읽고 밤에는 참선을 했다. 왕은 아들이 없었기에 사위들 중 하나를 후계자로 삼으려 했다. 그런데 묘선은 혼기에 이르렀을 때, 아버지가 골라 준 남자들과 혼인을 한 두 언니와 달리 결혼하기를 거부했다. 화가 난 왕은 그녀를 여러 가지 방법으로 벌했다. 묘선은 처음에 뒤뜰에 갇혀 힘든 노동을 해야 했다. 신들의 도움으로 주어진 일을 끝냈을 때 그녀는 한 비구니 사찰에 들어가도록 허락받았는데, 그것은 그곳에서 힘든 일을 하게 함으로써 그녀의 생각을 꺾기 위함이었다. 하지만 묘선은 집요했다. 화가 난 왕은 사찰을 불태우고 오백 명의 비구니들을 죽였으며 묘선도 처형해 버렸다. 그녀의 몸이 산신령에 의해 보호받는 동안 영혼은 지옥으로 가 그곳에 있는 중생들을 교화해 구원했다. 그 후 이 세상에 돌아온 묘선은 향산에 가서 9년 동안 참선한 후 깨달음을 얻었다.

이때 왕은 알 수 없는 중병이 들었는데 백약이 무효였다. 묘선은 탁발승으로 위장해 궁에 도착해 죽어가는 왕을 만났다. 그리고 그를 구할 수 있는 방법은 단 하나, 한 번도 분노를 느껴보지 못한 사람의 눈과 손을 섞어 만든 약을 구하는 것이라고 말했다. 그리고 어디서 그런 사람을 만날 수 있는지도 알려줬다. 왕의 사자가 도착하자 묘선은 자신의 눈과 손을 기꺼이 제공했다. 약을 먹고 회복한 왕은 그를 구해준 사람에게 감사를 표시하기 위해 왕족 일행과 함께 향산에 도착했다. 그리고 그는 눈과 손이 없는 그 수행자가 바로 자신의 딸임을 알아보았다. 회한에 사무친 왕은 다른 왕가의 사람들과 함께 불교에 귀의했다. 묘선은 자신의 진짜 형태인 천수천안관음으로 변했으며 그녀가 죽은 후 그녀가 남긴 것들을 봉안하기 위한 탑이 건립되었다.

묘선공주 이야기를 통해 관음은 중국 이름을 가지고 중국 땅에 살았으며, 유교의 효 사상을 체화하고 있던 여성으로 탈바꿈했고, 그 결과 중국에 성공적으로 뿌리내릴 수 있었다. 그리고 여성화한 관음은 자연스럽게 여성들이 살면서 겪게 되는 중요한 문제들과 관련한 여신으로 숭배되었다. 이는 무엇보다 아이를 낳게 해주는 송자관음(送子觀音) 신앙에서 분명히 나타난다. 이 관음은 아이를 안고 있거나 무릎에 놓고 있는 어머니의 모습인데 백의관음의 변형이다.

특히 아들과 함께 묘사된 어머니로서의 관음은 명대 이후 나타났다. 이러한 도상의 종교적 근거는 「보문품」에 있는 것이었지만, 예술적 형상화는 당시 스페인 선교사들에 의해 중국에 소개됐던 성모 마리아 상의 영향을 받은 것으로 분석되기도 한다. 흥미롭게도 관음은 마리아 관음상이 알려주듯 일본에서도 성모 마리아와 관련되었다.

성녀(聖女)로 등장한
한국관음

한국 불교는 삼국시대에 중국으로부터 전래되어 긴 시간 동안 토착화의 과정을 거쳤다. 관음신앙 또한 토착신앙과의 역동적 관계 속에서 한국인의 주요 신앙으로서 뿌리를 내렸다.

『삼국유사』에서 관음이 등장하거나 관음신앙과 관련된 자료는 모두 15편 내외로 얘기된다. 그런데 이 설화들에서 관음은 낭자, 아내, 노부인, 비구니 등 여성으로 응현하는 경우가 잦다. 관음이 여성으로 응신하거나 여성적 역할을 맡는 것은 10편 정도로 얘기된다. 즉 "『삼국유사』의 관음은 여성관음"이라고 할 수 있을 정도다.

그런데 현존하는 관음상들을 보면 문헌자료에 비해 여성상이 훨씬 적다. 이의 원인에 대해서는 여러 설이 있지만 쉽게 생각해도 불보살상의 생산주체가 사찰이었다는 점에서 여성관음상이 쉽사리 등장하기는 어려웠을 것이다.

　한국 관음상 중 가장 여성적인 것들은 신라시대에 만들어졌다. 그중 경주 남산의 마애관음보살상과 석굴암 십일면관음상이 유명하다. 특히 석굴암 십일면관음상은 문인들에 의해 한국 여성미의 극치를 보여준다는 찬사를 받아왔다.

　한국관음이 여성화된 데는 중국의 여성관음이 미친 영향도 분명히 작용했을 것이다. 하지만 그것이 결정적 원인이었을까? 그보다는 한국 내부의 종교사회적 요인들이 더 중요하게 작동됐을 터인데 그것은 무엇이었을까? 이와 관련해 주목되는 내용을 담고 있는 『삼국유사』 '낙산이대성관음정취조신조'를 보자.

> 　그 뒤에(의상 대사가 낙산 해변의 굴에서 관음진신을 친견하고 낙산사를 창건한 후에-필자 주) 원효 법사가 와서 예를 올리려고 했다. 처음에 남쪽 교외에 이르렀는데, 논 가운데서 흰 옷을 입은 여자가 벼를 베고 있었다. 법사가 희롱삼아 그 벼를 달라고 하자, 여자도 희롱조로 벼가 영글지 않았다고 대답했다. 법사가 또 가다가 다리 밑에 이르자 한 여인이 월경수건을 빨고 있었다. 법사가 물을 달라고 청하자 여인은 그 더러운 물을 떠서 바쳤다. 법사는 그 물을 엎질러 버리고 다시 냇물을 떠서 마셨다. 이때 들 가운데 서 있는 소나무 위에서 파랑새[靑鳥] 한 마리가 말했다.
> 　"불성을 깨닫지 못한 중!"

그리고는 홀연히 숨어서 보이지 않았고, 다만 그 소나무 아래에 신발 한 짝이 떨어져 있었다. 법사가 절에 이르러보니 관음보살상의 자리 밑에 또 아까 보았던 신발 한 짝이 있었다. 그제서야 원효 법사는 전에 만났던 성녀(聖女)가 관음의 진신이라는 것을 알았다. 그래서 사람들은 그 소나무를 관음송(觀音松)이라고 했다. 법사가 신성한 굴로 들어가 다시 관음의 진신을 보려고 했지만 풍랑이 크게 일어나 들어가지 못하고 떠났다.

이 이야기는 관음진신이 '성녀', 즉 여성이라는 점을 분명히 밝히고 있다. 정통 관음신앙과는 결이 다르다. 이는 관음의 주처(住處)를 낙산의 해변에 있는 굴이라고 하는 데서도 마찬가지다.『화엄경』에는 보타락가산이 남방의 해상에 있는 것으로 되어 있고, 중국의 관음성지인 보타산도 남해에 있다. 그런데 신라 관음도량인 낙산은 경주의 북쪽에 위치한다. 또 경설(經說) 및 고전(古傳)에서는 관음이 산상에 머무는데, 신라의 관음은 바닷가의 굴 안에 머물고 있다. 그것도 바닷물을 통해 들어갈 수 있는 곳이다. 왜 이런 변이가 나타난 것일까?

이보다 더 의문스러운 것은 설화의 내용이다. 간단히 요약하자면 원효가 여성으로 나타난 관음을 두 번이나 만났지만 알아보지 못했고, 결국 의상이 친견했던 관음진신을 보기는커녕 굴에도 들어가지 못했다는 이야기다. 관음보살의 놀라운 영험을 말해주는 전형적인 관음설화와는 다른 종류다. 그런 점에서 이 설화는 매우 독특할 뿐 아니라 전체적인 내용 역시 정통불교의 관점으로는 이해가 쉽지 않다. 한국 불교사의 최고봉으로 존숭되는 원효를 조롱 내지 비판하는 내용부터가 그렇다.

위 설화의 이해가 쉽지 않은 이유는 여신신앙의 코드로 서사가 직조되어 있기 때문이다. 이 설화의 출처는 고본(古本)이라고 돼 있는데 아마도 정통 불교전적은 아닐 것이다. 종교연구의 방법에서 중요한 것은 "한 종교의 새로운 발전과정의 검토는 다른 종교들에서 일어나고 있는 일들을 동시에 고려하며 이뤄져야 한다"라는 것이다. 즉 신라에 새로 유입된 불교의 발전과정을 검토할 때는 그 전에 신라 땅에 존재했던 토착신앙의 반응과 양자간의 만남이 창출하는 역동적 움직임을 함께 봐야만 한다. 이런 관점에서 위 설화를 다시 읽으면 모든 의문점들이 어렵지 않게 풀린다.

이야기에 등장하는 두 여인은 관음으로 습합된 토착신앙의 여신들로 보인다. 그러나 이름만 바뀌었을 뿐 그녀들의 정체성은 그대로다. 의상이 친견한 관음도 개양할미처럼 해변의 굴에서 숭배되던 여신이 관음화한 것으로 해석된다. 낙산사가 자리한 동해안 일대의 해신신앙에서도 주신은 여신들이었다.

원효가 처음 만났던 벼 베던 여인은 곡신일 것이다. 그런데 원효와 그녀의 만남에서는 성적인 낌새가 풍긴다. 서로 간에 희롱했다는 표현이 그렇다. 그런데 여인은 원효의 성적인 접근을 거부한다. 이유는 "벼가 영글지 않았기[稻荒]" 때문이다. 무슨 뜻일까?

그녀는 출가승인 원효의 불임성을 지적하고 있는 것이다. 영글지 않은 벼는 볍씨로 쓸 수 없다. 즉 생산력이 없는 것이다. 출가한 승려는 성생활을 계율로 금지하니 영글지 않은 벼와 마찬가지다. 그러니 공연히 수작 걸지 말라는 조롱이다.

머쓱해진 원효가 길을 더 가다가 다리 밑에서 만난 여인은 출산의 여신으로 보인다. 월경수건은 출산능력을 표상하기 때문이다. 그런데 원효는 그녀가 떠준 피가 섞인 물을 버렸다. 그리고 파랑새에게 "불성을 깨닫지 못한 중"이란 호된 비난을 들은 것이다. 왜일까?

여신신앙에서 월경피는 생명을 탄생시키는 신성한 것이다. 고인돌 유구에서 흔히 발견되는 붉은 흙은 죽은 이를 재생시킨다고 믿어진 월경피를 모방한 것이다. 임신 중에는 월경이 그치므로 고대인들은 그 피가 생명을 만든다고 생각했다. 우리 〈성주풀이〉나 제주무가에는 임신 중 피를 모아 아기를 만든다는 내용이 등장한다.

그런데 원효는 벼 베는 여인이 불임성의 문제를 지적했음에도 불구하고 신성한 월경피를 더럽게 여겨 물을 버리고 말았다. 여신신앙의 가치를 받아들이지 못한 것이다. 그 결과 그는 관음의 진신이 거처하는 신성한 굴로 들어갈 수 없었다. 풍랑이 크게 일어나 막았다는데 동해안 사람들은 그것이 해랑신(海娘神)의 소관이라고 믿었다. 결국 바다의 여신이 그의 발길을 막은 셈이다.

원효를 꾸짖은 파랑새도 여신의 새다. 서왕모의 시종이자 메신저 역할로 유명했다. 한국의 여신들 역시 새를 메신저로 부렸다. 『삼국유사』에는 선도성모의 메신저로 솔개가 등장하고, 영취산 산신 변재천녀의 메신저로 까마귀가 등장한다. 고구려 건국설화 속 유화부인은 비둘기를 이용해 아들 주몽에게 씨앗을 전해줬다.

출산하는
한국관음

『삼국유사』에는 월경수건 빨던 여인의 계보를 잇는 관음이 성덕왕대에 등장한다. '남백월이성노힐부득달달박박' 조에 등장하는 관음이다. 그녀는 난초와 사향 향기를 풍기는 아름다운 낭자로 응신해 노힐부득과 달달박박 두 승려를 찾는다. 잘 알려진 대로 달달박박은 그녀를 거부하나 노힐부득은 그녀를 암자로 맞아들인다. 이후 이어지는 내용은 아래와 같다.

> (부득은) 밤이 되자 마음을 맑게 하고 지조를 가다듬고 희미한 등불이 비치는 방에서 조용히 염불을 했다. 날이 새려 하자 낭자가 부득사를 부르며 말했다.
> "내 불행하게도 마침 해산할 기미가 있으니, 부탁이니

스님께서는 짚자리를 준비해 주십시오."

부득은 불쌍한 생각이 들어서 거절하지 못하고 촛불을 은은하게 밝혔다. 낭자가 이미 해산을 한 후에, 또 목욕을 시켜달라고 부탁했다. 부득은 부끄러움과 두려운 마음이 교차했지만, 가엾게 여기는 마음이 더 커져서, 목욕통을 준비해 낭자를 통 안에 앉히고 물을 데워 목욕을 시켰다. 그런데 잠시 후 목욕물에서 향기가 진하게 풍기더니 물이 금빛으로 변했다. 노힐부득이 깜짝 놀라자 낭자가 말했다.

"우리 스님도 이 물로 목욕하십시오."

부득이 억지로 그 말대로 했는데, 갑자기 정신이 상쾌해지고 피부가 금빛으로 변했다. 그 옆을 보니 홀연히 연화대좌가 있었다. 낭자는 부득에게 앉으라고 권하고는 이렇게 말했다.

"나는 관음보살인데 대사를 도와 큰 깨달음을 이루어주려고 왔소."

그리고 말을 마치더니 사라졌다.

한편 박박은 부득이 지난 밤에 반드시 계를 더럽혔을 것이라 생각하고는 부득에게 가서 비웃어 주려고 했다. 그런데 가서 보니, 부득은 연화대에 앉아 미륵존상이 되어 밝은 빛을 발하며 몸이 금색으로 채색되어 있었다. 박박은 자신도 모르게 머리를 조아려 예를 올리고는 말했다.

"어떻게 이렇게 되었습니까?"

부득이 그 연유를 자세히 말해주자 박박은 탄식하며 말했다.

"내 장애가 많아서 다행히 부처님을 만나고도 도리어 만나지 못한 셈이 되었습니다. 큰 덕에 지극히 어진 그대가 나보다 먼저 뜻을 이루었습니다. 옛 인연을 잊지 말고 나도 도와주기 바랍니다."

"통 속에 금물이 남았으니 목욕할 수 있을 것이오."

박박도 목욕을 하자, 부득처럼 무량수불이 되어 두 부처가 엄연히 서로 마주 대했다.

위 설화의 관음은 월경수건을 빨면서 출산의 신성함을 암시하는 게 아니라 아예 스스로 출산을 해 버린다. 미모에 향기로 성적인 유혹도 감행한다. 낭자와 부득이 함께 한 목욕도 성적인 함의를 갖는다. 그녀가 출산의 여신이라는 추정은 중국의 송자관음과 일본의 자안관음을 떠올릴 때 더 설득력을 얻는다. 낭자는 출산의 신성함을 가르치려 두 승려 앞에 나타났고, 출산과 목욕을 통해 노힐부득을 성불시켰다.

지금까지 위 설화는 불교적 시각에서만 분석돼 왔다. 때문에 달달박박은 계율에 집착하는 소승적 승려로, 노힐부득은 대승적 자비를 베푼 승려로 곧잘 대비됐다. 그래서 부득이 먼저 성불할 수 있었다는 것이다. 혹은 부득이 음욕적 행위를 하면서도 끝내 유혹에 흔들리지 않아 성불할 수 있었다고 주장했다.

하지만 이렇게 해석하면 박박도 함께 성불한 것이 잘 이해되지 않는다. 이는 유사한 불교설화를 볼 때도 그렇다. 대승불교의 논서인

『대지도론』에는 노힐부득과 달달박박처럼 서로 다른 두 비구가 등장한다. 희근 비구와 승의 비구다. 희근은 제자들에게 계를 꼭 지키라거나 철두철미한 수행을 강조하지 않았다. 다만 존재하는 모든 것이 걸림이 없음을 가르쳤다. 반면 승의는 철저한 수행승이어서 희근의 그런 태도를 비난했다. 하지만 성불한 것은 희근 비구고 승의 비구는 지옥에 떨어지고 만다. 박박과 너무 다른 업보를 맞은 것이다.

노힐부득이 낭자의 청을 들어주면서 유혹에 흔들리지 않았다는 견해도 오해다. 그는 낭자가 목욕시켜 달라고 했을 때 "부끄러움과 두려운 마음이 교차"하며 초탈의 경지에 들지 못했다. 낭자의 권유로 목욕통에 들어갈 때도 "억지로" 들어갔다. 이 이야기는 우리가 흔히 접하는, 미모의 여성이 수행의 방해물로 등장했다가 결국은 극복되는 전형적인 불교설화와도 매우 다르다. 그런 서사 구조라면 굳이 출산 행위가 구체적으로 등장할 필요가 없다.

이 설화에서 성스러움의 발현은 출산 후 목욕시켜 주기라는 행위를 통해 이뤄진다. 부득이 목욕을 시킨 후 목욕물이 향기가 풍기고 금빛이 나는 성스러운 상태로 변화한 것이다. 그 목욕물에는 출산의 신성한 피가 섞여 있었다. 이 설화는 출산의 전후 과정을 사실적으로 묘사하며 신성함을 드러낸다. 신성함은 부득의 자비행이 아니라 향기로운 금빛 목욕물에 있다. 이는 박박의 성불 과정이 말해준다. 그도 부득처럼 성불할 수 있었던 것은 통 속에 금물이 남아 있었고, 그 또한 목욕을 했기 때문이다. 다른 이유가 없다. 정통 불교설화라면 담기 힘든 내용이다.

여기서 물이 담긴 목욕통은 자궁의 상징이기도 하다. 노힐부득과 달달박박은 자궁에 들어가 붓다로 재탄생한 셈이다. 『삼국유사』가 전하는 월경수건을 빨던 관음과 출산하는 관음은 한국관음의 여성화에 불교 전래 이전 토착신앙의 여신들이 담당했던 역할을 증언해 주고 있다.

금강산의 보덕각시와 관음

『삼국유사』에 담긴 관음의 여성화신 전통은 고려시대에도 이어진다. 대표적인 경우가 금강산 보덕굴과 관련해 전해진 보덕각시 설화다. 이 설화에서 보덕각시는 관음의 화신으로 나타난다. 이 이야기는 정조 13년(1789년) 간행된 조경의 『하서집』에 최초로 등장한다. 정조 23년(1799) 편찬된 『범우고』에도 같은 내용이 축약돼 담겨 있다. 이 설화에 등장하는 승려는 고려 의종 때의 회정 대사다. 『범우고』에 실린 설화 내용은 아래와 같다.

> 보덕은 민가의 여자라고 한다. 어렸을 때 아버지와 함께 걸식을 하다가 금강산에 들어갔다. 이 굴(보덕굴)에 이르러 머물렀는데 보덕은 성근 옷감으로 열 말 들이 자루를 만들어 폭포 곁에 걸어놓았다. 그리고 아버지에게 물을 퍼 채우게 하면서 "자루에 물을 가득 채우면 즉시 도에 들어갈 수 있을 것"이라고 했다. 보덕은 마른 대나무를 잘라 하루에 삼태기 하나를 만들어 쌀 한 말과 바꿔 아버지에게 바쳤다.
>
> 그러다 (삼태기와 쌀을 바꿔주던 표훈사의) 한 스님이 삿된 마

음이 일어나 은밀히 그녀를 취하려 했다. (어느 날 법당에서 스님이 접근하자) 그녀는 소리를 지르며 탁상 위의 탱화를 가리키며 말했다. "그림의 부처도 공경해야 하거늘 생불에 있어서랴!" 그리고 진상(眞像)을 드러냈는데 금빛이 눈을 뜰 수 없게 했다. 스님은 애걸하며 "죽여주십사" 했다.

(굴에 돌아온) 보덕은 아비에게 자루에 물을 채웠는지 물었다. 아비는 자루가 성근데 어찌 물이 차겠느냐고 답했다. 보덕이 말했다. "마음이 하나가 되면 공(功)이 모아지고 도(道)가 이뤄지는 것입니다. 그런데 아버지께서는 채워지지 않는다 생각하고 억지로 물을 부으니 어찌 공이 모아지고 도가 이뤄지겠습니까?" 이에 아버지는 크게 깨우치고 다시 물을 부으니 자루 가득 물이 차 넘쳐났다….

보덕은 크게 웃고 (따라 온) 스님에게 삼태기를 던지며 말했다. "물이 자루에 가득 찼고, 삼태기는 (절의) 창고에 가득하니 공이 이루어졌고 바라는 바가 성취되었습니다. 부처를 보았으니 부끄럽지 않은가요?" 이에 스님도 역시 크게 깨달았다.

후인들이 세 사람의 상을 새겼는데 지금 굴 안에 있다. 가끔씩 상서로운 기운이 어린다고 한다.

이 설화에는 보덕이 붓다로 등장하고 승려도 익명으로 처리돼 있다.

하지만 고려말 학자 이곡의 『가정집』에 금강산 "보덕관음굴"이란 명칭이 있어 붓다가 곧 관음임을 알 수 있다.

우리는 보덕에게서 여신신앙의 요소들을 어렵지 않게 볼 수 있다. 굴에 사는 것부터가 그렇고, 그녀가 만든 자루와 삼태기가 자궁 상징이라는 것도 그렇다. 물이 흘러넘칠 정도로 가득 찬 자루는 우리 민속의 삼신자루를 연상시킨다. 삼신자루는 삼신할미 신앙의 한 형태다. 보덕은 불도의 성취를 "물이 자루에 가득차고, 삼태기가 창고에 가득한" 상태에 비유한다. 불교적 깨달음을 자궁의 풍요로움으로 표현하는 것이다.

한국관음의 본생담:
「안락국태자경」의
원앙부인

조선시대 초기에는 한국 여성관음의 역사에서 결정적인 사건이 발생한다. 관음의 전생이 여성이라고 밝힌 본생담이 출현한 것이다. 『월인석보』에 실려 있는 「안락국태자경」이 그것이다. 『월인석보』 8권 상절부에 한글로 실려 있는데 제목이 없다. 「안락국태자경」은 학계에서 붙인 이름이다. 이 문헌에는 관음의 전생으로 원앙부인이라는 여성이 등장한다. 우선 구체적인 내용부터 들여다 보자.

옛날 범마라국(梵摩羅國) 임정사(林淨寺)에서 광유성인
(光有聖人)이 오백 제자를 거느리고 중생을 교화하셨다.
그때 서천국(西天國)에는 사라수대왕(沙羅樹大王)이 사

백 소국(小國)을 거느리면서 정법으로 나라를 다스렸다. 그는 왕위를 달게 여기지 않고, 아내며 자식이며 보배를 탐하지 않고 무상도(無上道)를 구했다.

광유성인은 사라수대왕의 착한 마음을 듣고 찻물 길을 채녀(婇女)를 얻기 위해 승열바라문(勝熱婆羅門) 비구를 보냈다. 비구가 왕궁에 들어가 석장(錫杖, 지팡이)을 흔드니 왕의 부인 중 으뜸인 원앙부인(鴛鴦夫人)이 말들이 금바리에 흰쌀을 가득 담아 나왔다. 비구는 재미(齋米)를 구하는 게 아니라 대왕을 뵙고자 한다 말한다.

대왕은 비구를 극진히 모셔 궁중에 들였다. 그리고 기꺼이 여덟 여인을 가려내 비구와 함께 보낸다. 광유성인은 기뻐하며 팔채녀에게 각기 금두레박을 맡겨 우물물을 하루 오백 번씩 긷게 했다. 삼 년이 되자 팔채녀는 좋은 근원을 닦아 무상도리를 이루기 멀지 않게 되었다.

이때 광유성인은 승열바라문 비구에게 다시 가서 사라수왕을 데려오라 한다. 찻물 길을 유나(維那, 일의 주관자)로 삼겠다는 것이다. 비구가 죽림국(竹林國)을 지나 사라수왕궁에 가 석장을 흔드니 이번에도 원앙부인이 금바리에 쌀을 가득 담아 나왔다. 대왕을 뵙고자 한다 하니 왕은 그를 극진히 맞아들여 온 연유를 물었다.

"팔채녀가 길은 찻물이 모자라서 성인이 대왕을 청하여 오라 하시고, 찻물 길을 유나로 삼고자 하십니다."

왕이 듣고 기뻐하다가 홀연 눈물을 비 내리듯 흘리니 원앙부인이 그 이유를 물었다.

"유나를 삼으려 한다는 말이 기쁘기는 하나 사백 명 부인을 버리고 가려 하니 마음이 슬퍼 웁니다."

원앙부인이 비구에게 자신도 갈 수 있느냐 묻자 비구는 그렇다고 한다. 사라수대왕은 나라를 아우에게 맡기고 부인과 함께 비구를 좇아 서천국을 떠나게 되었다.

죽림국에 도착해 노숙을 한 후 다시 길을 떠나려 할 때였다. 원앙부인이 비구에게 다리가 붓고 발이 아파 길을 못가겠다고 하소연을 했다. 그리고 죽림국의 자현장자 집에 자신을 종으로 팔아 그 돈을 자신의 이름과 함께 성인에게 바쳐달라 부탁했다. 세 사람이 함께 자현장자 집에 도착해 계집종을 사라 하니 장자가 부인에게 값을 물었다.

"내 몸의 값은 금 이천 근이고 내 밴 아기의 값도 한가지입니다."

장자는 사천 근을 왕과 비구에게 내어주고 원앙부인을 종으로 삼았다.

다음 날 아침 눈물로 이별할 때 원앙부인은 대왕에게 앞으로 왕생게(往生偈)를 잊지 말고 외우며 다니라고 당부한다. 그러면 고픈 배도 부르고 헌옷도 새롭게 된다면서 게를 알려주었다.

왕이 듣고 기뻐하며 가려 할 때 원앙부인은 아이를 낳으면 이름을 어떻게 지을지 묻는다. 그리고 아들이면 효자, 딸이면 효양이라 하자고 제안한다. 왕은 아들이면 안락국(安樂國), 딸이면 효양이라 하라 이르고 비구와 함께 임정사로 떠났다.

광유성인은 왕을 보고 기뻐하며 금두레박 두 개를 주어 찻물을 긷게 했다. 왕은 물 길으러 다니면서 왼손에 왕생게를 잡아 놓지 않고 외웠다.

원앙부인은 자현장자의 집에서 아들을 낳았다. 아이가 일곱 살이 되자 아버지가 어디 갔느냐 묻는다. 부인은 장자가 아비라고 둘러대다 결국 임정사에 있다 실토하고, 아이는 아버지를 찾아 문 밖으로 나가게 됐다. 그러나 안락국은 도망가던 길에 장자 집의 종을 만나 잡혀온다. 그리고 장자에게 자자(刺字)를 당하는 고초를 겪는다.

하지만 그는 다시 도망하여 죽림국과 범마라국 사이에 놓인 큰 강에 이르렀다. 배가 없어 짚동 세 묶음을 얻어 뗏로 매어 물에 띄우고는, 그 위에 올라 하늘에 빈 후 왕생게를 외웠다. 그러자 저절로 바람이 불어 범마라국 땅에 이르렀다.

임정사로 향하던 안락국은 길에서 왕생게를 부르며 우물물을 길으러 가는 팔채녀를 만난다. 그리고 사라수대왕 역시 물 길으러 올 것이라는 말을 듣고 계속 길을 가다가 마침내 왕을 만났다. 대왕은 안락국이 외우는 왕생게를 듣고 그가 태자임을 알게 되고, 둘은 눈물의 상봉

붓다, 성과 사랑을 말하다

을 한다. 아들을 안고 앉아 울던 왕은 이윽고 태자에게 일렀다.

"네 어머니 나를 이별하고 시름으로 살다가 이제 또 너를 이별하여 더 울고 있으니 어서 돌아가거라."

슬픔을 못 이겨 한참 후 이별할 때 왕은 노래로 자신을 마음을 드러낸다.

"아는 이 없는 이 먼 길에 누구를 보겠다고 울며 오는가 아가. 대자비 노래하는 원앙새와 공덕수행하는 이 내 몸이 성등정각(成等正覺) 날에야 반드시 마주 보리로다."

안락국은 울며 이별한 후 죽림국에 이르렀다. 그런데 소 치는 아이를 만나 원앙부인이 자현장자에게 죽임을 당했다는 소리를 듣는다. 안락국이 없어진 것을 안 장자가 원앙부인을 보리수 밑으로 데려가 칼로 세 토막을 내 버렸다는 것이다.

안락국이 보리수 밑에 가보니 과연 세 토막 난 시신이 있었다. 주워다 차례로 이어놓고 땅에 엎드려 슬피 우니 하늘이 진동하는 것이었다. 한참 후에 일어나 서녘을 향해 합장한 안락국은 눈물로 하늘을 부르며 게를 지어 불렀다.

그러자 즉시 극락세계로부터 사십팔 용선(龍船)이 진여대해(眞如大海)에 떠 태자 앞에 오더니 용선 가운데 보살들이 말했다.

"네 부모는 벌써 서방에 가서 부처가 되어 있으나 네 일을 모르고 있으니 길 잡아 오라."

태자는 기뻐하며 사자좌(獅子座)에 올라 허공을 타고 극
락세계로 갔다.

광유성인은 지금의 석가모니불이고, 사라수대왕은 지
금의 아미타불이고, 원앙부인은 지금의 관세음보살이
고, 안락국은 지금의 대세지보살이고 승열바라문은 지
금의 문수보살이고 팔채녀는 지금의 팔대보살이며, 오
백 제자는 지금의 오백 나한이다. 자현장자는 무간지옥
(無間地獄)에 들어 있다.

『월인석보』는 세조 5년(1459)에 왕이 『월인천강지곡』을 본문으로 하
고 『석보상절』을 설명 부분으로 하여 합편한 책이다. 이 책에는 석가
모니의 일대기와 불교경전 등이 담겨 있다.

그렇다면 『월인석보』에 실려 있는 「안락국태자경」의 출전은 무
엇일까?

서사의 주인공이 아미타불과 관음과 대세지보살, 즉 아미타 삼
존이고 내용이 그들의 본생담이니 아미타신앙을 담은 정토계 경전들
중 어딘가에 출전이 있을 것 같다. 석가모니불도 등장하니 가능한 출
전의 범위는 훨씬 더 넓어진다.

하지만 고려대장경에서 「안락국태자경」과 관련된 경전을 찾을
수 없다. 중국이나 일본, 인도 등 다른 나라 불교서사물들에서도 유사
하거나 관련성 있는 내용을 찾지 못했다고 한다. 따라서 학계에서는
「안락국태자경」을 국내 창작물로 여기고 있다. 묘선공주 설화가 중국

의 창작물인 것과 같다. 결국 「안락국태자경」은 한국관음의 본생담이다. 중국에 묘선공주가 있다면 한국에는 원앙부인이 있는 셈이다.

「안락국태자경」은 무가로도 전해져

묘선공주와 달리 원앙부인은 현대 한국인들에게 낯설다. 하지만 원앙부인 설화는 조선 후기만 해도 상당히 널리 퍼진 이야기였다. 「안락국태자경」의 서사는 『월인석보』에만 전하는 게 아니다. 경주 기림사의 연기설화로, 국문소설 『안락국전』으로 형식을 바꿔 나타날 뿐 아니라 국내의 여러 불교문헌에도 보인다. 더 흥미로운 점은 무가로도 변신했다는 사실이다. 여러 무가들이 있지만 제주도 무가 〈이공본풀이〉가 대표적이다. 불교서사가 무속서사와 상통하는 흥미로운 상황이 발생한 것이다.

죽어서 관음보살로 성화된 원앙부인은 누구일까?

우선 알 수 있는 건 그녀가 원앙새로 상징된 여성이라는 사실이다. 사라수왕은 그녀를 "대자비 노래하는 원앙새"라고 불렀다. 새로 상징되면서 관음의 전생 인물인 그녀는 원효를 나무랐던 『삼국유사』의 파랑새를 연상시킨다.

그런데 앞서 파랑새를 고대 여신 전통에 근거해 의미화했듯 원앙새 역시 그렇게 볼 수 있다. 이와 관련해 조선시대 서울에 있던 동락정서낭(同樂亭城隍)이란 당을 볼 필요가 있다. 창의문 바로 앞에 있었던 이 성황당에는 원앙신이라고 불린 동락부인(同樂夫人)이 모셔져 있었다. 이 무신도 아래에는 입을 맞추고 있는 두 마리 원앙이 그려져 있었고, 원앙신은 부부 사이를 좋게 하는 힘이 있는 것으로 유명했다고 한다.

그러고 보면 승열바라문이 왕궁에 왔을 때 원앙부인이 금바리에 흰쌀을 가득 담아 나오는 장면도 예사롭지 않다. 바리는 자궁을 상징하고, 쌀은 '쌀알'이라는 말에서 알 수 있듯 알 상징에 속하기 때문이다. 알은 한국 여신신앙의 대표적 상징이다. 원앙부인의 흰쌀은 『삼국유사』에서 원효 앞에 나타났던 벼 베는 여인을 환기시키기도 한다.

이상의 분석은 원앙부인이 여신 전통에 뿌리를 둔 인물일 가능성을 제기한다. 실제로 「안락국태자경」에서 원앙부인은 사라수왕보다 오래된 신성을 드러낸다. 왕생게의 출처가 그녀이기 때문이다. 사라수왕도 왕생게를 그녀에게서 배운다.

가부장제에 포섭된 원앙부인

그런데 원앙부인은 『삼국유사』의 두 성녀나 『범우고』의 보덕각시와는 다른 서사적 위상을 보여주고 있다. 두 성녀와 보덕각시는 남편 없이 홀로 존재하며, 원효를 꾸짖거나 아버지를 가르치는 우월적 위치에 있는 반면 원앙부인은 일부다처제 결혼체제에서 남편에게 종속돼 있다. 그녀는 또 "아들의 어머니"로서 아들에 의해 구원을 받는다. 서사의 구조와 내용에서 젠더관계의 변화가 분명히 읽히는 것이다.

이는 토착 여신신앙의 여성 존중 사상이 후대로 갈수록 유교와 불교의 남성 중심 사상에 복속되었기 때문으로 보인다. 「안락국태자경」은 부계혈통에 기반한 유교의 효사상을 분명히 보여준다. 사라수왕은 사백 부인을 거느리는 막강한 가부장으로서 가족의 우두머리이자 뿌리다. 때문에 안락국은 어머니와 함께 있지만 자신의 정체성의 근원으로서 아버지를 찾는다. 아버지가 없거나 형식적으로만 존재하는 여신신화들과 대비된다.

「안락국태자경」은 원앙부인으로 등장한 토착여신의 힘과 역할을 불교가 포섭하는 서사로 보인다. 관음을 통해 여신신앙을 포섭해 신성의 차원에서도 가부장제적 위계질서를 세우려 한 것이다. 흥미롭게도 「안락국태자경」은 시간이 흐를수록 힘을 잃어가는 원앙부인을 보여준다.

처음 말들이 금바리에 흰쌀을 가득 담아 왕성한 생산력을 과시했던 그녀는 왕과 비구를 따라 나선 길에서 뒤처진다. 그리고 결국 범마라국행을 포기하기에 이른다. 발이 아파 못간다고 에둘렀으나 사실은 임신이 원인일 것이다. 여신신앙에서는 가장 상서로운 사건이 불교서사에서는 장애로 바뀌었다. 불국토에 가지 못하는 원앙부인은 온갖 고난을 무릅쓰고 근원적 성소에 이르고야 마는 무속의 여신들과 선명히 대비된다. 예를 들어 바리공주는 그 곳에서 약수와 환생꽃을 얻어와 부모를 살려낸다. 그럼으로써 여신의 자격과 권능을 얻는 것이다.

하지만 「안락국태자경」에서 범마라국에 가는 사람은 사라수왕과 안락국이다. 아버지를 찾아 나선 안락국은 여신의 여정에 나선 여자들이 걸었던 길을 그대로 걷는다. 고난의 과정을 이겨내고 목적지에 다다랐다가 어머니를 살리기 위해 돌아오는 것이다. 원앙부인은 성스러운 여정을 통해 생명을 살리는 권능을 얻었던 무속여신들과 달리 살려지는 대상으로 격하돼 있다.

안락국은 세 토막 난 원앙부인의 몸을 이어 그녀를 서방정토로 보낸다. 그리고 시간이 지난 후 왕생게를 노래한다. 그런데 이때 안락국이 노래한 왕생게는 원앙부인이 가르쳐 준 게 아니라 스스로 지은 것이다. 이제 안락국이 왕생게의 새로운 출처로 등장한 셈이다.

이 장면이야말로 「안락국태자경」의 주제가 담긴 서사의 핵심이라고 할 수 있다. 원앙부인의 원초적 신성이 아들인 안락국으로 전이된 것이다. 안락국은 이 중요한 임무를 마친 후 극락으로 떠난다. 원앙부인과 안락국은 여신신앙과 불교를 대리하는 두 주인공으로서 불교화를 통한 젠더권력의 이동을 성공적으로 완수하고 있다.

이상 살펴보았듯 한국의 관음은 토착 여신신앙과 만나 역사의 변전 속에서 여성화한 것으로 보인다. 중국 관음의 여성화와 일정 부분 상통하는 측면이다. 원효가 한국의 불교 대중화에 처음으로 큰 족적을 남긴 인물이라는 점을 고려하면 당시 외래종교였던 불교와 토착 여신신앙간의 역동적 만남과 갈등이 관음의 여성화를 낳은 종교사회적 배경으로 추정되기도 한다.

동아시아
여성관음의
성격과 한계

동아시아에서 여성화한 관음은 실제 여성들의 삶과 어떠한 관계를 맺어왔을까?

중국 여성관음과 중국 여성들의 관계에 대해서는 여러 연구들이 있다. 이에 따르면 관음이 중국에서 인기 있는 신격으로 부상하는 데 중국 여성들이 중요한 역할을 담당했다고 한다. 중국인들은 송대 이후 불교의 자비를 여성 상징들에 둘러싸인 여성 인격으로 인식해 왔고, 이는 여성들의 관음신앙을 촉진했다는 것이다. 중국 여성들은 비구니로서, 또 어머니, 하인, 친척으로서 관음신앙을 받아들이고 교육하며 전파했다. 재력이 있는 재가여성들의 경우는 불교와 불교미술의 후원자로서 관음신앙에 헌신했다고 한다.

그러나 여성화된 관음이 영적, 세속적 측면 모두에서 중국 여성들의 삶에 얼마나 긍정적인 영향을 끼쳐왔는가에 대해서는 양가적 판단이 제기된다. 묘선공주 이야기는 부모가 정해주는 결혼과 결혼이 주는 온갖 고통들로부터 탈출하고 싶은 여성들에게 대안이 되는 길을 제시해 주는 것이었다. 때문에 관음은 전통적 여성의 길에서 벗어나고 싶어하는 여성들에게 하나의 모델이자 수호여신으로 봉사하기도 했다.

　　그러나 대다수 여성들에게 관음신앙은 결혼을 피하는 게 아니라 그에 잘 대처하기 위한 목적에서 행해졌으며, 특히 아들을 얻기 위한 신행이 두드러졌다. 또 중국사회에 여성의 오염 혹은 열등성에 대한 전통적인 고정관념이 그대로 남아 있어 관음의 여성적 이미지는 실제 여성들과 직접적으로 만날 수 없었다. 췬팡위는 중국 여성들은 묘선처럼 결코 진실로 가부장적 집을 떠나지 않았으며, 그 결과 관음신앙은 부계 가계계승을 중심으로 한 유교의 가족가치들에 봉사하게 됐고 불교의 유교화라고 할만한 현상을 불러왔다고 지적한다.

　　요약하자면 중국의 여성관음은 여성들이 영적 성장을 위해 사회적 요구들로부터 독립하려는 가치를 수호하기도 했지만, 그보다는 득남 등 유교적 가족가치에 여성들이 봉사하도록 도왔다는 것이다. 이는 중국 관음신앙이 보여주는 페미니즘적 입장에서의 한계라고 할 수 있다.

　　한국의 관음신앙 역시 중국의 경우와 별로 달라 보이지 않는다. 한국 여성관음은 보덕각시 설화가 생성됐을 때까지만 해도 주체적이고 강력한 힘과 목소리를 지니고 있었으나 원앙부인 서사에서는 온전히 가부장제에 편입된 모습을 보인다. 한국 여성관음 신앙과 한국 여성의 삶의 관계를 역사적으로 깊이 있게 분석한 연구는 아직까지 없는 듯하다. 그러나 페미니즘적 입장에서의 한계는 한국의 경우도 마찬가지일 것이다.

서구에서
등장한
여신관음

현대 관음신앙에서 가장 놀랍고 흥미로운 현상은 서구로 간 관음의 변신이다.

관음신앙은 불교가 미국을 비롯한 서양으로 전파되면서 서양인들의 삶에도 뿌리를 내렸다. 그런데 신앙의 발전과정에서 여성적 신성을 찾던 사람들과 만나 여신으로 또 한 번의 변신을 하게 된 것이다. 그 흐름은 20세기 후반에 뚜렷해져 점점 더 확산하는 추세다. 인터넷에는 서양여성들이 여신인 관음을 찾고 신앙하는 웹사이트들, 챈팅과 노래, 오라클과 리츄얼 등이 증가일로에 있다.

이런 현상을 주도한 그룹은 크게 두 가지이다. 하나는 페미니즘 의식을 가진 미국 불교계의 여성들이고 다른 하나는 여신운동 진영이다. 두 진영 모두에서 관음은 여신으로 불린다. 미국 불교계는 동아시아 불교계에 비해 페미니즘 의식이 강하고, 여성들의 역할이 크다. 미국 여성들은 현재 수행자, 교사, 지도자로 활동하면서 불교를 탈가부장제적으로 변화시키고 있다. 특히 많은 여성들이 스승의 자리에서 수행을 지도한다.

여신운동은 1970년대 초 제2 물결 페미니즘의 자장 안에서 미국에서 시작된 페미니스트 영성운동이다. 북미대륙에서 가장 왕성하지만 영국에서도 활발한 움직임을 보여왔고 그외 유럽 지역, 오스트레일리아, 뉴질랜드 등지로도 확산됐다. 이들은 기독교, 유대교 등 기존 종교의 남성 유일신과 남성 중심성이 성차별과 여성억압의 심층적 토양이라고 보고, 이에 대한 대안으로 여신을 내세웠다.

인류 최초의 신이 여신이었고 이후 역사시대 초기까지도 여신신앙이 주류였다는 역사적 사실이 이들에게 큰 힘이 되었다. 게다가 여신을 숭배했던 선사시대와 일부 청동기시대 사회들이 현재의 가부장제 사회들보다 더 평화롭고 평등한 생활을 누렸다는 해석이 나와 큰 호응을 받았다. 그들에겐 가부장제가 시작되기 이전 여신숭배시대와 여신전통이 하나의 이상(ideal)으로 여겨진다.

지금까지 50년 세월 동안 여신운동은 서양 뿐 아니라 세계의 다채로운 여신전통들을 탐구해왔다. 그리고 그것을 자원으로 삼아 현대 여성들의 욕망과 경험에 맞는 새로운 영성을 추구하고 있다. 관음은 그 과정에서 중국에서 온 동아시아의 여신으로서 여신 만신전에 편입된 것이다. 그러나 관음은 단지 전 세계 무수한 여신들 중 하나가 아니다. 여신 만신전을 대표하는 우뚝한 여신들 중 하나로서 높은 인기와 위상을 누리고 있다. 서양여성들에게도 호소력이 큰 자비의 여신이라는 점, 성모 마리아와의 유사성, 동아시아에서의 드높은 위상이 선호되는 배경으로 꼽힌다.

그런데 여신운동 진영에서 신앙하는 관음은 불교교리와 달리 본성적인 여성성을 발산하는 경향이 강하다. 가변적 여성이 아니라 실체적 여성으로 표상되는 것이다. 동아시아 여성관음이 아이를 점지하는 역할에 그친다면 서구 여신관음은 자궁을 가진 존재로서 스스로 출산할 수 있다. 때문에 임신한 관음상도 등장했다. 이 여신관음은 실제 여성들의 육체적 경험을 공유함으로써 여성들에게 훨씬 더 친근하게 다가설 뿐 아니라 그러한 경험에 신성성을 부여한다.

서구 여성들이 불러낸 페미니스트 여신관음

현재 서구에서 관음이 여성들과 어떻게 만나고 있는지를 가장 잘 알려주는 사람은 샌디 바우처다. 페미니스트 불교 수행자이자 작가인 그녀는 관음의 열렬한 신앙자로 여러 권의 책을 저술했다. 미국 여성들의 관음신앙을 탐구한 『Discovering Kwan Yin(관음 발견하기)』을 1999년 출간했고, 2015년에는 더 깊고 풍부한 내용을 담은 속편 격의 『SHE APPEARS!(그녀 나타나다!-자비의 여신 관음과의 만남)』를 내놓았다.

관음을 만나 깨우침을 얻고 큰 도움을 얻은 여성들이 자신의 경험을 글로, 예술로 표현한 것들을 다채롭게 모은 책이다. 그녀는 이 책을 출간하게 된 계기를 다음과 같이 밝혔다.

『관음 발견하기』를 출간한 직후부터 관음에 대한 얘기

들이 내게 쏟아져 들어오기 시작했다. 고통과 무기력의 시기에 관음이 어떻게 나타났는지 그리고 관음의 방문이 어떻게 사람의 의식을 바꾸고 위안을 주었는지, 혹은 격려하고 치유했는지 말해주는 이야기들이었다.

그림과 조각, 판화 등으로 표현된 관음의 이미지들도 들어왔다. 강력한 것도 있고 기발한 것도 있었는데, 그것들이 만들어지게 된 상황에 대해 짧은 설명이 덧붙여진 경우가 많았다. 이것들은 대개 미국 내에서 왔지만 일부는 캐나다 오스트레일리아, 그리고 남아프리카에서 왔다…

서양 여성들과 남성들의 삶에 이토록 생생한 영향력을 행사하는 이 아시아의 여신은 누구인가? 그녀는 왜 그리고 어떻게 그렇게 많은 사람들의 가슴속으로 들어왔는가? 그녀의 이름은 "세상의 외침을 듣는 여자"를 뜻한다. … 관음은 불교에 근원을 둔 것으로 잘 알려져 있지만 여신숭배자들, 가톨릭 신자였던 사람들, 도움이 필요한 사람들 사이에서도 널리 경배된다. … 그녀의 사명에 따라 관음은 고통받는 누구에게든 가장 필요한 때 모습을 드러낸다. 아무 조건도 없이.

바우처는 1982년 캔자스 시 넬슨-앳킨스 박물관에서 유명한 남해관음상을 보고 깊은 인상을 받은 후 관음에 관심을 갖기 시작했다.

그리고 관음의 자비심을 통해 영성을 계발했을 뿐 아니라 암이 발병했을 때 관음에 의지해 투병시기를 견뎌내고 치유될 수 있었다. 자신의 삶에서 관음의 힘을 직접 체험한 것이다.

관음의 보관에 자리한 위대한 여신

『그녀 나타나다!』는 서구 여성들이 고백한 관음과의 만남을 여섯 개의 장으로 분류해 소개한다. 그녀들에게 관음은 자연에 살아 있는 신성한 힘이자 형상이며 질병의 고통 속에 있을 때 찾아와 위로하고 치유해 주는 여신이다. 또 자비로운 어머니이며 구제가 필요할 때 찾아와 영적 성장을 이끄는 안내자이다. 그녀는 내 밖에도 있고 내 안에도 있다.

그런가 하면 관음은 전사적 기질을 가진 사회활동가이기도 하다. 증오와 혼란, 의심이 지배할 때 관음은 칼을 들어 그것들을 끊어내며, 지혜와 정의의 길로 용감하게 나아가도록 독려한다. 친절과 부드러움이 오히려 문제를 악화시킬 때는 관음의 "맹렬한" 자비를 사용해야 하는 것이다. 이는 동아시아 여성관음에게서는 찾기 힘든 성품이다. 마지막으로 관음은 죽음을 마주한 사람들에게 위안을 주고 편안히 죽음을 맞을 수 있도록 도와주는 존재다.

관음이 서구 여성들과 맺고 있는 관계는 새롭게 창조된 그녀의 이미지나 형상들을 통해서도 알 수 있다. 위 책에도 매우 흥미롭고 놀라운 이미지들이 다수 담겨 있다.

한 여성은 유방암 생존자들을 위해 가슴이 하나인 관음상을 그렸고, 다른 여성은 사막 위에 산의 형상으로 앉아있는 관음을 그렸다. 하와이 화산의 여신 펠레와 함께 있는 관음, 성모 마리아와 나란히 앉아 있는 관음도 있다. 명상 중인 관음의 연꽃자궁에서는 치유의 물과 에너지가 흘러나와 물결을 이룬다.

가장 인상적인 것은 유구한 여신의 역사를 표상하는 관음이다. 카렌 보겔이라는 여성이 나무에 조각한 관음상인데 얼핏 보면 전통적 윤왕좌 관음상에 현대적 터치를 가한 정도인 것 같다. 하지만 내용은 전혀 다르다. 관음이 쓰고 있는 보관의 중앙에는 아미타불이 자리하기 마련인데 태고적 여신상이 대신하고 있기 때문이다. 구석기 시대 여신상으로 유명한 로셀의 비너스다. 관음의 가슴도 볼록 솟아있다.

보겔은 관음을 불교전통에서 빼내 선사시대 이래의 여신전통 속에 재위치시켰다. 이는 불교 가부장제에 대한 도전이면서 동시에 여성관음을 탄생시킨 여신신앙을 불러내는 매우 정치적인 행위라고 할 수 있다. 어쨌거나 흥미로운 것은 과거 토착여신들을 포섭하며 여성화됐던 관음이 이제 여신운동에 거꾸로 포섭되고 있다는 사실이다. 고향인 인도를 떠나 동아시아에서 여성으로 바뀐 관음이 다시 서구로 가서 현대적인 여신으로 거듭나고 있는 것이다. 구원을 요청하는 모든 중생들의 상황과 요구에 맞게 천변만화하는 관음의 능력이 글로벌한 차원에서 더 확장된 결과라고 할 수 있다.

관음이 발현하는 여성적 신성

서구 여성들에게 관음이 가지는 의미는 『그녀 나타나다!』에 실린 추천사들을 통해서도 알 수 있다. 서구 불교계와 여신운동 진영에서 유명한 여성들이 다수 추천사를 썼다. 그중 리타 그로스, 진 시노다 볼린 그리고 설산수행으로 유명한 텐진 팔모 스님의 추천사를 간략히 소개한다.

이 책에 실린 내용들은 불교학자와 수행자들 모두에게 적절할 것이다. 학자들에겐 많은 사랑을 받는 이 동아시아 여신이 어떻게 지금 여기에서 사람들의 삶에 영향을 미칠 수 있는가에 대한 동시대적이고 문화적으로 친근한 설명들을 제공한다. 수행자들에겐 동양 출신이지만 서양인들의 삶 속으로 들어온 이 여신을 더 신앙하게 만드는 직접적인 영감을 제공한다.

-리타 그로스(종교학자, 불교 페미니스트)

(이 책에서) 관음은 여러 형태로 왔다: 대개는 위기의 시기에 깊은 자비심, 힐링 에너지, 무조건적 모성애로. 그녀는 종종 느낄 수 있는 현존이고 또한 이미지로 보여진다. 그녀는 심리적 원형이고 아시아 여신이며 불교의 보살이다. … 구원을 요청하는 모든 이들에게 관음은 자비심을 쏟아붓고 위로를 준다.

-진 시노다 볼린(정신분석가, 신경정신과 전문의)

어머니와 함께 안거에 들어갔을 때였다. 어머니는 입문식을 받기로 된 날 아침에 일찍 일어났다. 그런데 흰색 타라가 연꽃을 쥐고 옆에 서 있는 것이었다. 타라는 빛 속으로 사라지면서 연꽃을 어머니에게 건넸다. 후에 라마는 말했다. "누구든 타라를 보게 됩니다."

물론 심리적 투사라고 말할 수 있을 것이다. 그러나 분명한 사실은 그녀가 나타났다는 것이다! 타라, 관음 혹은 성모 마리아로서의 여성적 신성은 우리에게 매우 가까이 있고, 언제든 가능할 때 도와줄 준비가 돼 있다. 그녀의 자비로운 조력은 아이와 함께 있는 엄마처럼 실재하는 것이다. 여러 형태와 가장된 모습들로 나타나면서, 여성적 신성은 우리 모두를 위해 그곳에 있다. 우리가 그녀에게 다가가고자 한다면.

－텐진 팔모(티베트 불교 비구니)

서구 여성들에게 관음은 자비의 여신만이 아니다. 페미니즘의 맥락에서 여성적 신성을 표상하는 강력한 여신이기도 하다. 동아시아에서도 관음은 여성들과 특별한 관계를 맺어왔지만 서구에서는 한 차원 또 달라진 관계를 보이고 있다.

그렇다고 관음이 여성들과 배타적인 관계를 맺고 있는 것은 아니다. 적지 않은 남성들도 관음이라는 여신을 신앙하고 있기 때문이다. 서구에서 등장한 여신관음이 현대여성들, 더 넓게는 현대 사회에 던지는 의미는 무엇일까? 바우처가 여신관음에 대해 밝힌 아래의 견해부터 보자.

여성으로 태어난 우리는 여성의 몸을 한 영적 안내자를 보고 싶어 한다. 불교는 깨달음이 젠더를 초월한다고 주장하는데 이는 물론 누구든 사려 깊은 사람에게는 합당하게 느껴질 것이다. 하지만 아직 깨닫지 못한 우리들은 일상생활과 영적 공동체에서 작동하는 젠더 차이와 불평등을 겪고 있다. 우리는 우리에게 영감을 주는 존재들이 여성의 몸을 하고 있는 걸 너무나 보고 싶다. 만약 내가 부처의 경지에 오르고 싶다면, 내가 여성의 몸으로 매일 경험하는 의식과 반응들을 같이 나누는 부처의 모델을 갖는 것이 나의 발전을 위해 얼마나 더 좋을 것인가.

내가 남자라 하더라도 여성부처를 보면 안도할 것이다.

보다 통합적인 불교의 길을 보게 돼서 감사할 것이다.

바우처가 말한대로 불교에서는 깨달음 혹은 불성이 젠더와 무관하다고 가르친다. 성별 자체가 근본적으로 실체 없이 공한 것이기 때문이다. 하지만 그렇다고 불교에서 성별을 인정하지 않는 것은 아니다. 『유마경』의 천녀와 사리불의 대화에 나오듯 성별은 있는 것도 아니지만 "없는 것도 아니기" 때문이다. 즉 색즉시공만 있는 게 아니라 공즉시색도 있다. 없음(공)과 있음(연기)이 공존하며 움직이는 것이다.

젠더가 인정되지 않았다면 불교 가부장제와 성차별이 발생하지 않았을 것이다. 더구나 가르침과 달리 불보살의 몸은 남성으로 표상된다. 정토 역시 남성들의 땅이다.

깨달음이 성별을 초월한다는 불교의 교리는 흔히 성평등한 것으로 이해된다. 하지만 그렇게 보지 않는 견해도 있다. 불교교리의 성별

부정은 성평등의 관점이라기보다 초월을 지향하며 몸을 부정하는 관점에서 이해해야 한다는 것이다.

그리고 불교에서 세속의 성적 차이와 깨달음 차원의 평등은 후자가 전자를 무력화하는 게 아니라 오히려 상호의존적이다. 깨달음의 차원이 드러나기 위해서는 현실 속에서 성적 차이나 차별이 전제돼야 하기 때문이다. 즉 현실의 성적 차이는 궁극적인 성별 초월의 짝이다. 간단히 말해 비이원론의 이원적 관점이다.

여신관음과
불교의 페미니즘적
재구성

알려진 것처럼 리타 그로스는 젠더에 무관한 "가부장제 이후의 불교"를 구축하기 위해 오히려 젠더를 거론해야 한다고 주장했다. 평등하고 통합적인 불교를 위해서는 여성 젠더가 분명히 드러나야 한다는 것이다. 한국불교학자인 안옥선도 불교가 양성적으로 재구성될 필요를 주장했다. 불교교리는 성별의 공성만 얘기하는 게 아니라 가변적 성별을 긍정하므로 불교계가 성차별 논의를 거부해서는 안 된다는 것이다.

서구 여신운동에 등장해 있는 관음여신은 동아시아 불교의 관점에서는 매우 낯설 뿐 아니라 불편할 수도 있는 존재일 것이다. 유구한 불교전통 속 관음을 섣불리 전유했다는 비판도 할 수 있다. 그러나 비판을 넘어 거부의 태도를 갖는 것은 "걸림 없이 경계를 넘나드는" 관음사상 자체에 대한 거부가 될 수 있다. 그러므로 시대의 인연에 따라 자연스럽게 등장한 관음여신을 인정할 필요가 있을 뿐 아니라 오히려 그것을 방편으로 삼아 미래지향적 변화를 모색하는 편이 더 나을 것이다. 구체적으로 관음여신은 불교의 페미니즘적 재구성에서 매우 중요한 역할을 담당할 수 있다.

동아시아에서 여성으로 변해 미국에서 여신이 된 관음은 그 유연한 변화과정 자체가 페미니즘을 빼놓고는 설명할 수가 없다. 여성관음 혹은 여신관음을 만들고 전파하고, 그녀에게 위대한 능력을 준 것은 주로 여성들이었다. 또 여성들은 관음을 통해 위안과 희망을 얻고, 소원을 (그것이 아들이든 결혼기피든) 성취해 왔다.

여성관음이 중국 가부장제가 강화되는 과정에서 그에 대한 대응으로 등장했다는 역사적 분석, 관음 안에 습합돼 있는 중국과 한국 고대여신들의 존재, 서구에서의 관음과 페미니즘의 만남 등은 "페미니스트 관음"을 상상하는 데 좋은 역사적, 실제적 자원이 될 수 있다.

이때의 페미니즘이란 단순히 성차별 문제에만 국한된 사상이나 운동이 아니다. 그것을 출발지점으로 삼되, 모든 종류의 억압과 지배체제들을 자신의 과제로 받아들이는 확장된 의미의 페미니즘이어야 할 것이다.

6

붓다, LGBTQ+
(성소수자)를 말하다

글. 효록 스님(서울불교대학원대학교 초빙교수)

성소수자에 대한
한국 불교의 관심 &
무관심

불자 성소수자 법회를 맡은 지 얼마 되지 않았던 2015년 어느 날이었다. 상담심리를 공부하던 한 후배 성소수자가 "스님이 성소수자에 대해 뭘 알아요?"라며 큰 소리로 웃었다. 언어로 표현하지 않았던 그의 후렴구는 '성소수자에 대해서 잘 모르면서 어떻게 그들을 위한 법문을 할 수 있나요?'라고 반문하는 것 같았다. 이런 질문을 받을 줄 몰랐던 터라 "아! 그래요?" 하며 가볍게 대답하였다.

그즈음 필자는 '불교는 자비와 평등의 종교이니 당연히 성소수자에게도 평등하겠지!'라고 생각하며 그들과 함께하였다. 그 후 어느 날 은사스님은 "조심해라"라고 말씀하셨다. 무엇을 조심하라는지 되묻지 않았으나, 한국 사회에서 성소수자에 대한 편견이 얼마나 혹독한지 느낄 수 있었다. 은사스님은 필자가 화를 당할까 염려한 것은 아니었을까?

2015년 6월엔 부처님 오신 날을 맞이하여 퀴어문화축제 기념으로 성소수자 초청 법회가 있었다. 다음 해 5월에도 성소수자 부모 모임과 함께하는 성소수자 초청 법회가 있었으며, 2017년엔 레인보우 산사음악회가 있었다. 이러한 행사가 가능했던 것은 대한불교조계종 사회노동위원회가 소수자의 인권 지원에 앞장선 덕분이다. 하지만 그것들이 '행사'로 그친 듯하여 안타깝다.

2015년, 대한불교조계종 불교사회연구소는 성소수자에 대한 연구●를 필자에게 의뢰하였다. 당시에는 소수자에게 관심을 보여준 종단에 감사했다. 하지만 이 연구 보고서를 발표하는 자리에 종단의 대표 신문사는 보이지 않고, 불교계의 일부 언론사만 참석한 모습을 보고 무척 실망하였다. 연구의 결과를 반영이라도 하듯이 불교계가 성소수자에 대해 관심을 가지기도 했으나, 무관심하다는 인상을 받았다.

필자는 출가 이전부터 느꼈던 대인관계 시의 괴로움을 해결하기 위해 전통적인 수행법에 얽매이지 않고 이것저것 탐구하였다. 이때 심리상담의 한 형태인 집단상담과 미술치료를 만났다. 이 시기에 자신도 몰랐던 무의식을 탐색하는 것에 매료되어 상담을 전공하는 쪽으로 진로를 정했다.

그리고 수년간 내담자가 되어 심리상담을 받았고, 심리상담 교육

●   조계종 불교사회연구소, 2016, 『불자 성소수자가 경험하는 한국 불교-남보다 한 가지 고민을 더 가지고 있는 사람들의 이야기』.

과 수련을 통해 상담심리전문가가 되었다. 덕분에 지금은 다르마심리 상담명상센터를 운영하고 있다.

2020년 코로나19로 스님들도 발이 묶였다. 이때 온라인에서 "스 님들이 소통하는 시간을 가졌으면 좋겠으니, 스님(필자)이 주관하면 좋 겠다"라는 제안이 있었다. 그렇게 시작되어 지금까지 매주 목요일 저 녁마다 온라인에서 스님들과 소통하는 시간을 보내고 있다. 우리는 이 공간에서 자신의 고민을 털어놓기도 하고, 심리치료와 심리학 그리고 명상을 공부한다. 그래서 이 모음을 '깨친'이라고 부른다.

가끔 대면 모임을 하기도 하는데, 2022년 가을엔 지리산 7암자 를 순례하면서 실상사에서 하룻밤을 묵었다. 우리가 수경 스님과 도법 스님에게 인사를 드렸을 때, 도법 스님이 필자를 알아보며 성소수자에 대해 큰 관심을 보였다. 스님은 따뜻한 시선으로 이것저것 질문하였 다. 스님의 관심이 진심이라는 것을 느꼈다. 필자가 성소수자와 인연 이 닿아 법회를 해온 지 수년이 흐르는 동안 이러한 관심을 보이며 초 대해 준 유일한 스님이다! 놀랍고 반가웠으며 감사했다.

불자 성소수자 법회 회원들과 성소수자 인권단체의 관계자는 그 로부터 1년이 지나서야 실상사에서 도법 스님을 만났다. 우리가 도착 한 다음 날 초하루 법회가 있어서 사찰이 바빴으나 스님은 부드럽고 온화한 미소로 일행을 환영하였다. 스님과의 질의응답 시간은 금방 흘 러갔다. 참여한 모든 분이 만족스러워하는 것 같았다.

2024년 3월, 대한불교조계종 교육원에서 실시하는 승려연수교 육에 참석했을 때 한 스님을 만났다. 그는 필자가 성소수자의 인권을 지지했던 내용을 기억하며 무언가를 알려주고 싶어 하였다. 그가 보여준 내용은 빤다까의 출가를 금지했다는 팔리어 율장의 문장이었다. 그는 필자가 이 내용을 모를 것으로 예상하였다. 그리고 필자에게 '성 소수자는 출가하면 안 된다'라는 차별적인 내용을 인식시켜 주려고 하였다. 그는 빤다까(paṇḍaka)● 와 성소수자를 동일하게 보았으며, 성 소수자의 출가를 금지했다는 사실에만 몰두하는 것으로 보였다.

필자는 성소수자의 범위가 더 넓다는 것과 빤다까는 그중 하나의 성소수자 그룹이라는 것 그리고 승단 초기엔 성소수자들도 출가하여 공동체 생활을 하였다는 사실을 설명하였다. 붓다가 빤다까와 남녀추 니[양성구유인간(ubhatobyañjanakapi)]의 출가를 금지한 이유는 그들을 차 별해서가 아니라, 비구나 비구니를 유혹하여 섹스를 가질 가능성 때문 이라는 점을 강조했으나, 명료하게 이해하지 못하는 것 같았다.

빤다까 중에는 은사가 되는 사례도 있다. 그는 구족계를 받고 은 사가 될 정도의 수준으로 수행 성과가 있었던 것으로 보인다. 빤다까 라 하더라도 성교 문제가 발생되지 않거나, 스스로 시인하지 않으면 다른 사람이 쉽게 알아채지 못할 수 있기 때문에 수행 생활을 지속할 수 있었던 것이다. 그러나 승단이 구성되고 오랜 세월이 흘러, 수행에

● 빤다까는 어원적으로는 불분명하지만 '알이 없는 사람', 즉 고환이 없는 자에게서 유래된 것이라고 해석할 수 있다. 붓다고사(Buddhaghosa)는 빤다까를 다섯 가지 유형으로 분류하고 있다. 첫째는 '뿜어내게 하는 빤다까'로 다른 남자의 성기를 입으로 빨아 사정에 이르게 함으로써 자신의 욕망을 해소하는 동성애자, 둘째는 '시샘하는 빤다까'로 다른 사람의 성행위를 지켜보며 질투심으로 자신의 욕망을 해소하는 관음증 환자, 셋째는 '야기되는 빤다까'로 어떤 특수한 수단으로 야기되어 자기 정액을 분출시키는 자위행위자, 넷째는 '보름간의 빤다까'로 과거의 업력으로 음력 한 달 가운데 절반인 2주 동안만 빤다까가 되는 자, 다섯째는 '남성이 아닌 빤다까'로 임신 순간부터 남성성이 결여된 자를 뜻한다(「마하박가」, 2014: 249 각주 참고).

방해가 되는 성교 문제가 나타났다. 그리고 승단 안팎에서 비난하는 목소리가 생겼으며, 승가에 향한 신뢰에 손상이 쌓이게 되자 붓다는 빤다까와 남녀추니에 대해 차별적으로 대우하고 급기야 승가에서 퇴출했으며 출가도 금지하였다. 그러나 항문 성교가 가능한 남자 동성애나, 양성애, 남성적 여자 등에 대해서는 출가를 금기하는 내용이 별도로 언급되지 않았다.

스님은 왜 그렇게 출가를 금지했다는 결과에만 몰두하는 걸까! 팔리어 율장에 따르면 붓다는 처음부터 빤다까와 남녀추니의 출가를 금지한 것이 아니다. 또한 그들이 승단의 일원으로 공동체 생활을 하는데 부적합하다는 것을 보여주기 위해, 출가한 적도 없는데 의도적으로 율장에 제시한 것도 아니다. 붓다가 수행규범인 계율을 제정했던 조건과 시기 그리고 그 이유를 살펴보자.

계율을 제정한
조건과 시기
그리고 이유

붓다는 적절한 수행규범이 필요할 경우가 있을 때까지 수행규범[학습 계율]을 제정하지 않았다. 「밧달리 경」에서 밧달리는 세존에게 "예전에 는 적은 수행규범으로도 보다 많은 수행승들이 궁극적인 지혜를 성취 한 원인은 무엇이고 조건은 무엇입니까? 또한 오늘날 많은 수행규범 으로도 보다 적은 수행승들이 궁극적인 지혜를 성취하는 원인은 무엇 이고 조건은 무엇입니까?" 하고 질문한다. 이 내용에 따르면 붓다 당 시부터 계율이 차차 늘어났다는 것을 알 수 있다. 그리고 계율의 수와 지혜의 성취가 '정적 상관관계(하나가 증가하면 다른 하나도 증가하는 관계)' 가 있어 보이지는 않는다.

　이에 대해 붓다는 "곧 뭇삶[중생]들이 퇴폐하고 올바른 법이 사라지면 더욱 많은 수행규범에도 불구하고 더욱 적은 수행승들이 궁극적인 지혜를 성취한다"라고 대답한다. 「밧달리 경」에서 붓다는 수행규범을 세우는 시기와 그 이유에 대해서 다음과 같이 상세히 설명한다(『맛지마 니까야 3』, 2003: 105~106, 『빅쿠비방가-율장비구계』, 2015: 103 각주 48).

> "밧달리여, 교단이 그 규모가 커지지 않는 한, 교단에 번뇌의 뿌리가 되는 것들이 나타나지 않는다. 밧달리여, 교단이 그 규모가 커지면, 교단에 번뇌의 뿌리가 되는 것들이 나타난다. 그러면 스승은 번뇌의 뿌리가 되는 것들을 제거하기 위해 제자들을 위한 수행규범을 세운다.
> 밧달리여, 교단이 세속적 이익의 절정에 이르지 않고, 명성의 절정에 이르지 않고, 번쇄한 학문에 이르지 않고, 오랜 세월에 이르지 않는 한, 교단에 번뇌의 뿌리가 되는 것들이 나타나지 않는다. 그러나 밧달리여, 교단이 세속적 이익의 절정에 이르고, 명성의 절정에 이르고, 번쇄한 학문에 이르고, 오랜 세월에 이르면, 교단에 번뇌의 뿌리가 되는 것들이 나타난다. 그러면 스승은 번뇌의 뿌리가 되는 것들을 제거하기 위해 제자들을 위한 수행규범을 세운다."

「밧달리 경」에서 붓다는 학습계율(sikkhāpada)을 세운 조건과 그 시기에 대해서 밝히고 있다. 붓다는 번뇌의 뿌리가 되는 것들을 제거하기 위해 제자들을 위한 학습계율을 세웠다. 그 조건은 첫째, 교단의 규모가 커지면 둘째, 교단이 세속적 이익의 절정에 이르면 셋째, 명성의 절정에 이르면 넷째, 번쇄한 학문에 이르면 다섯째, 오랜 세월에 이르면 교단에 번뇌의 뿌리가 되는 것들이 나타난다. 이에 대해 붓다는 사리불[싸리뿟따] 존자에게 명료하게 설명하고 있다(『빅쿠비방가-율장비구계』, 2015: 103~104).

1) 싸리뿟따여, 여기 어떤 번뇌를 일으키는 조건들이 참모임 안에 나타날 때까지 스승은 제자들에게 학습계율을 시설하지 않고 의무계율을 부과하지 않는다. 싸리뿟따여, 여기 어떤 번뇌를 일으키는 조건들이 참모임 안에 나타날 때, 그때에 스승은 번뇌를 일으키는 조건들을 몰아내기 위해 제자들에게 학습계율을 시설하고, 의무계율을 부과한다.

2) 싸리뿟따여, 참모임이 세월의 연륜에 도달하기까지 그때까지 여기 참모임에 어떤 번뇌를 일으키는 조건들은 나타나지 않는다. 싸리뿟따여, 그러나 참모임이 세월의 연륜에 도달하면, 그때에는 여기 참모임에 어떤 번뇌를 일으키는 조건들이 나타난다. 싸리뿟따여, 그때에 스승은 번뇌를 일으키는 조건들을 몰아내기 위해 제자들에게 학습계율을 시설하고 의무계율을 부과한다.

3) 싸리뿟따여, 참모임이 모임의 광대화에 도달하기까

지 그때까지 여기 참모임에 어떤 번뇌를 일으키는 조건들은 나타나지 않는다. 싸리뿟따여, 그러나 참모임이 모임의 광대화에 도달하면, 그때에는 여기 참모임에 어떤 번뇌를 일으키는 조건들이 나타난다. 싸리뿟따여, 그때에 스승은 번뇌를 일으키는 조건들을 몰아내기 위해 제자들에게 학습계율을 시설하고 의무계율을 부과한다.

4) 싸리뿟따여, 참모임이 이익의 극대화에 도달하기까지 그때까지 여기 참모임에 어떤 번뇌를 일으키는 조건들은 나타나지 않는다. 싸리뿟따여, 그러나 참모임이 이익의 광대화에 도달하면, 그때에는 여기 참모임에 어떤 번뇌를 일으키는 조건들이 나타난다. 싸리뿟따여, 그때에 스승은 번뇌를 일으키는 조건들을 몰아내기 위해 제자들에게 학습계율을 시설하고 의무계율을 부과한다.

5) 싸리뿟따여, 참모임이 배움의 극대화에 도달하기까지 그때까지 여기 참모임에 어떤 번뇌를 일으키는 조건들은 나타나지 않는다. 싸리뿟따여, 그러나 참모임이 배움의 극대화에 도달하면, 그때에는 여기 참모임에 어떤 번뇌를 일으키는 조건들이 나타난다. 싸리뿟따여, 그때에 스승은 번뇌를 일으키는 조건들을 몰아내기 위해 제자들에게 학습계율을 시설하고 의무계율을 부과한다.

그러니까 붓다는 교단을 세우고 나서 세월이 한참 흐른 후에 계율을 제정하였다는 점을 기억하자. 그리고 학습계율을 시설한 이유에 대해서 '승단추방죄법 제1조'에 다음과 같이 설명한다(『빅쿠비방가-율장비구계』, 2015: 124 등).

> "수행승들이여, 그러므로 수행승들을 위하여 열 가지 이유에 기초하여, 즉 참모임[승가(僧伽)]의 수승을 위하여, 참모임의 안락을 위하여, 악한 수행승의 조복을 위하여, 품행이 바른 수행승의 평안한 삶을 위하여, 지금 여기에서 번뇌의 제어를 위하여, 다가오는 번뇌를 물리치기 위하여, 청정한 믿음이 없는 자에게 청정한 믿음을 주기 위하여, 청정한 믿음이 있는 자에게 청정한 믿음을 증대시키기 위하여, 올바른 가르침을 지속시키기 위하여, 계율을 수호하기 위하여. 학습계율을 시설하니, 수행승들이여, 그대들은 이와 같이 학습계율을 송출해야 한다."

계율을 제정한 이유 그 어디에도 차별의 내용은 보이지 않는다.

전재성은 『빅쿠비방가』 해제에서 의무계율이 만들어진 시기에 대해 '어떤 것은 생존 시에 제정되고 어떤 것은 완전한 열반 이후에 제정'된 입장을 지지한다. 그 이유는 율장에서 추가나 수정, 개량된 흔적이 발견되기 때문이다. 그러나 계율제정의 인연담에 의하면, 계율제정의 동기는 실제적인 사건에서 비롯된 경험적인 원리에 입각한 것이라고 말한다. 한편, 율장이 결집된 것에 대해 어떤 것은 역사적인 실제의 사건에서 유래한 것이지만 어떤 것은 예방적 차원에서 만들어진 것이라고 열어두고 있다(『빅쿠비방가-율장비구계』, 2015: 54).

해탈을 목표로 하는 학습계율 목록인 『빠알리율장』의 비구의 무계율은 저지른 죄의 무거움의 정도에 따라 8장으로 나뉘는데, 승단추방죄법은 사음(邪淫)과 관계된 성교의 문제가 가장 중요한 것으로 다뤄진다(『빅쿠비방가-율장비구계』, 2015: 55-56). 첫 번째 학습계율(sikkhāsājīva)은 수행자의 청정한 삶에서 가장 중요한 것인 섹슈얼리티(sexuality)에 대한 이해와 그것의 극복을 다루고 있다. 그 때문에 율장은 성교를 승단추방죄법 뿐만 아니라 승단추방죄 다음 가는 무거운 죄인 승단잔류죄[saṅghādisesa, 승잔(僧殘)]법에서도 가장 중요하게 다루고, 다른 것보다 맨 앞에 두고 특별히 상세한 분석으로써 다루고 있으며, 다른 죄법에서의 성과 관계된 계율까지 합치면 그 분량이 무려 1/3을 넘어설 만큼 방대하다(『빅쿠비방가-율장비구계』, 2015: 56).

전재성은 "붓다는 승단을 만든 이래로 적어도 20년간은 비구 위주로 즉, 출가 남성 위주로 가르침을 설했기 때문에 출가 여성 중심의 『빅쿠니비방가』를 복원하는 문제는 특히 섹슈얼리티와 관련된 계율을 복원하는 데 커다란 난관에 봉착한다"라고 밝히고 있다(『빅쿠니비방가-율장비구니계』, 2015: 54).

오늘날 우리는 붓다가 계율을 시설한 시기에 대해 정확히 몇 년이라고 규정할 수 없다. 하지만 승단이 운영된 지 오랜 세월이 지나서 계율이 시설되었고, 그때까지 붓다는 성소수자를 차별하지 않았으며 승가에 포함시켰다는 사실이 있다.

수행규범을
제정하거나
수정하는 계기

붓다가 수행규범인 계율을 제정하고 수정했던 몇 가지 사례를 살펴보자. 붓다는 하루 한 끼의 식사로 살면서도 병이 없고 건강하고 상쾌하고 힘이 있고 안온하였다(『맛지마 니까야3』, 2003: 89). 그래서 제자 비구들에게도 하루 한 끼 식사할 것을 권유한다. 하지만 대식가였던 밧달리 존자는 하루 한 끼의 식사로 살 수 없었다. 그는 붓다에게 "세존이시여, 저는 감히 하루 한 끼의 식사로 살 수가 없습니다. 왜냐하면 세존이시여, 제가 만약 하루 한 끼의 식사로 살아야 한다면, 저는 그것에 대하여 걱정하고 후회할 것입니다"라며 이러한 삶을 살 수 있을지 걱정하였다. 이때 붓다는 그에게는 다음과 같이 근심을 덜어준다(『맛지마 니까야 3』, 2003: 90).

"그렇다면 밧달리여, 그대가 초대받은 곳에서 일부를 먹고 일부는 가지고 와서 나중에 먹어도 좋다. 밧달리여, 그대는 이와 같이 식사하면서 생명을 보존하도록 해라."

하지만 밧달리 존자는 그와 같은 식사로도 자신은 살 수 없고, 그것을 감당할 수 없다고 선언하였다. 그는 수행규범을 따르지 않은 채로 3개월 간 꼬박 세존을 대면하지 않았다. 이 경에 의하면, 차후에 밧달리 존자는 붓다에게 용서를 구하고. 붓다는 그가 자신의 "잘못을 잘못으로 보고 법도에 맞게 대처했으므로" 그를 용서한다. 붓다는 필요에 따라서 계율을 정하고 필요에 따라서 그것을 수정했으며, 잘못을 범하더라도 참회할 때는 용서하기도 했다.

붓다가 깨달음을 성취한 후 부왕 쑷도다나의 초청으로 고향에 처음 방문했을 때의 일이다. 이때 붓다의 아들 라훌라의 어머니인 야쇼다라 공주는 어린 아들을 붓다에게 보내서 유산을 달라고 요청한다. 이에 붓다는 싸리뿟따를 시켜 왕자 라훌라를 출가시켰다(『마하박가-율장대품』, 2014: 241~243).

고따마는 출가 후 6년 동안 고행하였다는 기록이 있고, 라훌라는 고따마가 출가하던 날 태어난 아들이다. 사미가 된 라훌라에게 붓다는 많은 가르침을 전했다고 한다. 라훌라가 일곱 살이었을 때 붓다는 농담으로라도 거짓말을 하지 말 것을 설했고, 열여덟 살 때는 위빠싸나 명상을 가르쳤다(『마하박가-율장대품』, 2014: 221~222 각주 참고).

싸리뿟따는 사미 라훌라를 거느리며 지도하고 있었다. 그런데 마침 싸리뿟따 존자를 섬기는 가정에서 아이를 보내 출가시키기를 원했고, 싸리뿟다는 거절하며 다음과 같이 생각한다(『마하박가-율장대품』, 2014: 245).

'세존께서는 한 수행승(비구)이 두 사미를 거느려서는 안 된다. 거느린다면, 악작죄가 된다고 시설하였다. 나에게는 이 사미 라훌라가 있다. 내가 어떻게 출가시킬 수 있겠는가?'

그는 세존께 그 사실을 알렸다.

"수행승들이여, 총명하고 유능한 수행승은, 훈계하며 가르쳐서 섬기도록 노력하는 한, 혼자서 두 사미를 거느리는 것을 허용한다."

위 사례를 보면, 붓다는 제정했던 계율을 조건적으로 수정한다. 새롭게 제정되는 사례를 보자.

한때 마가다국에 다섯 가지 질병, 즉 나병, 종기, 습진, 폐병, 간질이 널리 퍼졌다. 이 질병에 걸린 사람들은 의사 지바까를 찾아가서 치료해 달라고 요청하였다. 하지만 지바까는 왕과 후궁들 그리고 붓다와 그의 자제들을 돌보느라 바쁘고 할 일이 많아서 치료할 수가 없었다. 그러나 감염자들은 "이 수행자 싸끼야의 아들들은 계행이 쉽고 삶이 평안하고 좋은 음식을 먹고 바람이 들이치지 않는 침상에서 잔다. 나도 수행자 싸끼야의 아들들 가운데 출가하면 어떨까? 거기서 수행승들이 보살펴 줄 것이다. 지바까는 치료해 줄 것이다"라며 출가하게 되고, 자바까는 이들을 치료하게 된다. 하지만 감염자들은 질병이 낫자 환속해버렸다. 이 사실을 알게 된 지바까는 협책하고 분개하며 비난했고, 붓다에게 이들의 출가를 금지해 달라고 요청한다(『마하박가-율장대품』, 2014, 221~224).

> "수행승들이여, 다섯 가지 질병에 감염된 사람들을 출가
> 시켜서는 안 된다. 출가시키면, 악작죄가 된다."

위와 같이 붓다 초기의 승가는 출가에 까다로운 규정이 없었다. 질병이 있던 사람들도 순조롭게 출가할 정도로 상당히 개방적이었다. 만약 이들이 치료된 후에 환속하는 일이 없었더라면 의사 지바까가 분개하는 일도 없었을 것이고, 붓다에게 질환자들의 출가 금지를 요청하는 일도 발생하지 않았을 것이다.

『마하박가』에는 질환자들 외에도 반란을 일으켰던 왕의 신하들, 도적의 표상인 강도(예: 앙굴리말라), 감옥을 부순 도적, 방부에 적혀 있는 도적, 태형을 당한 자, 낙인형을 당한 자, 빚진 도둑, 노예 등이 출가했지만 나중에 출가를 시켜서는 안 되는 사람들로 등장한다(『마하박가-율장대품』, 2014: 224~229).

이것이 어떻게 가능했을까? 빔비싸라 왕의 말을 통해 가늠해보자. 왕은 "수행자 싸끼야의 아들들 가운데 출가한 자들에 대해서는 어떠한 처벌도 할 수 없다. 가르침은 잘 설해졌으니, 올바로 괴로움을 종식시키기 위해서 청정한 삶을 영위하여야 한다"라고 말한다(『마하박가-율장대품』, 2014: 226).

우리는 붓다와 승가에 대한 왕의 신뢰가 상당히 깊었다는 것을

알 수 있다. 또한 출가의 조건이 그다지 까다롭지 않았다는 것과 더불어 누구에게나 출가는 열려 있었다는 것도 확인할 수 있다. 붓다 당시에 계율이 촘촘해지기 전까지 '괴로움을 종식하고 싶었던 사람들'은 누구나 붓다의 숲으로 출가할 수 있었다.

붓다의 가르침,
섹슈얼리티와
성교의 평등

전재성은 『맛지마 니까야』의 「날라까빠나 법문의 경」을 인용하면서
출가자와 재가자의 차이는 인정하지만, 남녀의 구별은 인정하지 않기
때문에 초기불교에서 성차별적 구별은 없었다는 견해다(전재성, 2016c:
165~167). 또 『쌍윳따 니까야』의 「밭에 대한 비유의 경」에서 붓다는
"상품의 밭은 수행승[비구]들과 수행녀[비구니]들이고, 중품의 밭은 재가
의 남녀신도이고, 하품의 밭은 이교도"라며, 가르침을 이해하는 데 출
가자와 재가자 그리고 이교도의 구별은 있어도 남녀의 구별은 없다고
말한다. 즉 남녀 모두 평등하다는 것이 초기불교에서 붓다의 기본적인
가르침이다(전재성, 2016c: 169~170).

실제로 붓다는 인간 계급의 다양성조차 단지 명칭일 뿐이라고 강

조한 바 있다. 전재성에 의하면, 『숫타니파타』는 『맛지마 니까야』처럼 불교공동체가 승원 생활을 통해 성숙한 단계에서 편찬된 것이 아니라, 승가가 원시적인 상태에 있었을 때 편찬된 것이다(『숫타니파타』, 2020:14~34).

「바쎘타의 경」에 의하면, 두 바라문 청년 바쎘타와 바라드와자는 출생에 대한 논쟁을 벌였다. 바쎘타는 "행위에 따라 고귀한 님(바라문)이 된다"라고 주장하였고, 바라드와자는 "태생에 따라 고귀한 님이 된다"라고 주장하였다. 이 논쟁에 대해 붓다는 풀이나 나무, 벌레나 나비, 개미, 네발 달린 짐승들, 배로 기어 다니는 길이가 긴 것들, 물속에 태어나 물에서 사는 물고기들, 날개를 펴 하늘을 나는 새들도 각각 출생에 따른 특징이 있고, 그 출생은 서로 다르다는 것을 알아야 한다고 말한다. 하지만 인간들에게는 출생에 기인한 특징의 다양성이 없다고 밝히고 있다(『숫타니파타』, 2020: 247~252).

> "바쎘타여, 그대들을 위해 모든 생물에 대한 출생의 차이를 차례로, 있는 그대로 설명해 주겠습니다. 그들에게 출생은 서로 다르기 때문입니다.
>
> (…중략…)
>
> 이와 같은 출생에서 출생에 기인한 특징은 다양하지만, 인간들에게는 출생에 기인한 이와 같은 특징의 다양성이 없습니다.
>
> 머리카락이나 머리에도 없고 귀에도 눈에도 입에도 코에도 없고 입술에도 없고 눈썹에도 없습니다.

붓다, 성과 사랑을 말하다

목이나 어깨에도 없고 배나 등에도 엉덩이에도 가슴이
나 음부에도 없고 성적 교섭의 방식에도 없습니다.

손이나 발에도 없고 손가락이나 손톱이나 종아리에도 허
벅지나 얼굴에도 피부색이나 음성에도 없고, 인간에게는
다른 종처럼, 종에 따른 특징의 다양성은 없습니다.

각기 인간의 몸 자체에는 그런 구별이 없습니다. 인간
가운데 있는 구별은 단지 명칭일 뿐입니다.

(…중략…)

아무 것에도 집착하지 않는 자를 나는 고귀한 님이라고
부릅니다.

모든 장애를 극복하고 두려워하지 않으며, 집착에 묶여
있지 않은 님, 그를 나는 고귀한 님이라고 부릅니다."

붓다는 태생에 따라서 사람을 차별하지 않았을 뿐만 아니라 음부, 즉
성기나 성적 교섭의 방식에서도 차별하지 않았다. 인간에게 있어서 구
별은 단지 '명칭'일 뿐이라고 강조하고 있다. 팔리어 경전에 등장하는
성소수자에 대해 연구하면서 놀랐던 점 중 하나는 붓다는 어떤 편견이
나 선입견 없이 인간의 섹슈얼리티를 존중했다는 점이다.

붓다는 비구가 ① 인간의 여성 ② 비인간의 여성 ③ 축생의 여성
④ 인간의 양성 ⑤ 비인간의 양성 ⑥ 축생의 양성과 3가지 방식[항문, 성
기, 구강]으로, ⑦ 인간의 빤다까 ⑧ 비인간의 빤다까 ⑨ 축생의 빤다까
와 2가지 방식[항문, 구강]으로, ⑩ 인간의 남성 ⑪ 축생의 남성 ⑫ 비인
간의 남성과 2가지 방식으로 각각 성적 교섭을 행하면 승단추방죄를

범하는 것이라고 설하고 있다(『빅쿠비방가』, 2015: 151~154). 하지만 승단 추방죄목 안에는 죄의 경중을 따져 추악죄나 무죄로 판단하는 경우도 있다. 여기서 항문이나 구강을 성기에 비해 더 하열한 기관이라고 폄하하거나 문제 삼지 않고 나란히 두고 있는 점이 인상적이다.

「삶의 수행에 대한 큰 경」에서 붓다는 네 가지 삶의 수용에 대해 설법하고 있다. ① 현재도 괴롭고 미래에도 괴로운 결과 ② 현재는 즐겁지만, 미래에 괴로운 결과 ③ 현재는 괴롭지만, 미래에 즐거운 결과 ④ 현재도 즐겁고 미래에도 즐거운 결과에 관한 가르침이다.

각각에 대해 10가지를 설명하고 있는데, 이 중에서 재가자의 성(性)에 대한 가르침을 살펴보자. ①은 "괴로워하고 불쾌해하며 사랑을 나눔에 잘못을 저지르고 그 사랑을 나눔에 잘못을 저지르는 것을 조건으로 괴롭고 불쾌한 것을 체험" ②는 "즐거워하고 유쾌해하며 사랑을 나눔에 잘못을 저지르고 그 사랑을 나눔에 잘못을 저지르는 것을 조건으로 괴롭고 불쾌한 것을 체험" ③은 "괴로워하고 불쾌해하며 사랑을 나눔에 잘못을 저지르는 것을 삼가고 그 사랑을 나눔에 잘못을 저지르는 것을 삼가는 조건으로 즐겁고 유쾌한 것으로 체험" ④는 "즐거워하고 유쾌해하며 사랑을 나눔에 잘못을 저지르는 것을 삼가고 그 사랑을 나눔에 잘못을 저지르는 것을 삼가는 조건으로 즐겁고 유쾌한 것을 체험한다"이다(『맛지마 니까야2』, 2002: 299~308).

붓다는 출가자들에게는 일체의 성적 교섭을 금지했으나, 재가자들에게는 성적 교섭을 통해 즐거워하는 것도 유쾌해 하는 것도 허용적이다. 단지 '사랑을 나눔에 잘못을 저지르는 것을 삼가라'는 것이 핵심을 이룬다.

붓다의
가르침을
오해하지 말자

'뗏목의 비유'는 붓다의 유명한 가르침이다. 이 가르침의 원형적인 출처는 「뱀에 대한 비유의 경」에 보인다. 예전에 독수리 조련사였던 아릿타 비구는 "내가 세존께서 가르치신 진리를 이해하기로는, 세존께서 장애라고 설한 것들도 그것들을 수용하는 자에게는 장애가 되지 않는다"라는 삿된 견해가 생겨났다. 그는 붓다의 가르침을 실천 없이 단지 관념적으로만 받아들여 '비구들이 여인과 성적인 관계를 맺었더라면, 그것은 장애가 될 수 없었을 텐데'라는 결론에 도달하고, 그것이 계율로 금지되지 않아야 한다고 주장했다(『맛지마 니까야 1』, 2002: 437).

이 사실을 안 붓다는 아릿타를 불러 그런 생각을 한 사실이 있는지 확인하고, 가르침으로 훈계하는데(『맛지마 니까야 1』, 2002: 442) 여기서 장애는 성적 교섭을 뜻한다(『빅쿠비방가-율장비구계』,2015:1629).

"어리석은 자여, 누구에게 내가 그러한 가르침을 설했다고 하는가? 여러 가지 법문으로써 나는 장애가 되는 것들이 어떻게 장애가 되는지와 그것들을 수용하는 자에게도 어떻게 장애가 되는가에 대해 설했다. 나는 감각적 쾌락의 욕망에는 즐거움은 적고 괴로움이 많고 근심이 많으며, 재난은 더욱 많다고 설했다.

또한 나는 감각적 쾌락의 욕망에 관해 해골의 비유를 설했고, 감각적 쾌락의 욕망에 관해 고깃덩어리의 비유를 설했고, 감각적 쾌락의 욕망에 관한 건초햇불의 비유를 설했고, 감각적 쾌락의 욕망에 관해 숯불구덩이의 비유를 설했고, 감각적 쾌락의 욕망에 관해 꿈의 비유로 설했고, 감각적 쾌락의 욕망에 관해 빌린 물건의 비유를 설했고, 감각적 쾌락의 욕망에 관해 나무 열매의 비유를 설했고, 감각적 쾌락의 욕망에 관해 도살장의 비유를 설했고, 감각적 쾌락의 욕망에 관해 뱀머리의 비유를 설했는데, 감각적 쾌락의 욕망에는 즐거움은 적고 괴로움이 많고 근심이 많으며, 재난은 더욱 많다고 설했다.

그러나 이 어리석은 자여, 그대는 스스로 잘못 해석하여 오히려 우리를 왜곡하고 스스로를 파괴하고 많은 해악을 쌓는다. 어리석은 자여, 그것은 실로 그대를 오랜 세월 불이익과 고통으로 이끌 것이다."

이 가르침을 설한 이후에 붓다는 아릿타가 이 가르침과 계율에 충실한가를 비구들에게 점검한다. 하지만 그렇지 않는다는 보고를 듣고 다시 아릿타와 비구들에게 "잘못 파악한 가르침은 자신들에게 오랜 세월 불이익과 고통이 될 것이다"라며, "큰 뱀을 보고 그 몸통이나 꼬리를 잡으면, 그 뱀은 되돌아서 그 사람이 손이나 팔이나 다른 사지를 물 것이고, 그 때문에 그는 죽거나 죽음에 이를 정도의 고통을 맛볼 것이다"라며 훈계한다(『맛지마 니까야 1』, 2002: 443~446).

그리고 붓다는 자신의 가르침을 잘 파악하기를 기대하며 유명한 '뗏목의 비유'를 설파한다. 어떤 사람이 여행을 가는데 큰물이 넘치는 강을 만났다. 그래서 여행자는 이 언덕에서 저 언덕으로 건너기 위해 뗏목을 만들어 건넌다. 붓다는 그 뗏목을 어떻게 처리하는 것이 지혜로운지에 대해서 설명한다(『맛지마 니까야 1』, 2002: 448~449).

> "수행승들이여, 어떻게 해야 그 사람이 그 뗏목을 제대로 처리하는 것인가? 수행승들이여, 그 사람은 저 언덕에 도달했을 때 '이제 나는 이 뗏목을 육지로 예인해 놓거나, 물속에 침수시키고 갈 곳으로 가면 어떨까?'라고 생각했다. 수행승들이여, 이와 같이 해야 그 사람은 그 뗏목을 제대로 처리한 것이다. 이와 같이, 수행승들이여, 건너가기 위해서 집착하지 않기 위하여 뗏목의 비유를 설했다. 수행승들이여, 참으로 뗏목에의 비유를 아는 그대들은 가르침마저 버려야 하거늘 하물며 가르침이 아닌 것임에랴."

여기서 버려야 할 것은 선(善)한 진리 자체를 버리라는 말이 아니라, 선한 진리에 대한 집착을 포기하라는 말이다(『맛지마 니까야 1』, 2002: 449 각주 393). 붓다는 아릿타처럼 성교에 대해 삿된 견해를 버릴 줄 몰랐던 제자를 곧바로 승단에서 추방하지 않았다. 붓다는 비구들에게 아릿타와 같은 삿된 견해를 버리게 하기 위해 세 번까지 충고를 해야한다며, "세 번까지 충고하여 그것을 버리면 훌륭한 일이지만, 버리지 못하면, 속죄죄를 범하는 것이다"라고 규정한다(『빅쿠비방가-율장비구계』, 2015: 1628-1632).

이 사례를 보면, 붓다가 음계를 규정한 이후에도 그것을 수용하지 않은 제자가 있었다는 사실이 있다. 『쌍윳따 니까야』에서 붓다는 그에게 호흡 수행에 대해 상세하고 설명한다(『맛지마 니까야 1』, 2002: 4437, 각주 386).

불자 성소수자가
경험하는
한국 불교에 대한 연구

필자는 대한불교조계종 불교사회연구소의 의뢰를 받아 한국 종교계에서는 처음으로 성소수자들의 생생한 목소리를 담은 연구를 하였다. 이 과정에서 한국 사회에서 성소수자들은 편견과 혐오 속에서 차별받으며 소외된 채, 제도적으로 보호받지 못하고 살아간다는 사실을 제대로 알게 되었다.『불자 성소수자가 경험하는 한국 불교』의 연구결과를 간략히 살펴보자.

첫째, 연구에 참여했던 성소수자들은 자신의 의지로 성 정체성을 형성한 것이 아닌데도, 동성애는 '더러운 것'이라는 등의 부정적인 사회적 시선과 가족의 몰이해로 상처를 많이 받고 있었다. 이들은 성 정체성을 수용하기까지 오랫동안 외로운 시간을 보내며 혼란을 겪었고,

자신의 마음과는 상관없이 사회적인 압력에 의해 성 정체성을 표현하지 못하고 숨기고 있었으며, 성 정체성이 드러났을 경우 사회적으로 비난받고 매장당할지도 모른다는 두려움을 안고 있었다. 이들은 허용되지 않는 동성 결혼과 성소수자를 위한 사회제도의 부재 등으로 차별받고 있었다.

둘째, 개신교는 성소수자를 폄하하고 부정적으로 인식시키고 있으며, 혐오하고 죄인 취급하면서 강제로 회개 및 교정을 시키려고 하기에 성소수자들이 상처를 입었다.

가톨릭 역시 성소수자들을 반대하고 죄악시하는 면에서는 개신교와 마찬가지라서 성소수자를 허용하는 데는 한계가 있을 것으로 파악하였다. 그러나 가톨릭 내부에서 성소수자 문제를 심도 있게 고민하고 있으므로 앞으로 개선될 여지가 있는 것으로 내다보았다.

연구 참여자들은 종교가 규범과 규율을 강요하기 때문에 성소수자를 수용하기 힘들 것으로 예측하였고, 종교가 성소수자들에 대해 가부장적이고 보수적인 태도를 보이며, 성소수자를 위해 배려해 주는 것이 없다고 진술하였다. 반면 일부 참여자들은 종교가 마음의 위안이 될 수 있고, 일반 사람들에게 성소수자에 대한 인식을 바꾸게 할 수 있는 영향력을 가지고 있기에 종교에 기대하는 바가 있었다.

셋째, 불자 성소수자들은 어려서부터 불교를 접하면서 관심을 가지는 경우가 많았다. 그들은 성 정체성을 수용하기 힘들 때 불교를 알고 의지하는가 하면, 기독교인이었다가 친구나 애인을 따라 불교에 관심을 가지고 불자 성소수자 모임을 통해 신행활동을 이어 나가는 경우도 있었다.

참여자들은 불교가 성소수자들을 관대하게 수용한다고 느끼기도 했으나, 이웃 종교와 달리 무관심하거나 미온적인 태도를 보인다는 인상을 받기도 하였다. 또한 불자 중에는 성소수자를 차별하고 혐오하는 사람도 있다고 생각하는 등 다양하고 중첩적인 인식을 하는 것으로 나타났다. 이렇게 생각할 수밖에 없는 이유 중 하나는 불교는 성소수자들에 대해 어떤 공식적인 입장이나 일관된 목소리를 내놓은 적이 없었기 때문이다.

그러나 불자 성소수자들은 윤회와 업사상과 불이사상으로 자신들을 이해하는 데 도움을 받았다. 그리고 붓다의 가르침으로 인해 스스로를 긍정적으로 생각하며 상대방을 이해하고 수용할 수 있었으며 내면을 통찰하고 자기 자신을 통제할 힘을 얻었다. 또한 힘든 삶을 극복하는데 불교가 도움이 되기 때문에 마음의 의지처와 삶의 기준으로 삼았다.

연구 참여자들은 앞으로 불교가 성소수자와 관련된 경전을 연구해 주기를 기대하였다. 그리고 인권적 관점에서 기독교의 폭력적인 방식과는 다른 자비스러운 불교 논리를 내놓기를 바랐다. 또한 인권 감수성을 높이는 교육을 통해 성소수자들에 대한 이해를 넓히는 한편 성소수자를 인정하고 포용해주길 바랐다. 그리고 성소수자의 특수성에 대한 이해를 바탕으로 구체적인 정책을 제시해 주기를 기대하고 있었다.

팔리어 율장에
등장하는 성소수자의
수행 생활•에 대한 탐구

필자는 앞의 연구 과정에서 불자 성소수자들이 한국 불교계에 요구하는 사항과 더불어 팔리어 율장에 등장하는 성소수자 사례를 알게 되었다. 우리나라 국민 대다수는 성소수자들도 다른 사람과 마찬가지로 존중받으며 동등한 대우를 받아야 한다고 생각하지만, 아직 차별금지법이 제정되지 못하고 있다. 이러한 맥락에서 필자는 붓다 당시 성소수자들의 수행 생활을 조명하고자 팔리어 율장에 등장하는 성소수자 사례를 분류하여 제시하였다.

• 이 논문은 2019년 대한민국 교육부와 한국연구재단의 지원을 받아 수행된 연구임 (NRF‒2019S1A5B5A07112208).

팔리어 율장에는 남자 동성애, 여자 동성애, 양성애, 남자 빤다까, 여자 빤다까, 남성적 여자, 남녀구유인간, 성변환 사례가 있다. 이는 붓다가 오랜 세월이 흐르는 동안 인간의 출생이나 계급, 직업이나 상황, 생김새나 성교 방식 등에 있어서 조건 없이 수용했다는 것을 보여준다. 붓다는 출가자들을 성적 지향, 성별, 성징, 출신지, 신분, 장애, 직업, 피부색 등을 이유로 차별하지 않고 모두 포용하였다는 사실을 말해준다. 연구 결과의 일부를 공유하면 아래와 같다. 『빅쿠비방가-율장비구계』 제1장 승단추방죄법에 등장하는 비구의 성교를 열두 대상, 방식[항문, 성기, 구강], 원인, 상태[정신착란이나 술 취한 상태 등], 순서, 방법[적용 시, 삽입 시, 유지 시, 인발 시], 때[시기], 즐거움의 여부 등에 따라 약 2,019여 건으로 분류할 수 있었다.

이 중에서 성소수자 사례는 양성인(兩性人)과의 성교 185건, 남자 동성 성교 243건, 빤다까와의 성교 140건, 기존 성과 다른 성징이 드러나는[변성(變性)] 2건으로 분류할 수 있는데, 약 570여 건으로 확인된다. 이 사례들은 승단추방죄 400 사례, 멸빈 가능성 10 사례, 추악죄 48 사례, 무죄 110 사례 그리고 성징에 변화가 생긴 2 사례로 아래의 표에 자세히 분류하여 밝힌다.

『빅쿠비방가-율장비구계』 제1장 승단추방죄법에 등장하는 성소수자 사례

제1장 승단추방죄법에 등장하는 성소수자 사례 약 570여 건	
양성인(兩性人)[남녀추니]과의 성교 185건	무죄 36 사례
	승단추방죄 133 사례
	추악죄 16사례
남자 동성 성교 243건	무죄 47 사례
	멸빈 10 사례
	승단추방죄 166 사례
	추악죄 20 사례

	무죄 27 사례
빤다까와 성교 140건	승단추방죄 101 사례
	추악죄 12 사례
변성 2건	성변환 2사례

제1장 승단추방죄는 용서할 수 없는 죄이고 나머지는 용서할 수 있는 죄이다(『빅쿠니비방가』 2015: 28). 하지만 승단추방죄목 안에는 죄의 경중을 따져 추악죄나 무죄로 다루는 경우도 있다. 붓다는 성교를 범했다고 해서 무조건 배척하거나 집단에서 추방하지는 않았다.

『마하박가』에 등장하는 성소수자

팔리어 율장 가운데 『마하박가(Mahāvagga)』에 등장하는 성소수자 사례를 살펴보자. 전재성은 『마하박가』는 율장에 속하긴 하지만 오히려 경장과 유사한 측면이 있고, 율장과 경장을 연결하는 다리 역할을 한다고 말한다. 그는 『마하박가』와 『디가 니까야』의 「대반열반경」을 합하면, 붓다에 대한 가장 신뢰할 만한 원형적인 생애와 가르침이 복원된다고 밝히고 있다(『마하박가-율장대품』, 2014: 52 참고). 『마하박가』에 등장하는 성소수자는 남자 동성애자[게이(Gay)]와 양성애자(Bisexual), 빤다까(paṇḍaka, 판다카), 남녀추니[양성구유인간(ubhatobyañjanakapi)] 이다.

  『마하박가』 제1장 '크나큰 다발'에 두 사미(비구가 되기 전 예비승으로 10계를 받은 7~19세의 출가 남성)를 거느리는 것에 대해 금지하는 내용이 보인다. 한때 석가족 출신의 장로 우빠난다에게 깐따까(Kaṇṭaka, 깐다까라고도 함)와 마하까라는 두 명의 사미가 있었다. 그런데 그들이 동성애를 행하자 비구들이 분개하여 비난하였다(『마하박가-율장대품』, 2014:

234~235).

> "어찌 사미들이 이러한 비행을 행할 수가 있단
> 말인가?"
> 세존께 그 사실을 알렸다.
> "비구들이여, 한 비구가 두 사미를 거느려서는 안 된다.
> 거느린다면, 악작죄가 된다."

당시 장로 우빠난다에게 내려진 죄목은 악작죄[惡作罪, 돌길라(突吉羅)]
인데, 이는 중학죄법(衆學罪法)의 일종으로 고의로 어겼을 때는 한 사
람 앞에서 참회하고, 고의가 아니었으면 마음속으로만 참회하면 되었
다(『마하박가-율장대품』, 2014: 177~178 각주). 스승이 제자들의 동성애를 미
리 알았는지 또는 허용했는지에 관한 의도는 확인되지 않는다. 또한
사미들에게 직접적으로 처벌을 내리는 모습은 보이지 않고, 승가에서
퇴출한다는 내용도 없다.

　이때 제정되는 '한 비구가 두 사미를 거느려서는 안 된다'라는 계
율은 위에서 살펴본 라훌라의 출가 계기로 인해 단서 조항이 붙긴 하
지만, 허용하는 쪽으로 바뀌게 된다. 여기서 우리는 붓다가 성도한 지
얼마 되지 않은 시기부터 승가 공동체 내에서 성(性)과 관련된 문제가
나타났다는 것을 알 수 있다. 더불어 성 문제가 발생했을 때 그 의도에
대해서 추궁하지 않고 책임자를 참회하도록 해서 해결했다는 것도 알
수 있다.

　붓다는 어떤 번뇌를 일으키는 조건들이 승가 안에 나타날 때까지

오랜 세월을 기다렸다가 번뇌의 뿌리가 되는 것들을 제거하기 위해 제자들을 위해 수행규범을 시설했다. 그렇다면 위에서 살펴본 사미들의 동성애는 번뇌의 뿌리로 보지 않았던 것일까? 이에 대해 「밧달리 경」의 젊은 준마의 비유(『맛지마 니까야 3』, 2003: 106~108)에서 그 실마리를 찾아보자.

"밧달리여, 내가 젊은 준마의 비유로 법문을 설할 때 그대들 가운데 몇몇만이 있었다. 밧달리여, 그대는 그것을 기억하는가?"

"세존이시여, 기억하지 못합니다."

"밧달리여, 그 이유가 무엇이라고 생각하는가?"

"세존이시여, 저는 수행규범에 대한 스승의 가르침에 대해 오랫동안 충실하지 못했기 때문입니다."

"밧달리여, 그것만이 원인이고 그것만이 조건인 것은 아니다. 밧달리여, 내가 오랜 세월 나의 마음을 미루어 그대의 마음을 이와 같이 '내가 가르침을 설할 때 이 어리석은 사람이 관심을 갖지 않고 주의를 기울이지 않고 전심전력하지 않고 경청하지 않는다'라고 알았다. 밧달리여, 이제 내가 젊은 준마의 비유로 법문을 설할 것이다. 듣고 잘 새겨라. 내가 설하겠다."

"세존이시여, 그렇게 하겠습니다."

세존께서는 이와 같이 말씀하셨다.

"밧달리여, 예를 들어 날쌘 젊은 준마를 얻으면 현명한 조련사는 먼저 그에게 고삐를 씌우고 그를 훈련시킨다. 그 말은 고삐를 쓰고 훈련을 받을 때, 예전에 해본 일이 아니기 때문에, 뒤틀고 몸부림치고 요동하지만, 마침내 지속적인 반복과 점차적인 훈련으로 그 상태에 적응하게 된다.

밧달리여, 그 날쌘 젊은 준마가 지속적인 반복과 점차적인 훈련으로 그 상태에 적응하게 되면, 그 다음에 현명한 조련사는 그에게 마구들을 씌우고 그를 훈련시킨다. 그 말은 마구들을 쓰는 훈련을 받을 때에는 예전에 해본 일이 아닌 일들을 하기 때문에, 뒤틀고 몸부림치고 요동하지만, 마침내 지속적인 반복과 점차적인 훈련으로 그 상태에 적응하게 된다.

밧달리여, 그 날쌘 젊은 준마가 지속적인 반복과 점차적인 훈련으로 그 상태에 적응하게 되면, 그 다음에 현명한 조련사는 그에게 보조를 맞추어 걷고, 둥글게 돌고, 뒷발로 뛰어오르고, 질주하고, 울부짖으며 돌진하고, 왕다운 능력을 갖고, 왕다운 자질을 갖고, 최상의 속도를 내고, 최상의 구력을 발휘하고, 최상의 주련을 갖추도록 그를 훈련시킨다.

그가 보조를 맞추어 걷고, 둥글게 돌고, 뒷발로 뛰어오르고, 질주하고, 울부짖으며 돌진하고, 왕다운 능력을 갖고, 왕다운 자질을 갖고, 최상의 속도를 내고, 최상의 구력을 발휘하고, 최상의 조련을 갖추도록 훈련을 받을 때에는

붓다, LGBTQ+(성소수자)를 말하다

예전에 해본 일이 아닌 일들을 하기 때문에, 뒤틀고 몸부림치고 요동하지만, 마침내 지속적인 반복과 점차적인 훈련으로 그 상태에 적응하게 된다.

밧달리여, 그 날쌘 젊은 준마가 지속적인 반복과 점차적인 훈련으로 그 상태에 적응하게 되면, 그 다음에 현명한 조련사는 그를 쓰다듬고 손질하여 칭찬한다. 밧달리여, 이러한 열 가지를 갖춘 날쌘 젊은 준마는 왕이 타기에 적합하고, 왕의 보살핌을 받고, 왕이 갖추어야 할 것들 가운데 하나로 여겨진다."

붓다는 자신이 설법할 때 어리석은 사람은 무관심하고, 주의를 기울이지 않으며, 전심전력하지 않고 경청하지 않는다는 사실을 알았다. 하지만 비유컨대 날쌘 젊은 준마를 얻은 현명한 조련사가 준마에게 고삐를 씌우고 지속적인 반복과 점차적인 훈련을 시킨다면, 그래서 준마가 고삐에 적응하게 된다면, 마침내 현명한 조련사는 준마를 칭찬하게 되고 왕이 타기에 적합하고 왕의 보살핌을 받는 준마가 된다고 묘사한다.

이러한 내용에 비춰보면 어린 사미들의 동성애 사건에 대해서도 붓다는 출가승들이 수행규범 안에서 지속적인 반복과 점차적인 수행을 통해서 궁극적인 지혜를 성취할 것으로 예상한 것 같다.

사미 깐다까가 멸빈(滅擯, nāsana: 승단에서 추방)되어야 한다는 내용은 『마하박가』 제1장 '크나큰 다발'과, 『빅쿠비방가』 제5장 '속죄죄법'에 보인다. 『마하박가』에 의하면, 깐다까는 비구니(bhikkhunī) 깐다까

(Kaṇṭaka)를 능욕하는 일이 벌어졌고 비구들은 분개하고 그를 비난하며 붓다에게 이 일을 알린다. 이때 붓다는 열 가지 사유를 갖춘 사미는 멸빈시키는 것을 허용한다(『마하박가-율장대품』, 2014: 248~249).

한때 존자 싸끼야 족의 아들 존자 우빠난다의 사미 깐따까가 수행녀 깐따까를 능욕했다. 수행승들이 분개하고 비난했다.

"어찌 사미가 이와 같은 비행을 저질을 수 있단 말인가?"

세존께 그 사실을 알렸다.

"수행승들이여, 열 가지 고리를 갖춘 사미를 멸빈시키는 것을 허용한다.

1) 살아 있는 생명을 죽이거나,

2) 주지 않는 것을 빼앗거나,

3) 순결을 지키지 않거나,

4) 거짓말을 하거나,

5) 곡주나 과일주 등 취기 있는 것에 취하거나,

6) 부처님을 비방하거나,

7) 가르침을 비방하거나,

8) 참모임을 비방하거나,

9) 잘못된 견해를 갖고 있거나,

10) 비구니를 능욕한다면,

수행승들이여, 이러한 열 가지 고리를 갖춘 사미를 멸빈시키는 것을 허용한다."

붓다는 비구 교단을 성립하고 거의 20년이 지나서 비구니 교단의 성립을 허락한 점을 미뤄보면, 상당한 기간 승가 내에서 성(性)과 관련된 문제가 발생했다는 사실과 멸빈을 허용하기까지 인내하며 수행할 기회를 충분히 주었다는 것을 알 수 있다.

업의 소유자이자
상속자

「업에 대한 작은 분석의 경」에서, 바라문 청년 또데이야의 아들 쑤바는 자신의 아버지가 자기 집의 개로 태어났음을 알게 된 후 붓다에게 '어떠한 원인과 어떠한 조건 때문에 인간의 모습을 한 인간들● 사이에 천하고 귀한 차별이 있는지'를 질문한다(『맛지마 니까야 5』, 2003: 255~265).

　　"존재 고따마여, 어떠한 원인과 어떠한 조건 때문에 인간

● 　　인간들은 언제나 인간의 모습을 한 것은 아니다. 또데이야의 경우 개로 태어나서 개의 모습을 하고 있다. 그래서 여기서는 '인간의 모습을 한 인간들'이란 오직 인간만을 언급하기 위해 반복적으로 표현한 것이다(『맛지마 니까야 5』, 2003: 255 각주 205).

의 모습을 한 인간들 사이에 천하고 귀한 차별이 있습니까? 존자 고따마여, 참으로 인간들은 목숨이 짧기도 하고 목숨이 길기도 하고, 질병이 많기도 하고 질병이 없기도 하고, 용모가 추하기도 하고, 용모가 아름답기도 하고, 권세가 없기도 하고, 권세가 있기도 하고, 빈궁하기도 하고, 부유하기도 하고, 비천하기도 하고, 고귀하기도 하고, 우둔하기도 하고 현명하기도 합니다. 존자 고따마여, 어떠한 원인과 어떠한 조건 때문에 인간의 모습을 한 인간들 사이에 천하고 귀한 차별이 있습니까?"

"바라문 청년이여, 뭇삶[衆生]들은 자신의 업을 소유하는 자이고, 그 업을 상속하는 자이며, 그 업을 모태로 하는 자이며, 그 업을 친지로 하는 자이며, 그 업을 의지처로 하는 자입니다. 업이 뭇삶들을 차별하여 천하고 귀한 상태가 생겨납니다.
바라문 청년이여, 이와 같이 목숨을 짧게 만드는 행위는 목숨을 짧은 운명으로 이끌고, 목숨을 길게 만드는 행위는 목숨이 긴 운명으로 이끌고,
(…중략…)
바라문 청년이여, 이와 같이 뭇삶들은 자신의 업을 지닌 자로서 그 업의 상속자이며, 그 업을 모태로 하며, 그 업에 묶여 있으며, 업을 의지처로 합니다. 업이 뭇삶들을 차별하여 천하고 귀한 상태가 생겨납니다."

이 경에서 붓다는 각자의 업에 따라 목숨의 길이, 질병의 다소(多少), 용모의 미추(美醜), 권세의 유무(有無), 부(富)의 유무, 가문의 귀천(貴賤), 지혜의 유무 등의 상태가 생겨난다고 설명한다. 즉 각자의 행위가 각자의 운명을 이끈다는 것이다. 붓다는 업의 원인과 그 결과에 대해 자세히 분석하여 설명할 때조차 성적 지향의 차별을 하지 않는다. 오늘날 한국 사회는 성소수자를 차별하는 문화가 있지만, 붓다는 그것과는 아주 거리가 멀었다.

응답하라!
한국 불교

2023년 12월에 동국대 전자불전문화콘텐츠연구소는 '차별금지, 성소수자를 대하는 불교적 입장: '차별'과 '혐오'의 문제, 불교는 어떻게 보는가?'라는 주제로 학술대회를 개최하였다.

　이 자리에서 한 발표자는 필자가 발표한 「불자 성소수자가 경험하는 한국 불교」의 내용 가운데, 팔리어 율장의 성소수자 사례 분석 결과는 조문 제정의 의도 등을 고려하여 재검토가 필요하다고 주장하였다. "율장에 성소수자 사례가 많이 등장하는 것은 붓다가 이들을 평등하게 포용했기 때문이 아닌, 이들이 '승가'의 일원으로서 공동체 생활을 하는데 부적합하다는 점을 보여주기 위한 의도로 제시되고 있을 가능성이 높기 때문"이라는 것이 발표자의 입장이었다.

　붓다가 성소수자를 평등하게 포용한 것이 아니라고 주장한 근거

붓다, 성과 사랑을 말하다

는 빤다까와 남녀추니의 출가를 금지한 것을 두고 한 말로 보인다. 하지만 붓다가 계율을 정하고 수정한 이유는 번뇌의 뿌리가 되는 것들을 제거하기 위해서였지 그들을 차별해서가 아니다. 빔비싸라 왕의 말처럼, 붓다의 가르침은 올바로 괴로움을 종식시키기 위해서 청정한 삶을 영위해야 했기 때문이다. 그래서 이성애자도 성교를 범했을 때는 똑같이 처벌하였다.

게다가 출가를 금지한 두 성소수자 그룹인 빤다까와 남녀추니 외, 양성애(Bisexual), 남성적 여자, 성변환, 남성과 여성의 동성애에 대해서 특별한 언급이 없다. 붓다는 『숫타니파타』에서 인간에게 있어서 남녀, 계급, 출생, 음부 그리고 성적 교섭(성교)의 방식에도 차별은 없다고 강조했다.

차별금지법은 성적 지향, 고용 형태, 성별, 출신 국가, 장애 등을 이유로 한 차별을 금지하는 법안이다. 차별금지법안이 논의될 때마다 일부 기독교 단체는 '동성애를 조장한다', '동성애를 반대하는 사람을 처벌한다'와 같은 터무니 없는 주장을 펼친다. 이러한 일부 기독교 단체의 압력은 오늘날 한국 사회에서 차별금지법이 제정되지 못한 이유이다. 이러한 맥락을 고려할 때, 연구자의 편협한 시각으로 붓다의 가르침을 자의적으로 해석해서는 안 된다. 붓다를 인간의 섹슈얼리티나 성관계 방식까지 차별한 성자로 만들려는 시도는 위험하다.

같은 자리에서 한 비구스님 발표자는 "성소수자에 대한 출가는 허용되지 않지만, 붓다의 가르침을 통한 바른 삶의 방향은 제시될 것으로 생각한다"라고 주장하였다. 하지만 그의 주장은 사실과 다르다. 붓다가 출가를 금지한 성소수자는 빤다까와 남녀추니에 한정했을 뿐이지 성소수자 전체에 대해 출가를 금지한 근거는 보이지 않는다.

전재성은 인류 역사상 성인의 가르침을 볼 때 불교만큼 성적 욕구, 임신, 출산 등 섹슈얼리티를 상세히 기술하는 종교는 찾아보기가 쉽지 않다면서 율장은 성교육 교과서로 할 만하다며 그 가치를 높이 산다.

율장의 규정은 놀라울 정도의 실제적 사례들을 제시하고 있으며 행위도 구체적으로 묘사하고 있다. 이것에 대해 전재성은 성적 행위와 관련해 혼자 숨기고 고민하게 되면 고통스러워 제대로 수행을 할 수 없으므로 사람들이 모여 이야기했고, 승단에서도 자신의 성적 고민을 붓다에게 솔직하게 드러냈기 때문에 붓다가 이처럼 상세한 지침을 줄 수 있었다고 말한다.

전재성의 말처럼 승가의 성립 초기에는 깨달음과 설법만 있었지 계율은 없었다. 계율은 승단 구성원들 사이에서 문제가 발생할 때마다 붓다가 하나씩 만든 것이다. 게다가 붓다는 남녀평등뿐 아니라 인간 평등을 강조한 사람이다.

붓다의 가르침에서 출가 수행자는 비구든 비구니든 차별 없이 다 아라한이 될 수 있고, 재가자는 남녀의 차별 없이 천상 세계에 태어나 다시 인간의 몸으로 돌아오지 않는 단계까지 가능하다. 즉 출가자와 재가자 사이에는 차이를 두었지만, 남녀 구별은 하지 않았으므로 성차별이 없었음을 알 수 있다.

필자는 신상환 박사●에게 빤다까와 남녀추니의 출가 금지에 대해 문의하였다. 그는 이에 대해 "대중들에게 존경을 받지 못하는 자는 출가에 문제가 있다. 부처님의 말씀을 세상에 전할 전법자는 대중에게 위의(威儀)를 잃은 신체적 조건을 가지면 전법을 나서지 말라는 얘기다"라고 말했다. 그는 "계율을 문자적으로 해석하는 것보다는 시대정신에 맞게 해석하는 것이 올바르다"라는 입장을 취했다.

붓다를, 인간을 차별하는 성인으로 내몰아서는 안 된다. 붓다와 율장의 편집자들은 성소수자가 승가의 일원으로서 공동체 생활을 하기에 부적합하다는 것을 보여주려는 의도로 율장에 성소수자를 포함시킨 것이 아니다. 초기 승가는 모두에게 열려 있었다. 게다가 붓다의 가르침은 깨달음에 초점을 맞췄기 때문에 성차별이나 성적 지향의 차별이 들어설 자리가 없다. 이제 한국 불교계는 LGBTQ+에게 올바른 대응을 해야 할 때이다.

필자는 법회를 맡은 지 10년 차에 접어들면서, 상담심리학을 공부하던 성소수자 후배의 질문을 자주 떠올린다. '내가 그들을 제대로 이해하고 있을까?' '그들이 내 앞에서 온전히 진실만을 말할 수 있을까?' '성소수자 승려가 그들의 지도법사가 된다면 어떨까?'

초기경전에서 붓다에게 관심을 보이는 사람들, 즉 수행자들은 고통으로부터의 해탈에 관심이 있다. 그리고 붓다의 설교는 그것에 초점을 맞추었다. 열반에 도달하는 데 섹슈얼리티나 성적 지향의 차별이 있을 수 있을까! 만약 그랬다면 붓다는 애초에 여성뿐만 아니라 성소

• 타고르대학으로 알려진 비스바바라띠대학에서 티베트어, 산스끄리뜨어 등 언어를 공부했고, 캘커타대학에서 용수보살의 중관사상을 전공해 박사학위를 받았다. 이후 비스바바라띠대학의 인도-티베트학과에서 교수로 재직하며 중관사상을 가르쳤다. 현재 곡성 지산재에서 중관학당을 열어 중관사상 선양을 위한 역경(譯經)과 강의 등을 하고 있다. 2024년 4월 26일 필자와 통화하다.

수자의 출가를 허용하지 않았을 것이다.

성소수자에게는, '성소수자'라는 밝히지 못할 비밀을 품고 살아가야만 하는 고통이 있다. 그 비밀을 언어와 비언어로 자유롭게 표현할 수 있을 때, 비로소 그 괴로움에서 벗어날 수 있다. 그런데 개인의 비밀을 보장하는 상담과 달리 대중 법회 자리에서 자신의 내밀한 이야기를 공개하는 것은 한계가 있다.

지금 한국 불교계가 그들을 도울 방법은 그들의 표현에 귀 기울이는 것이다. 그리고 그들이 고통에서 벗어날 수 있도록 기꺼이 도와주는 것이다.

괴로움의 종식이 수행의 목표다!

3부

불교사에서
여성을 만나다

7

간다라 불전
미술 속 여성들

글. 유근자 (국립순천대학교 학술연구교수)

간다라 불전 미술에 등장하는 여성의 유형

간다라 미술은 쿠샨 제국의 중심지였던 현 파키스탄의 페샤와르 지역을 중심으로 기원후 1세기에서 4세기까지 번성한 불교 미술을 말한다. 현재의 파키스탄 지역은 석가모니가 활동하던 시기에는 북인도에 해당했다. 이곳은 북쪽에서 내려온 유목민이 세운 쿠샨 제국이 번성했으며, 세계화된 그리스의 문화인 헬레니즘의 영향을 받은 간다라 미술이 꽃핀 지역이다. 간다라 미술의 중심지는 현재 파키스탄 서북 변경주의 주도(主都)인 페샤와르를 중심으로 펼쳐진 남북 약 70km, 동서 약 40km의 분지이다. 이 외에도 그리스와 로마 양식의 조각들이 출토되는 페샤와르 주변의 여러 지역, 즉 서쪽의 카불 분지와 잘라라바드, 북쪽의 스와트, 남쪽의 탁실라 등을 포함한다.

간다라 미술의 특징 가운데 하나는 석가모니의 일대기를 표현한 불전 미술(佛傳美術)의 성행이다. 조선시대에 그려진 석가모니 일대기 가운데 주요한 여덟 가지 이야기를 그린 팔상도(八相圖, 석가모니 일대기 가운데 중요한 8가지 사건을 표현한 그림)의 근원이 간다라 불전 미술에 있기 때문이다. 북방 유목민이었던 쿠샨인들은 북인도에 정착한 후 평등을 강조한 불교를 적극적으로 수용하였다. 현재는 이슬람 국가인 파키스탄에 산재한 수많은 불교 사원지가 이를 뒷받침한다. 간다라의 사원은 석가모니의 사리를 봉안한 불탑 중심의 탑원(塔院)과 승려들의 수행처인 승원(僧院)으로 구성되어 있다. 탑원에는 석가모니의 사리를 봉안한 불탑(佛塔)을 크게 조성하고, 대탑 주위에는 감실(龕室)을 마련하여 불상을 봉안했으며, 대탑 주변에는 작은 크기의 공양물이 담긴 봉헌탑(奉獻塔)을 배치했다. 불탑과 봉헌탑 기단에는 석가모니 일대기를 석판(石板)에 새겨 부착했다.

불교 미술의 시작은 석가모니가 열반에 든 후 그의 유체(遺體)를 화장해 수습한 사리(舍利)를 봉안한 진신탑(眞身塔)에서 비롯되었다. 석가모니 열반 후 불탑(佛塔)은 불교도들에게 생존의 석가모니를 대신하는 정신적 귀의처였고, 그에 대한 끊임없는 그리움의 대상이었다. 고대 인도인들은 불탑 주위에 울타리 역할을 하는 난순(欄楯), 탑을 출입하는 탑문(塔門), 사리를 봉안한 탑신(塔身), 탑신을 받치는 기단(基壇)을 장식해 불탑을 찾은 불교도들에게 석가모니를 알리는 안내자 역할을 하였다. 탑에 새겨진 이야기는 석가모니의 과거생인 본생담[本生譚, 전생담(前生譚), 자타카(Jātaka)]과 석가모니의 생애를 표현한 불전(佛傳)이었다. 본생담은 전생에 쌓은 공덕을 서술한 것이고, 불전은 인간의 몸으로 산 금생(今生)의 일을 말한다. 석가모니가 깨달음을 얻어 붓다가 된 것은 금생의 수행과 더불어 세세생생 쌓은 공덕의 결과이기 때문에 불교도들은 일찍부터 본생담을 중요하게 여겼다.

석가모니의 일대기를 표현한 불전 미술은 출가자와 재가자를 포함한 불교도들에게 불교를 이해시키는 포교의 한 방법이었을 것이며, 정주(定住) 생활을 시작한 승려들에게는 승원을 유지하는 재원의 확보 방법도 되었을 것이다. 간다라 미술 속 석가모니 일대기를 표현한 불전 미술은, 불교 경전에서 언급한 석가모니 생애가 시각적으로 어떻게 표현되어 전달되었는지를 알려주는 자료이다. 미술은 언어를 시각적으로 담아내는 그릇이고 상징이기 때문이다. 이런 점에서 석가모니 생애를 기록한 불전 경전을 텍스트로 하고 있는 간다라 불전 미술의 도상(圖像)은 고대 인도의 불교를 이해하는 중요한 단서 가운데 하나임을 알려준다.

간다라 불전 미술은 석가모니 전생 이야기와 80년에 걸친 생애 가운데 가장 중요한 사건을 선정해 한정된 공간에 압축해서 표현한 기법을 사용했다. 간다라의 전기적인 불전 미술에서는 태몽부터 열반까지의 석가모니 생애에 관한 관심이 축이 된다. 즉 석가모니가 언제 무엇을 행했는지를 서술적·서사적으로 표현하는 데 주안점을 두었다. 이 같은 간다라 불전 미술의 주제는 현재 약 110개 장면 정도 알려졌지만, 중인도와 남인도 지역에서는 간다라만큼 풍부하지 않다.

간다라 불전 미술에 등장한 여성은 석가모니와 밀접한 관련을 맺고 있는데 어머니, 아내, 여신(女神), 유혹자, 출가자, 시주자 등이 있다. 이 글에서는 석가모니 생애에 등장하는 여성이 텍스트인 불전 문학과 시각적 언어로 표현된 간다라 불전 미술 속에서 어떻게 표현되고 있는가를 중심으로 소개하고자 한다.

간다라 불전 미술 속
어머니의 표현

간다라 불전 미술 속 어머니의 유형은 크게 다섯 가지 유형으로 분류된다. 첫째는 성인의 어머니 상으로 석가모니의 어머니 마야이다. 둘째는 자식의 귀감이 된 어머니 상으로 석가모니에게 흙을 보시한 아이의 어머니이다. 셋째는 희생적인 어머니 상으로 죽은 후에도 아들 수다야에게 젖을 먹이는 어머니이다. 넷째는 자식을 교화하려는 어머니 상으로 살인자 앙굴리말라의 어머니이다. 다섯째는 내 자식만큼 다른 이의 자식도 소중함을 알려주는 어머니 상으로, 1만 명의 아들을 둔 귀자모(鬼子母) 하리티이다. 이 가운데 가장 대표적인 어머니 상은 석가모니를 낳은 마야 에피소드이다.

어린아이가 석가모니의 발우에 흙[모래]을 보시한 이야기 속 어머니는 자식에게 모범을 보이는 어머니 상이다. 어머니가 수행자를 만나면 보시하는 행위를 본 아들은, 어머니의 행위를 따라 석가모니에게 흙[모래]을 보시한 인연으로 전륜성왕이 되었다. 수다야에게 젖을 먹이는 어머니는 죽어서도 자식 양육을 위해 힘쓰는 어머니를 표현한 것이다. 살인자 앙굴리말라를 제지하기 위해 목숨을 아끼지 않는 어머니 역시 자식을 둔 어머니의 희생을 엿보게 한다. 귀자모 하리티는 자신의 아이 뿐만 아니라 타인의 자식도 소중하다는 것을 일깨워주는 어머니에 관한 에피소드이다.

1. 싯다르타의 어머니 마야

싯다르타의 어머니 마야는 간다라 불전 미술에서 태몽·해몽·탄생·관상 장면에서 등장한다. 이 중에서 핵심은 태몽과 탄생에 표현된 어머니 마야의 모습이다.

1) 싯다르타 태몽과 해몽 장면 속 어머니 마야

싯다르타가 도솔천에서 이 세상에 올 때 흰 코끼리의 모습으로 마야 왕비의 태 속에 든 태몽을 표현한 것이 '도솔래의(兜率來儀)'이다. 석가모니 일대기를 여덟 장면으로 요약해 그린 조선시대 팔상도의 첫 부분을 장식하는 이야기이다. 석가모니 일대기는 도솔천에서 내려오는 것으로부터 시작하는데 이것은 초기 경전에서부터 등장한다. '흰 코끼리가 코로 하얀 연꽃을 들고 북쪽에서 내려와 마야 왕비가 누워있는 침상 주위를 세 번 돌고 나서 오른쪽 옆구리에 구멍을 내어 자궁으로 들어가는 꿈을 꾸었다'라는 것은, 5세기 경 붓다고사(Buddhagosa)가 정리한 『니다나카타(Nidānakathā)』에 나오는 내용이다. 마야 왕비의 태몽을 해몽한 관상가는 "이것은 경사로운 꿈입니다. 만약 탄생한 아들이 집에 있으면 전륜성왕이 될 것이고, 집을 떠나 도를 구하면 장차 부처님이 되어 중생을 제도할 것입니다"라고 말했다.

태몽 장면(사진 1)의 마야 왕비는 침상에 왼쪽 옆구리를 대고 편안한 자세로 누워있는데, 둥근 원 속에는 도솔천에서 내려오는 코끼리가 표현되었고, 다리 부근에는 등불이 놓여 밤에 일어난 일이라는 것을 암시한다. 도솔천으로부터 어머니 마야의 태 속에 드는 백상(白象)은, 인드라(Indra, 제석천)의 탈것인 성스러운 산을 닮은 네 개의 상아를 가진 아이라바타(Airavata)를 연상시킨다. 흰 코끼리는 제석천을 상징하고, 싯다르타 탄생 전설의 흰 코끼리는 석가모니를 상징한다.

인도에서 풍요와 다산을 의미하는 코끼리는 아이라바타의 어머니인 이라바티(Iravati)에서 찾을 수 있다. 이라(Ira)는 물·우유·액체 등

〈사진 1〉 태몽 장면 속 어머니 마야, 간다라(2~3세기), 영국박물관 소장.

을 의미하는 것으로 이라바티는 생명체를 유지시켜 주는 생명수의 신이다. 이런 속성 때문에 농작물 경작에 필요한 물과 관련된 제석천과 코끼리는 고대 인도인들에게 널리 숭배되었다. 석가모니의 태몽에 코끼리가 등장한 것은 제석천과 코끼리의 상징성이 반영된 것으로, 싯다르타의 운명이 인류의 행복과 안락을 위한 것임을 천명하려는 의도가 반영되었다.

해몽 장면(사진 2) 속 어머니 마야는 남편 정반왕과 함께 나란히 앉아 있다. 마야 왕비는 오른손으로 연꽃 같은 것을 들고 있고, 정반왕은 두려움을 없애주는 시무외인(施無畏印, 두려움을 없애주는 석가모니의 손 모습)을 하고 있다. 화면 위 사다리꼴은 카필라성을 상징하는데, 기둥 바깥 쪽에는 긴 머리카락을 올려 묶은 수행자가 앉아 있다. 허리를 굽히고 정반왕을 향해 해몽하는 수행자의 모습은 진지하고, 정반왕과 마야 왕비의 시선은 수행자를 향해 있다.

〈사진 2〉 해몽 장면 속 어머니 마야, 간다라(2~3세기), 파키스탄 라호르박물관 소장.

붓다, 성과 사랑을 말하다

2) 싯다르타 탄생 장면 속 어머니 마야

석가모니의 탄생은 원시 경전 이래로 성도·첫 설법·열반과 함께 가장 중요한 4대사(四大事) 가운데 하나이다. 석가모니 생애를 다룬 불전 미술의 도상은 대부분 간다라에서 창안된 것으로, 각 지역에 따라 차이가 있지만 간다라의 기본형은 답습되었다. 간다라 탄생 도상의 특징은 무우수 아래 다리를 교차시키고 서 있는 마야 왕비, 오른 옆구리로 태어나는 싯다르타, 태자를 받는 제석천, 마야 왕비를 부축하는 여인, 찬탄하는 천신, 천상의 음악을 연주하거나 악기를 표현한 것 등이다.

간다라 '탄생' 장면(사진 3)에는 마야 왕비의 오른쪽 옆구리로 태어나는 싯다르타의 모습이 잘 표현되었다. 오른 옆구리로 탄생한 것은 싯다르타의 신분이 크샤트리아 계급인 것을 상징하며, 두 팔을 앞으로 쑥 내밀고 있는 모습은 '어머니의 자궁에서 나올 때 정결해 계단

〈사진 3〉 싯다르타의 탄생 장면 속 어머니 마야, 간다라(2~3세기), 파키스탄 라호르박물관 소장.

에서 내려오는 것처럼 손발을 쭉 뻗어 나왔다'라는 불전 경전의 내용을 반영한 것이다. 여러 경전에서 싯다르타가 태어날 때 인간보다 먼저 신들이 그를 받았다는 내용이 등장하는데, 지금 그를 받고 있는 인물은 다름 아닌 제석천이다.

제석천 뒤에 있는 천신은 오른손으로 날리는 천의를 잡고 왼손을 입에 대고 있는데 탄생의 기적을 찬탄한 것이다. 오른쪽에 있는 두명의 여자 중 한 명은 오른손에 손잡이가 있는 항아리를 들고 있고, 다른 한 명은 종려나무 가지를 들고 있다. 탄생을 비롯한 간다라 불전 미술에 등장하는 종려나무는 태양을 상기시켜 명성·승리·의로움을 나타낸다. 화면 윗부분의 북과 하프 그리고 입으로 횡적(橫笛)을 연주하는 인물과 합장하거나 춤추는 인물은, 불전 경전에 묘사된 탄생 당시 허공에 신묘한 음악이 울렸다고 하는 것을 상징한다. 오른손으로 나뭇가지를 잡은 마야 왕비의 자세는 인도 고대 초기 풍요와 다산을 상징하는 여신 약시(yakshi)상에서 유래한 것이다.

3) 싯다르타 태자의 관상 장면 속 어머니 마야 또는 마하파자파티

인도에는 아이가 태어나면 선인(仙人)으로 하여금 아이의 타고난 외모를 살펴 앞으로 전개될 아이의 운명을 살피는 관상법이 있었다. 아버지 정반왕은 싯다르타를 당시 유명한 아시타(Asita) 선인에게 보여, 태자의 운명이 어떻게 전개될 것인지를 물었다. 이 주제는 간다라에서 즐겨 표현된 불전 장면의 하나로 싯다르타의 관상(觀相)을 보는 아시타 선인과 정반왕 부부가 한 화면 속에 표현되었다.

아시타 선인은 싯다르타의 상호를 살피다가 눈물을 흘렸다. 120

세인 아시타 선인은 그의 수명이 얼마 남지 않아 붓다의 탄생을 보지 못할 것을 알았기 때문이다. 싯다르타의 관상을 보는 장면 속 인물은 오른쪽부터 어머니 마야 또는 이모 마하파자파티, 아버지 정반왕, 싯다르타를 아시타 선인에게 건네는 여인, 아이를 안고 있는 아시타 선인 등으로 구성되었다(사진 4). 위쪽의 사다리꼴과 타원형은 카필라성을 상징한다. 태자를 무릎에 앉히고 관상을 보고 있는 아시타 선인은 오른손을 뺨에 대고 있는데, 이것은 바로 수명이 얼마 남지 않아 석가모니의 탄생을 보지 못할 것을 상심하는 모습이다.

어머니 마야 왕비[또는 이모 마하파자파티(Mahāpajāpatī, 大愛道)]는 화면 우측 끝에 앉아 있는데, 차림새는 태몽·해몽·탄생 장면 속 모습과 같다. 관상 장면의 여인은 어머니 마야 왕비라는 설과 양육한 마하파자파티라는 설이 있는데, 마야가 싯다르타를 낳은 후 7일 만에 사망했기 때문이다. 정반왕과 마야 또는 마하파자파티의 시선은 아시타 선인의 입을 향해 있다. 출가해 불도(佛道)를 이룰 것이라는 아시타 선

〈사진 4〉 싯다르타 관상 장면 속 어머니 마야,
간다라(2~3세기), 파키스탄 페샤와르박물관 소장.

인의 예언은, 왕위를 이어받기를 바라는 정반왕과 그 부인에게 또 다른 근심을 안겨주었을 것이다.

4) 도리천에서 아들의 설법을 들은 어머니 마야

사망한 어머니 마야가 불전 미술에 새롭게 등장하는 것은 도리천에 올라가 설법하고 내려온 에피소드에서이다. 도리천에서 어머니 마야에게 설법하고 세 개의 보배 계단으로 내려온 이야기는 붓다의 일대기를 여덟 장면으로 압축한 인도의 팔상에 포함되었고, 간다라 불전 미술로도 많이 표현되었다. 그러나 간다라에서는 어머니 마야의 모습은 표현되지 않았고, 도리천에서 내려오는 석가모니와 제석·범천 위주로 표현되었다.

기원정사에 머물고 있던 석가모니는 어느 날 갑자기 제자들의 눈앞에서 자취를 감추었다. 이때 도리천에 환생한 어머니 마야 왕비를 위해 그곳에서 3개월 동안 설법하고 지상으로 내려왔다고 하는데, 이 이야기를 '도리천강하(忉利天降下)'라고 한다. 불교의 효(孝) 실천을 살펴볼 수 있는 좋은 소재이며, 석가모니가 있지 않자 그를 사모한 우전왕이 불상을 조성하기 시작했다는 사건의 배경이 되었다.

초기 경전에서는 제자들에게 석가모니가 있지 않아도 스스로 길을 찾을 수 있는 방법을 알리기 위해서 잠시 모습을 감추었다고 이야기한다. 도리천강하 이야기에는 어머니를 위한 설법과 석가모니 부재 시에도 스스로 자신을 등불로 삼고 수행에 전념할 수 있는 여건 마련이라는 두 흐름이 존재한다. 이 에피소드는 『증일아함경』과 『대당서역기』에 자세히 전한다.

〈사진 5〉 도리천에 있는 어머니에게 설법하고 내려온 석가모니,
간다라(기원전 1세기경), 파키스탄 스와트박물관 소장.

　도리천에서 지상으로 내려올 때 범천 및 제석천과 함께 보배로
장식된 세 개의 계단으로 내려왔기 때문에 '삼도보계강하(三道寶階降
下)'라고도 한다. 이 에피소드가 배경이 된 상카시아 유적지는 인도의
불교 8대 성지 가운데 하나로, 지금도 이곳에는 아소카왕이 세운 돌
기둥이 남아 있다. 도리천강하 에피소드는 이른 시기부터 불전 미술
의 주제로 애호되었다.

　파키스탄 스와트박물관에 소장된 〈사진 5〉는 기원전 1세기경에
제작된 것으로 보리수와 불족적(佛足跡) 등 상징으로 석가모니를 표
현한 점이 특징이다. 화면의 대부분은 세 개의 계단이 차지하고 있고,
그 위에는 지상으로 내려오는 석가모니를 세 그루의 보리수로 나타냈
다. 화면 오른쪽의 제석천은 몸에 장신구를 걸친 귀공자 모습이고, 화
면 왼쪽의 범천은 긴 머리칼을 올려 묶은 수행자 모습이다. 지상에 도
착한 석가모니는 중앙 계단의 맨 밑에 두 개의 발자국으로 표현되었

고, 석가모니를 맞이하는 연화색 비구니는 무릎을 땅에 대고 공손히
두 손을 내밀고 있다. 연화색 비구니는 간다라 불전 미술에 표현된 가
장 이른 시기의 비구니 이미지라는 점에서 주목되지만, 삭발한 머리
를 통해 출가자임을 알 수 있을 뿐, 비구니 임을 알 수 있는 다른 표현
이나 특징은 없다.

2. 어린아이 흙 보시 장면 속 어머니

어머니는 자식의 롤 모델이다. 석가모니 생애에서 어머니의 역할이
강조된 대표적인 에피소드는 어린아이의 흙 보시 장면에서 찾을 수
있다. 석가모니는 죽림정사에 있을 때 날마다 왕사성 시내로 탁발을
나갔다. 그러던 어느 날 흙[모래]을 가지고 놀던 두 아이를 만났다. 한
아이는 덕승(德勝)으로 가장 집안이 좋은 귀족의 아들이었고, 다른 한
아이는 무승(無勝)으로 두 번째로 집안이 좋은 가문의 아들이었다. 이
두 아이가 흙을 가지고 노는데 흙으로 성(城)을 만들고, 성 가운데 다
시 집과 창고를 만들고는, 흙으로 만든 보릿가루를 창고 안에 쌓았다.

석가모니를 보자 덕승은 부모님이 보시하는 모습을 흉내내어 석
가모니의 발우에 흙을 넣었다. 덕승의 행위를 본 석가모니가 미소를
짓자 아난이 그 연유를 여쭈었다. 그러자 석가모니는 "내가 열반한 뒤
100년 후에 이 어린아이는 마땅히 전륜성왕이 되어 화씨성에서 법
을 다스리는 아서가라는 왕이 될 것이다. 그리고 나의 사리를 나누어
8만4천의 보탑을 만들어 많은 사람들을 풍요롭고 이익되게 할 것이
다"라고 이야기했다. 이 이야기는 『아육왕전』 제1권에 전하는 것으로
아서가왕은 인도의 최초 통일 국가인 마우리아 제국의 3대왕인 아소

카왕이다.

　간다라 불전 미술 가운데 어린아이가 석가모니의 발우에 흙을 보시하는 에피소드를 표현한 작품(사진 6)은 여럿 남아 있다. 조각의 일부가 깨졌지만 석가모니는 오른손에 든 발우를 어린아이에게 내밀고 있고, 어린아이는 두 손으로 발우 안에 무언가를 넣고 있다. 두 명이 표현된 경우도 있지만 파키스탄 페샤와르박물관에 소장된 작품에는 한 아이만이 표현되었다. 어린아이 뒤에 서 있는 귀족 복장의 남녀는 어린아이의 부모로 생각된다. 어린아이 뒤에 선 어머니는 타래 머리를 하고 합장한 채 석가모니를 바라보고 있는데, 태몽 및 탄생 장면에 등장한 싯다르타의 어머니 마야 왕비의 모습과 비슷하다. 어린아이 어머니 뒤에는 나무가 표현되어 이 사건이 야외에서 일어난 것임을 암시한다.

〈사진 6〉 흙[모래]을 보시하는 장면 속 어머니, 간다라(2~3세기),
파키스탄 페샤와르박물관 소장.

3. 살인자 앙굴리말라의 어머니

간다라 불전 미술 속 어머니 가운데 살인자 앙굴리말라의 어머니는 자식의 살인을 막기 위해 고군분투하는 어머니 상이다. 석가모니 당시 희대의 살인자 앙굴리말라(Aṅgulimāla)의 어릴 때 이름은 아힘사까(Ahimsaka)인데, 그가 도둑의 별자리를 타고 나서 '아무도 해치지 말라'는 뜻에서 붙인 이름이다. 앙굴리말라의 '앙굴리'는 손가락, '말라'는 목걸이라는 뜻으로, 손가락을 잘라내어 목걸이를 만든다는 뜻에서 유래한 것이다.

사위성에는 마니발타라라는 바라문이 있었는데 그에게는 500명의 제자가 있었다. 그 가운데 앙굴리말라는 체력도 강하고 지혜도 뛰어났으며 모습도 훤칠했다. 어느 날 바라문이 집을 비운 사이 연심(戀心)을 품은 그의 아내는 앙굴리말라를 노골적으로 유혹했지만 거절당했다. 앙심을 품은 그녀는 앙굴리말라를 남편이 집을 비운 사이 자신을 겁탈하려 했다고 남편에게 거짓으로 고했다. 이 소식을 듣고 화가 난 바라문은 앙굴리말라를 파멸시키기로 결심했고, 100명의 목숨을 앗아 그것으로 목걸이를 만들면 수행이 완성된다고 거짓말했다.

앙굴리말라는 스승의 명령대로 닥치는대로 사람을 죽여 99개의 손가락을 모았다. 이 소식을 접한 석가모니는 제자들의 만류에도 불구하고 앙굴리말라가 살인을 저지르는 거리로 탁발을 나갔다. 마지막 한 명의 목숨만 빼앗으면 목표가 달성될 순간, 살인자가 되었다는 아들의 소식을 접하고 거리로 나온 어머니를 만나게 되었다. 어머니를 죽이려는 찰나, 석가모니를 만난 앙굴리말라는 잘못을 참회하고 귀의해 출가 수행자가 되었다.

앙굴리말라의 이야기는 불교에서 꽤 유명한 에피소드로 기원정
사 근처에는 그의 집터로 추정되는 건물터가 아직도 남아 있다. 간다
라 불전 미술 가운데 앙굴리말라의 에피소드를 표현한 작품은 남아
있는 예가 적다. 패륜아의 모습이 가장 잘 표현된 것은 페샤와르박물
관에 소장된 〈사진 7〉이다. 화면 오른쪽에는 『맛지마 니까야』「앙굴리
말라의 경」의 내용처럼 칼을 들고 손가락으로 만든 관(冠)을 쓴 앙굴
리말라가 어머니를 죽이려는 긴박한 순간이 표현되었다. 아들에게 머
리채를 잡힌 어머니의 모습은 가련하다. 이 장면에서는 어떠한 상황
속에서도 아들을 포기하지 않는 어머니 상을 엿볼 수 있다.

석가모니 앞에는 윗옷을 벗은 앙굴리말라가 석가모니를 해치려
고 칼을 휘두르고 있다. 그 아래에는 잘못을 뉘우치고 석가모니에게
귀의하는 앙굴리말라가 표현되었다. 화면 밖, 부조의 하단에는 참회
한 앙굴리말라를 상징하는 손가락으로 만든 목걸이와 살인에 사용됐
다가 버려진 칼이 놓여있다.

〈사진 7〉 살인자 앙굴리말라의 귀의 장면 속 어머니,
간다라(2~3세기), 파키스탄 페샤와르박물관 소장.

살인자 앙굴리말라 에피소드에는 두 여성의 이미지가 존재한다. 한 여성은 남편의 제자를 유혹하다가 실패하자 거짓말을 해 남편으로 하여금 나쁜 결정을 하도록 한 비도덕적인 여성인 반면, 또 다른 여성은 아들을 구하기 위해 목숨을 아끼지 않는 헌신적인 여성 이미지이다. 살인자 앙굴리말라 에피소드는 타락한 여성 상과 헌신적인 어머니 상을 동시에 살필 수 있는 자료이다.

4. 수다야의 돌아가신 어머니

간다라 불전 미술 중에는 죽어서도 아이를 떠나지 못한 어머니에 관한 이야기가 표현된 것이 있다. 이 이야기는 바라문의 말을 듣고 전다월이라는 국왕이 임신한 둘째 부인을 죽였는데, 그녀의 배 속에 있던 아이가 무덤 속에서 태어나고 자라서 뒤에 석가모니에게 귀의했다는 것이 줄거리이다.

전다월 국왕에게는 여러 명의 아내가 있었는데 둘째 부인이 임신을 하게 되었다. 이를 시기한 첫째 부인을 비롯한 여러 부인들은 왕이 신뢰한 바라문을 금으로 매수했다. 매수된 바라문은 임신한 아내를 죽이지 않으면 큰 화를 입을 것이라고 왕에게 거짓말을 했고, 이 말을 들은 왕은 임신한 부인을 죽여 매장했다. 아이는 매장된 어머니의 무덤 속에서 태어났는데, 어머니의 몸은 반이 썩지 않아서 아이는 젖을 먹고 살았다. 그 아이의 이름이 수다야였다. 3년이 지나 무덤이 무너져 바깥으로 나와서, 동물들과 함께 놀다가 날이 저물면 무덤 안으로 들어가곤 했다. 수다야가 여섯 살이 되었을 때 석가모니는 승려로 모습을 바꾸어 수다야 앞에 나타났다. 석가모니를 만난 수다야는 비구가 되려고 석가모니를 따라 기원정사로 갔다. 출가한 수다야는 수타라는 법명을 얻게 되었고, 정진을 해 7일이 지나서 아라한의 도를 얻게 되었다.

아라한과를 얻은 수타에게 석가모니는 전다월왕을 제도해야겠다고 이야기하자, 수타는 아버지를 만나러 갔다. 수타를 만난 왕은 뒤를 이을 자식이 없는 게 근심이라고 말했고, 수타는 대답도 하지 않고 웃었다. 화가 난 왕은 수타를 죽이려 했고, 그가 공중에 올라 몸을 나누는 변화를 보이자 금방 잘못을 뉘우쳤다. 수타는 전다월왕을 데리고 기원정사로 가서 불교에 귀의하게 했다. 석가모니는 전다월왕에게 수타가 그의 아들임을 밝힌 후 그들의 과거생을 말했다.

"옛날에 붓다와 수행자들을 공양한 공덕으로 복을 받은 사람은 국왕으로 태어난 적이 있었다. 사냥을 나갔다가 새끼 밴 암소를 죽였는데 부인의 간청으로 새끼만은 죽이지 않았다. 소의 주인은 죽은 소의 배를 갈라 새끼를 꺼내 기르게 되었는데, 송아지의 혼신은 왕의 아들이 되었다. 아들은 수타이고, 그의 어머니는 그때의 왕비이고, 바라문은 소의 주인이다."

콜카타 인도박물관에 소장된 죽은 여자가 낳은 수다야가 귀의한 불전 미술(사진 8)은 왼쪽에서 오른쪽으로 이야기가 전개되었다. 무덤 속에는 수다야의 죽은 어머니가 누워있는데, 아직 썩지 않은 한쪽 젖을 만지며 살고 있는 수다야가 있다. 수다야가 석가모니를 만난 이야기는 두 그루 나무 사이에서 진행되고 있다. 석가모니와 금강역사 앞에는 6살이 된 발가벗은 수다야가 탑 모양의 무덤 앞에 서서 석가모니에게 합장하고 있다.

<사진 8> 무덤 속에서 자란 수다야의 귀의 장면 속 죽은 어머니,
간다라(2~3세기), 인도 콜카타 인도박물관 소장.

　　무덤 속에서 죽은 어머니의 젖을 먹고 성장한 수다야가 석가모
니에게 귀의한 에피소드 속에도 살인자 앙굴라말라의 이야기와 마찬
가지로 두 종류의 여성 이미지가 있다. 첫째는 질투에 사로잡힌 악한
여성 상이고, 둘째는 죽어서도 자식을 위해 희생하는 선한 어머니 상
이다. 결국 희생적인 어머니는 아들을 잘 양육해 불법에 귀의하게 한
선과(善果)를 이루었다.

5. 어린아이들의 보호자가 된 귀자모(鬼子母) 하리티

타인의 자식을 잡아먹는 귀자모 하리티(Hārītī, 訶利帝母, 鬼子母神) 이야
기는 석가모니가 어린아이를 잡아먹던 하리티를 불교에 귀의시켜, 안
산(安産)과 육아의 신이 되게 했다는 것이다. 하리티는 판치카(Pāñcika,
般闍迦)의 아내이며 1만 명의 자식을 둔 귀녀(鬼女)로, 사람의 아이를
잡아먹는 자였다. 사람들은 그녀를 두려워해 야차녀라 불렀고, 석가
모니에게 이 사실을 말씀드리고 해결책을 구했다.

석가모니는 하리티의 자식 1만 명 가운데 그녀가 유독 사랑하는 막내아들을 발우 속에 숨겨 버렸다. 막내아들이 보이지 않자 하리티는 일주일 동안 이곳저곳을 미친 듯이 찾아다녔다. 그 모습을 보고 어떤 사람이 석가모니는 일체의 지혜를 가진 분이니, 그분을 찾아가 보는 것이 어떠냐고 귀띔해 주었다. 하리티는 석가모니를 찾아가 막내아들이 어디 있는지 여쭈었다. 그러자 석가모니는 "너는 1만 명의 아들 중에서 겨우 한 아들을 잃었을 뿐인데, 왜 그렇게 안절부절못하느냐? 세상 사람들은 몇 명의 자식을 두었을 뿐인데, 너는 그들을 잡아먹지 않았느냐?"라고 그녀를 꾸짖었다. 석가모니의 말씀을 들은 하리티는 만일 막내아들만 찾는다면 다시는 세상 사람들의 아이들을 해치지 않을 것이며, 목숨을 마칠 때까지 아이들을 보호하며 살겠다고 약속했다. 당나라 승려 현장(602~664)도 "석가모니가 귀자모를 교화해 두 번 다시 사람을 살해하지 못하게 한 곳에 탑이 있다. 그러므로 이 나라에서는 이곳에서 제사를 지내 자식을 내려주기를 기원하는 풍속이 있다"라고 기록했다.

파키스탄 페샤와르박물관에 소장된 어린아이들의 보호자가 된 하리티 이야기를 표현한 〈사진 9〉는 간단한 구도이다. 하리티와 그녀의 남편인 판치카가 나란히 앉아 있고, 그들의 아들 5명이 표현되었다. 하리티의 품 안에 안긴 아들은 그녀가 가장 사랑한 막내아들로 생각된다. 화면 아래쪽에는 씨름을 하거나 양을 타고 노는 아이 등 놀이에 열중한 16명의 아이들도 표현되었다. 하리티는 간다라 불전 미술 속 신분이 높은 여성의 차림새를 하고 있다.

간다라에서는 하리티와 판치카를 함께 표현하기도 하지만, 단독

〈사진 9〉 어린아이들의 보호자가 된 하리티, 간다라(2~3세기), 파키스탄 페샤와르박물관 소장.

으로 조성한 예도 여럿 남아 있다. 이후 하리티 상은 불교의 전파와 함께 중국이나 일본에도 전해지는데, 어린아이를 보호하는 귀자모로서 널리 신앙되어 어린아이를 안고 있는 귀자모상 도상이 확립되었다.

간다라 불전 미술 속
아내의 표현

간다라 불전 미술 속 아내로는 과거불인 연등불에게 석가모니가 될 것이라는 연등불수기(燃燈佛授記) 장면의 고피, 싯다르타의 아내 야소다라, 난다의 부인 손다리 등이 있다.

1. 연등불수기 장면 속 고피

싯다르타와 야소다라의 인연은 과거 연등불 당시로부터 이어졌다. 〈연등불수기〉는 과거 연등불(Dīpaṃkara) 시대에 석가모니의 전생인 수메다(Sumedha)가 연등불에게 꽃 공양을 올린 후, 연등불로부터 장차 석가모니가 될 것이라는 예언을 받은 이야기이다. 〈연등불수기〉는 발생지가 간다라 지역으로 그곳에서 즐겨 표현된 이야기 가운데 하나이다.

전생의 석가모니는 바라문 청년 수메다였다. 어느 날 연등불이 마을에 나타나자 수메다는 꽃 공양을 올리려 했지만, 마을에 있던 꽃은 이미 국왕이 모두 사 버린 후였다. 마침 연꽃을 가지고 있는 고피라는 처녀를 만났는데, 그녀는 수메다에게 꽃을 파는 조건으로 그에게 결혼해 줄 것을 요청했다. 그러나 수메다는 수행자이기 때문에 지금은 결혼할 수 없다고 했다. 결국 수메다는 고피에게 내세에는 그녀의 남편이 될 것이라는 약속을 하고, 가지고 있던 금(金) 전부를 주고 그녀로부터 일곱 송이 중 다섯 송이의 연꽃을 샀다. 〈연등불수기〉 장면 속 고피는 바로 싯다르타 태자의 아내였던 야소다라의 전생을 의미한다.

연등불이 마을에 도착하자 국왕과 모든 사람들이 마중 나와 연꽃을 공중에 던지는 산화(散華) 공양을 올렸지만, 수메다가 던진 청련화 만이 공중에 머물러 연등불의 머리 부분을 장엄했다. 또한 수메다는 진흙 위에 자신의 사슴 가죽 옷과 머리카락을 깔고 연등불이 밟고 지나가게 한 공덕으로, 연등불로부터 "앞으로 9겁(劫) 후에 붓다가 될 것이다"라는 예언을 들었다.

간다라에서 제작된 〈연등불수기〉의 이야기(사진 10)는 화면 왼쪽에서 오른쪽으로 전개되고 있다. 건물 문 앞에는 물병을 겨드랑이에 끼고 연꽃을 파는 고피와 그녀에게 꽃을 사려고 하는 수메다가 서 있다. 이어서 수메다가 연등불을 향해 연꽃을 공중에 던져 산화 공양을 올리고 있으며, 그 연꽃들은 연등불 머리 주위에 머물러 있다. 다음으로는 수메다가 사슴 가죽 옷과 머리카락으로 진흙을 덮고 엎드려 있으며, 그 앞에는 연등불이 수메다에게 석가모니불이 될 것이라고 예언하고 있다. 맨 위쪽에는 예언을 받은 수메다가 기뻐서 공중으로 뛰

〈사진 10〉 연등불수기 장면 속 고피, 간다라(2~3세기),
파키스탄 라호르박물관 소장.

어 올라 합장하고 있는 모습으로, 한 화면 속에 시간차를 두고 주인공
인 수메다가 네 번이나 반복해서 표현되었다.

　〈연등불수기〉 장면 속 주인공은 수행자 수메다이다. 그러나 수메
다에게 꽃을 파는 고피는 꽃을 사려는 주인공 수메다 보다 크게 표현
되었다. 타래 머리를 하고 장신구를 걸치고 오른손으로 연꽃을 든 고
피는 간다라 불전 미술 속 여성들의 모습과 그다지 차이가 없다.

2. 싯다르타의 아내 야소다라

싯다르타의 아내이자 라훌라의 어머니 야소다라는 간다라 불전 미술
에서 싯다르타와의 약혼, 결혼, 궁정 생활, 출가 전야, 애마 칸타카와
홀로 돌아온 마부 찬나를 만나는 장면에 등장한다. 석가족이 멸망 후
싯다르타를 양육한 이모 마하파자파티와 함께 석가모니를 찾아갔다

고 하지만, 확실한 야소다라의 이미지는 앞에 언급한 장면에서 찾을 수 있다.

1) 약혼 장면 속 야소다라

싯다르타는 야소다라와 혼인하기 전에 약혼식을 거행했다. 정반왕에게 싯다르타의 아내로 딸을 달라는 청혼을 받은 야소다라의 아버지는 깊은 고민에 빠졌다.

"정반왕은 태자를 위해 명문가의 여인을 채택하려 했지만 뜻에 맞는 이가 없었다. 선각왕의 딸 구이[야소다라]는 단정해 천하에 짝할 이가 없었다. 정반왕은 여덟 나라의 왕들이 아들을 위해 선각왕에게 구혼했지만 거절했다는 소식을 들었다. 이에 선각왕을 불러서 '나는 태자를 당신의 딸에게 장가를 들게 하고 싶소'라고 했다. 선각왕은 집에 돌아온 후 근심하고 언짢아하면서 음식을 전혀 먹지 못했다."

간다라 불전 미술 가운데 싯다르타 태자와 야소다라의 약혼 장면을 표현한 것으로는 파키스탄 라호르박물관에 소장된 유물(사진 11)이 있다. 화면 중앙에는 왼손을 허리에 댄 싯다르타가 서 있고, 야소다라는 오른쪽 끝에 두 다리를 교차한 채 약혼식을 집행하는 바라문의 손을 잡고 서 있다. 아쉽게도 야소다라의 얼굴과 상체 일부는 손상되었다. 왼쪽 모서리 끝에 반가사유 자세로 깊은 고민에 잠겨있는 인물은 야소다라의 아버지다. 그는 정반왕이 아들을 위해 청혼을 하자 허락하지 않으면 정반왕에게 벌을 받을 것이고, 허락하면 정반왕보다 먼저 구혼했다가 거절당한 여러 나라 왕들과 사이가 나빠질 것을 고민하고 있다. 야소다라의 아버지 앞에도 세 명의 여인이 선 채로 싯다

〈사진 11〉싯다르타의 약혼 장면 속 야소다라,
간다라(2~3세기), 파키스탄 라호르박물관 소장.

르타를 쳐다보고 있다.

2) 결혼 장면 속 야소다라

싯다르타 태자는 누구와 언제 혼인했을까? 혼인한 나이에 대해서는
여러 경전에 따라 16세·17세·19세 설 등으로 다양하고, 아내에 대해
서도 여러 명이 언급되기도 한다. 그러나 가장 일반적인 설은 라훌라
를 낳은 야소다라가 태자의 아내라는 것이다.

정반왕은 염부수 아래에서 첫 선정에 든 아들 싯다르타를 본 이
후 그를 빨리 결혼시켜야겠다고 생각했다. 그는 석가족의 장로회의를
열어 싯다르타의 결혼 문제를 논의했다. 500명의 대신들이 자기의 딸
을 추천하자 정반왕은 그 결정권을 싯다르타에게 맡겼다. 싯다르타는
젊고 건강하며 아름다우면서도 교만하지 않고, 삿된 생각을 하지 않
고, 시부모를 자기 부모처럼 섬기고, 주위 사람 돌보기를 자기 몸처럼

하고, 부지런한 사람을 아내로 맞고 싶다고 아버지께 말씀드렸다. 정반왕은 신부감을 찾다가 선각왕의 딸 야소다라로 결정했다. 그녀는 외모가 단정하고 엄숙하며 아름다웠고, 키가 크지도 않고 작지도 않았으며, 뚱뚱하지도 않고 야위지도 않았으며, 피부가 희지도 검지도 않았다. 싯다르타는 그녀를 아내로 맞아들이기 위해 여러 석가족 청년들과 무예 시합을 했으며 그 결과는 우승이었다.

간다라 불전 미술 가운데 싯다르타와 야소다라의 혼인식을 표현한 불전 미술로는 페샤와르박물관에 소장된 〈사진 12〉가 있다. 결혼 의식은 두 사람이 손을 맞잡고 성수(聖水)를 뿌리고 베다의 화신(火神)을 상징하는 불 주위를 빙빙 돌면서 행해지고 있다. 두 사람 사이에는 성스러운 물이 든 물항아리와 신성한 불이 표현되었고, 싯다르타와 야소다라가 서로 손을 맞잡고 그 주위를 돌고 있다. 신부 차림의 야소다라 뒤에는 그녀의 드레스 자락을 잡은 시녀가 서 있다. 혼인 장면 속 야소다라는 머리를 천으로 가리고 있어 간다라 불전 미술 속 다른 여

〈사진 12〉 결혼 장면 속 야소다라, 간다라(2~3세기),
파키스탄 페샤와르박물관 소장.

성의 모습과는 차이가 있다. 웨딩드레스를 입은 야소다라의 모습은 현대 서양식 결혼 장면의 신부 모습과 유사하다. 야소다라와 싯다르타가 화면 중앙에 배치되어 결혼식의 주인공임을 자연스럽게 표현했다.

3) 궁중 생활 속 야소다라

싯다르타와 야소다라의 궁중 생활을 『본생경』에서는 다음과 같이 이야기하고 있다.

> "아버지 정반왕은 아들을 위해 세 철에 알맞은 세 채의 궁전[三時殿]을 지었다. 하나는 9층이고 하나는 7층이며 또 하나는 5층이었다. 그리고 4만의 무희들이 보살을 모시고 있었다. 싯다르타는 마치 천왕이 천녀들에게 둘러싸인 것처럼 아름답게 장식한 무희들에게 둘러싸여 있었다. 남자가 없는 여자들만이 연주하는 음악을 즐기며 철에 따라 거기에 맞는 궁전에 살고 있었다. 라훌라의 어머니인 야소다라는 그 첫째 부인이었다."

여러 불전 문학에 의하면 싯다르타는 사문유관(四門遊觀. 네 문으로 나가 늙고, 병들고, 죽은 사람 그리고 수행자를 만난 사건) 이후 인간이 피할 수 없는 생로병사의 무상함을 경험한 후 자주 명상에 잠겼다고 한다. 아버지 정반왕은 호화로운 궁중 생활을 한 아들 싯다르타가 출가에 관심이 없어지기를 간절히 염원했다. 간다라 불전 미술에서는 싯다르타의 궁중 생활이 음악과 춤으로 가득찬 모습으로 표현(사진 13)되었다. 궁전

안 침상 위에는 두광(頭光)으로 장엄된 싯다르타 태자가 오른손을 들고 옆으로 누워있으며, 아내인 야소다라는 침상 끝에 결혼한 여성을 상징하는 거울을 오른손에 들고 앉아 있다. 그 주위에는 태자를 즐겁게 하기 위해 음악을 연주하거나 춤추는 무희들이 배치되어 싯다르타로 하여금 세속 생활에 흥미를 갖게 하려는 듯 흥겨운 분위기를 돋우고 있다.

경전의 내용처럼 남자는 오직 싯다르타 뿐이다. 음악을 연주하는 여인들은 북, 하프, 탬버린 같은 악기를 들고 있어 인도 악기 연구에도 중요한 단서를 제공한다. 『방광대장엄경』 제5권 「음악으로 깨우치는 품[音樂發悟品]」에서는 음악과 춤이 가득 차 있는 태자의 궁중 생활에 대해, "궁중의 여자들이 타는 노랫 소리는 애욕으로 싯다르타를 유혹하지만 시방 모든 붓다의 거룩한 신력으로 이 음성을 변해 법의 말이 되게 하네"라고 했다. 싯다르타가 왕궁에 있을 때 많은 여인들이

〈사진 13〉 궁중 생활 속 야소다라, 간다라(2~3세기),
파키스탄 카라치박물관 소장.

음악과 춤으로 태자의 출가를 방해하려 했지만, 오히려 출가의 결심을 굳히는 계기가 되었다. 궁중 생활 속 여성은 싯다르타의 마음을 세속에 머물게 하려는 데 안간힘을 쓰는 존재들이다. 곡을 연주하는 여인들과 마찬가지로 야소다라 역시 남편의 마음이 출가에 기울어지지 않도록 노력했을 것이다.

4) 출가 전날 밤 잠에 빠진 야소다라

싯다르타의 출가 시기에 대해서는 여러 설이 있지만 29세에 출가했다는 것이 일반적이다. 왕위 계승자인 싯다르타가 세속적인 구속에서 벗어나 수행자의 길로 나아가기로 한 출가 결심은, 불교사에서 중대한 사건 가운데 하나이다. 싯다르타가 카필라성을 나오던 날 밤의 일은 많은 불전 경전에 자세히 묘사되어 있다.

『보요경』에는 마부 찬나에게 애마 칸타카를 준비하도록 하는 「출가품」이 따로 있다. 출가 전날 밤 출가를 단행하려는 싯다르타와 출가를 막아보려는 마부 찬나와의 대화가 펼쳐지고 있다. 싯다르타는 성안의 사람들이 모두 잠든 것을 확인하고는 살며시 일어나 마부 찬나에게 말을 준비하라고 명령했다. 마부 찬나는 싯다르타의 말을 듣자 흐르는 눈물을 주체하지 못하고 출가를 만류했다. 그러자 싯다르타는 오랜 세월 동안 모든 중생들을 위해 도의 자취를 나타내 보이기를 원했고, 바로 지금이 그때라고 이야기했다.

싯다르타가 출가를 위해 마부 찬나에게 말을 준비하라고 명령하는 이야기는 불전 미술로 자주 표현되었다. 간다라 불전 미술 중에서 〈사진 14〉는 싯다르타가 침상에서 일어나 마부 찬나에게 떠날 채비

〈사진 14〉 출가하는 날 잠에 빠진 야소다라, 간다라(2~3세기),
파키스탄 페샤와르박물관 소장.

를 서두르라고 재촉하고, 찬나는 애마 칸타카를 데리고 싯다르타 앞
에 이르렀다. 태자를 태우고 먼 길을 떠날 말은 건물 안으로 들어오는
동작을 강조하기 위해 몸의 일부만을 표현했다.

　깊은 잠에 빠진 야소다라의 표현은 태자의 출가가 부인도 몰래
은밀히 이루어지고 있음을 보여준다. 야소다라의 머리맡에는 창을 들
고 궁전을 지키는 여자 호위병이 서 있지만 싯다르타의 출가를 막지
는 못했다. 이는 출가 전날 밤 모든 사람이 깊은 잠에 빠지도록 천신들
이 도왔다는 이야기와 일치한다.

5) 남편의 출가 소식을 듣고 오열하는 야소다라

출가의 길로 접어든 싯다르타는 오랜 시간을 함께 했던 마부 찬나와
애마 칸타카와의 이별을 선언했다. 싯다르타는 과거의 모든 붓다가
깨달음을 이루기 위해 장식을 버리고 수염과 머리칼을 잘랐듯이 그도
머리카락을 잘랐다. 그런 다음 싯다르타는 마부 찬나에게 보배로 장
식된 관과 상투 속의 명주(明珠)는 정반왕에게, 장신구는 이모 마하파

자파티에게, 그 밖의 꾸미개는 야소다라에게 전해줄 것을 당부했다.

찬나는 이 말을 듣고 슬퍼하면서도 차마 싯다르타의 명령을 어기지 못하고 이것들을 받아 든 채, 울면서 홀로 카필라성으로 돌아간다면 정반왕이 책망할 것이니 함께 있게 해 달라고 간청했다. 그러자 싯다르타는 찬나에게 "나를 낳은 지 7일 만에 어머니가 돌아가셨고, 모자 사이에도 죽음과 삶의 이별이 있거늘 하물며 딴 사람들은 말해 무엇하겠느냐"라며 애마 칸타카와 함께 성으로 돌아가서 출가 소식을 알려 주라고 요청했다. 마부 찬나와 애마 칸타카는 싯다르타와 이별하고 카필라성으로 돌아왔다. 성으로 돌아온 찬나와 칸타카를 본 정반왕, 마하파자파티, 야소다라는 모두 마부 찬나를 꾸짖었다. 그러자 찬나는 태자를 따라 영원히 돌아올 뜻이 없었는데도, 태자는 끝내 곁에 머무는 것을 허락하지 않았다고 말했다.

간다라 불전 미술 가운데 남편의 출가 소식을 마부 찬나로부터 전해 듣는 야소다라의 모습은 파키스탄 스와트박물관에 소장된 〈사진 15〉를 통해 알 수 있다. 마부 찬나는 애마 칸타카의 고삐를 잡고 성문으로 들어서고 있으며, 야소다라는 남편의 출가 소식을 전해 듣고 슬픔을 이기지 못하고 의자에 몸을 기댄 채 수심에 가득 차 있다. 찬나는 싯다르타의 보배관·명주·장신구 등이 담긴 보따리와, 일산을 든 채 칸타카의 고삐를 잡고 무거운 발걸음으로 성안으로 들어서고 있다.

고대 인도의 작가들은 성으로 돌아와 싯다르타의 출가 소식을 알리는 마부가 싯다르타의 아버지와 양모를 만나는 장면보다는, 아내였던 야소다라와의 에피소드에 주안점을 두었다. 그러나 조선 전기에

그려진 독일 쾰른박물관 소장의 〈출가유성도〉에는 아들의 출가 소식
을 접하고 눈물 흘리는 아버지 정반왕과 쓰러져 흐느끼는 야소다라가
함께 표현되었다.

3. 난다의 부인 손다리

아내로서 여성이 등장하는 또 다른 예로는 석가모니의 이복동생 난
다(Nanda, 難陀)의 부인 손다리(孫陀利, Janapadakalyāṇī) 이야기가 있다. 이
이야기를 표현한 불전 미술은 간다라 지역에는 없고, 남인도의 나가
르주나콘다 사원지에서 출토된 예가 있다. 석가모니가 카필라성을 방
문했을 때 석가모니 붓다를 따라 출가한 이복동생 난다는 출가 이후
에도 아름다운 아내 손다리를 잊지 못했다. 그는 틈만 나면 카필라성
으로 돌아가 아내를 만날 생각만을 했다. 마음을 잡지 못하는 난다를
깨우치기 위해 석가모니는 그를 데리고 천상 구경에 나서야겠다고 마

음먹었다. 석가모니는 난다가 그의 옷자락을 잡자 마치 새처럼 허공을 날아 향취산(香醉山)에 닿았다.

그때 과일 나무 아래에는 애꾸눈의 암컷 원숭이가 석가모니를 쳐다보고 있었다. 석가모니는 난다에게 애꾸눈의 원숭이와 너의 아내를 비교하면 누가 더 아름답느냐고 물었다. 그러자 난다는 석가족의 손다리는 천녀(天女)와 같아서 이 세상에는 비교할만한 이가 없고, 원숭이를 그녀에게 비교하는 것은 당치 않는 일이라고 대답했다. 그러자 석가모니는 다시 난다를 데리고 도리천에 이르러 이곳저곳을 구경시켜 주었다. 그곳에는 아름다운 천녀들이 서로 즐기고 있었는데 천자(天子)들은 없었다. 석가모니는 이곳은 무슨 까닭에 여인들만 있고 남자들은 보이지 않는 것인지를 물었다. 그러자 천녀들은 난다는 출가해서 오로지 범행(梵行)만을 닦다가 목숨을 마친 뒤에는 이곳에 태어날 것이기 때문에, 그를 기다리고 있다고 대답했다.

난다는 그 말을 듣고 무척 기뻐했다. 석가모니는 난다에게 도리천의 천녀들과 손다리를 비교하면 누가 더 아름다운지를 물었다. 그러자 난다는 손다리를 이 천녀들과 비교하는 것은 마치 저 향취산에 살고 있는 애꾸눈의 암컷 원숭이를 손다리와 비교하는 것과 같다고 대답했다.

남인도의 나가르주나콘다 사원지에서 출토된 〈난다의 부인 손다리〉를 표현한 〈사진 16〉은 앞의 내용을 잘 반영하고 있다. 화면 오른쪽에는 하늘로 날아오르는 석가모니와 난다가 있고, 그 아래 연못가에는 애꾸눈의 원숭이가 앉아서 석가모니와 난다를 올려다보고 있다. 왼쪽은 천상의 모습으로 나무 아래에는 4명의 천녀들이 앉거나

〈사진 16〉 난다의 부인 손다리 이야기, 남인도(3세기경), 인도 나가르주나콘다고고박물관 소장.

서 있고, 나무에는 과일을 따는 두 마리의 원숭이가 있다. 이 원숭이들
은 지상의 원숭이와 달리 사람처럼 표현되어 있는데, 지상의 아름다
운 손다리보다도 아름답다는 것을 비유적으로 나타낸 것으로 보인다.
정작 난다의 부인 손다리는 표현되지 않았다. 난다의 부인 손다리 에
피소드는 애욕을 끊어내지 못한 수행자의 아내에 관한 것이다.

간다라 불전 미술 속
여신의 표현

여신(女神)은 간다라 불전 미술에서 카필라성의 수호 여신, 깨달음을 얻는 장면의 지모신, 열반 장면의 나무신[樹神]으로 등장한다. 카필라성의 수호 여신은 싯다르타의 청년기와 출가기 때 등장하며, 지모신은 항마성도기 때 성불과 관련된 장면에 등장한다. 이에 비해 나무 여신은 석가모니의 열반 장면과 깊게 관련되어 있다.

1. 카필라성의 수호 여신
1) 전륜성왕의 수업을 받는 장면 속 카필라성의 여신
카필라성의 수호 여신은 간다라 불전 미술에서 싯다르타를 수호하는 임무를 맡았다. 그녀는 싯다르타가 전륜성왕이 되기 위해 학문을 닦는 장면에 처음 등장한다. 싯다르타는 불전 경전에 의하면 7세가 되자 정반왕이 '태자가 벌써 컸으니 학문을 하게 해야겠다'라고 생각하고 나라 안에서 글과 재주가 뛰어난 총명한 바라문을 두루 찾았다고 한다.

싯다르타의 스승은 명망과 학덕을 갖춘 바라문으로 베다와 우파니샤드에 정통한 바슈바미트라(Viśvāmitra), 병법과 무예를 가르칠 스승 크산티데바(Ksntideva), 수학을 가르칠 스승 아르주나(Arjuna), 언어학자이자 문법학자인 삽바밋타(Sabbamitta)가 초청되었다. 싯다르타는 이 스승들로부터 정통 바라문의 학문 뿐만 아니라 외도(外道)의 사상도 배우고 64종의 문자도 익혔으며, 궁술(弓術)을 비롯한 29종의 군사학도 연마했다. 불교의 이상적인 왕의 모델인 법으로 세상을 다스리는 전륜성왕(轉輪聖王)의 수업을 받았던 것이다.

싯다르타의 어린 시절에 관한 불전 미술은 인도나 중국에서는 찾아보기 어렵고, 북인도인 간다라에서만 꽤 많이 제작되었다. 싯다르타가 전륜성왕의 수업을 받는 〈사진 17〉에 등장한 카필라성의 여신은 싯다르타가 양을 타고 공부하러 가는 것을 보호하고 있다. 그녀는 양을 탄 싯다르타 뒤에 서 있는데, 왼손에는 풍요를 상징하는 뿔을 들고 있다.

싯다르타 앞에 있는 나신(裸身)의 두 인물은 학당에 같이 가는 동학(同學)으로 여겨진다. 『방광대장엄경』에 의하면 싯다르타가 "여러 동자와 함께 학당에 있을 때 같이 자모(字母)를 부르면 한량없는 백천 법문의 소리를 연출해 수많은 사내아이와 여자아이들에게 보리심을 내게 했고, 이 인연을 나타내 보이기 위해 학당에 들어갔다"라고 한다. 손에 필기도구를 든 나체의 동자들은 바로 이들을 나타낸 것으로

〈사진 17〉 전륜성왕의 수업을 받는 싯다르타를 보호하는 카필라성의 수호 여신,
간다라(2~3세기), 인도 국립뉴델리박물관 소장.

보인다. 화면 왼쪽 끝 나무 아래 앉아 있는 인물은 싯다르타의 스승 비
슈바미트라로, 무릎 위에 판을 얹고 무언가를 쓰면서 싯다르타를 가
르치고 있다. 그 앞에 합장하고 있는 인물은 전륜성왕의 수업을 받고
있는 싯다르타이다.

2) 사문유관 장면 속 카필라성의 수호 여신

카필라성의 수호 여신은 싯다르타 태자가 동서남북 네 문을 통해 밖
에서 경험한 일들을 표현한 사문유관(四門遊觀) 또는 사문출유(四門出
遊) 장면에도 등장한다. 왕궁의 호화로운 환경 속에서 인생의 부정적
인 면을 경험하지 못한 싯다르타는, 어느 날 나들이를 나갔다가 동쪽
성문에서 나이든 허리가 굽은 노인을 만났고, 남쪽 성문 근처 길가에
서 아픈 사람을 보았다. 서문을 나서다가 한 무리의 장례 행렬과 맞닥
뜨렸고, 북문 근처에서 머리와 수염을 깎은 수행자를 만났다. 싯다르
타는 노인과 아픈 사람 그리고 장례식을 보고는 인생의 고통과 허무

를 깨달았고, 출가 사문을 보고는 구원의 희망을 갖게 되었다. 즉 네 [四] 개의 문(門)을 거닐다[遊] 보고[觀] 깨달은 것이 사문유관이다. 이 이야기는 싯다르타가 출가를 결심하게 되는 직접적인 계기가 되는 사건으로 불전 문학에서 중요한 위치를 차지한다.

〈사진 18〉은 싯다르타가 남쪽 문에서 아픈 사람을 만나는 장면 인데, 그를 수호하는 카필라성의 여신이 그를 뒤따르고 있다. 〈사진 17〉 장면과 마찬가지로 카필라성의 수호 여신은 싯다르타를 밀착 경호하고 있다. 야외에서 벌어지는 장면임을 나타내기 위해 태자의 앞쪽에 나무가 표현되었고, 오른쪽에는 갈비뼈가 앙상한 아픈 사람이 땅바닥에 주저 앉아 있다. 『수행본기경』의 "하늘 사람이 병든 사람으로 변해 길 곁에 있었다. 몸은 파리하고 배는 컸다"라는 내용처럼, 간다라 불전 미술 속 유난히 큰 배와 앙상한 갈비뼈를 한 아픈 사람의 모습은 경전의 내용과 일치한다.

〈사진 18〉 사문유관(四門遊觀) 중 싯다르타를 수호하는 카필라성의 수호 여신, 간다라(2~3세기), 파키스탄 페샤와르박물관 소장.

3) 출가 장면 속 카필라성 수호 여신

카필라성의 수호 여신은 싯다르타가 출가하는 장면에도 등장한다. 그녀는 수행의 길로 나선 싯다르타 앞에 서 있다. 상체를 돌려 싯다르타 태자를 바라보고 있는 카필라성의 여신(사진 19의 왼쪽 상단 가운데 인물)은 어깨에 다른 인물들과 구분되는 돌기 같은 것을 달고 있다. 남인도 출가 불전 미술에는 카필라성의 수호 여신은 생략되어 간다라 불전 미술의 특징임을 알 수 있다. 싯다르타는 어둠의 세계를 버리고 광명의 세계를 상징하는 출가의 길로 나섰다. 태자로서의 신분을 버리고 수행자의 길에 들어선 것을 출가라 하며, 붓다가 되기 위한 첫걸음이 시작된 것을 의미한다. 남인도 불전 미술에서는 석가모니의 육신 탄생보다는 정신적 탄생을 의미하는 출가를 강조하는 것은 이런 이유 때문이다.

싯다르타는 마부 찬나와 애마 칸타카를 데리고 성을 넘어 출가의 길로 나설 때, 사천왕이 말발굽을 받쳐 소리 나지 않게 했고, 애마가 소리를 내어 궁중에 알리려 하자 천신들이 소리를 흩트려 모두 허공으로 돌아가게 했다. 싯다르타는 말에 올라 성문을 나가는데, 여러 하늘·용·신(神)·제석·범천·사천왕이 모두 즐거워하며 인도하고 따르면서 허공을 덮었다고도 한다.

초기부터 불교도들은 석가모니 일대기 가운데 출가 장면을 중요시해 미술로 남기고 있다. 간다라의 로리안 탕가이에서 출토된 〈싯다르타 태자의 출가〉 장면(사진 19)은 먼저 성문을 나오는 싯다르타가 개선·입성·행진하는 로마 황제처럼 오른손을 든 채 말 위에 앉아 출가를 단행하고 있다. 대부분의 불교 경전에서는 싯다르타가 출가할 때

〈사진 19〉 싯다르타의 출가 장면 속
카필라성의 수호 여신, 간다라(2~3세기),
인도 콜카타 인도박물관 소장.

말발굽의 소리를 잠재우기 위해 네 발을 사천왕이 받쳤다고 하지만,
실제로 간다라 불전 미술에서는 사천왕 대신 두 명의 약샤(yaksha, 강한
힘과 무서운 외모를 가진 초자연적인 존재의 일종)가 애마의 발을 받치고 있다.
마부 찬나는 햇빛 가리개인 일산(日傘)을 들고 그 뒤를 따르고 있으며,
마부 위에는 싯다르타의 호위 임무를 맡은 금강역사가 금강저를 들고
그를 호위하고 있다.

　　말 앞에서 왼손에 화살을 들고 오른손으로 길을 인도하는 자세
를 한 인물에 대해서는 마왕 마라, 비사문천, 제석천 등 다양한 해석이
있다.

　　그러나 이 인물이 손에 든 화살은 무명을 타파하고 지혜의 길로
나서는 것을 상징하는 표현으로 보이는데, 『불본행경』에서 "정견(正
見)을 날카로운 창으로 삼고, 정사(正思)를 화살로 삼는다"라는 표현이

있는 것으로도 짐작이 가능하다.

2. 항마성도 장면 속 지신(地神)의 표현

석가모니 일대기에서 지신 또는 지모신은 성도와 관련이 깊다. 지신은 보리수 아래로 향하는 싯다르타와 함께 표현되기도 하고, 성도 순간을 상징하는 항마성도 장면에도 표현된다. 그러나 간다라에서는 항마성도 장면보다는 주로 보리수로 향하는 장면에 주로 표현되었다.

1) 보리수 아래에서 만난 싯다르타와 마왕의 대결 장면 속 지신

싯다르타는 성도지 보드가야의 보리수 아래로 가던 중 칼리카 용왕으로부터 찬탄을 받은 후 풀 베는 청년 솟티야(Sothiya, 吉祥)에게서 보리수 아래에 깔고 앉을 풀을 보시받았다. 보리수 아래에 자리를 마련한 싯다르타는 "내 이제 이곳에 앉아서 번뇌의 바다를 건너지 못하면, 차라리 이 몸을 부수어버릴지언정 이 자리에서 일어나지 않겠다"라고 서원했다. 그러자 욕계(欲界)의 주인인 마왕 마라가 나타나 이 보리수 아래는 밤이 되면 귀신과 야차 등이 자주 와서 사람의 고기를 먹는 무서운 곳이니, 우루벨라 촌락에 가서 머무는 편이 좋을 것이라고 회유했다. 싯다르타는 "이곳은 지난 옛날 모든 부처님도 이 나무 아래에서 깨달음을 얻었기 때문에, 내가 여기에 있는 것이다"라고 하면서 떠나지 않았다.

　『근본설일체유부비나야파승사』에서는 마왕이 보리수 아래를 택해 깨달음을 이루려는 싯다르타를 방해하기 위해 그 앞에 동자로 변신해 나타났다고 전한다. 즉 마왕의 상법(常法)에는 두 가지 종류의 깃

〈사진 20〉보리수 아래에서 만난 싯다르타와 마왕의 대결 장면 속 지신,
간다라(2~3세기), 인도 콜카타 인도박물관 소장.

대가 있는데 하나는 기쁨의 깃대요, 다른 하나는 근심의 깃대이다. 근
심의 깃대가 움직이자 마왕은 지금 갑자기 근심의 깃대가 움직인 것
은 반드시 손해 볼 일이 생길 징조라고 생각했다. 그러다가 금강좌에
앉아 있는 싯다르타를 발견하고는 자신의 영역을 침범하기 전에 먼저
그를 방해할 목적으로, 즉시 성난 얼굴을 한 채 작은 심부름꾼 동자로
변신해 싯다르타 앞으로 갔다. 그리고 싯다르타에게 다가가 카필라성
은 이미 데바닷타에게 장악되었고, 모든 석가족은 그에게 죽임을 당
했으니 여기에 편안히 앉아 있어서는 안 된다고 말했다.

앞의 내용을 나타낸 〈사진 20〉은 보리수 아래에서 만난 싯다르
타와 마왕을 표현한 것으로, 보리수 아래에서의 싯다르타와 마왕의
이야기를 표현하고 있다. 싯다르타가 앉을 보리수 아래에는 숫티아에
게서 받은 풀이 깔려 있고, 그 아래에는 그의 깨달음을 증명할 지신이

표현되어 있다. 지신은 풀잎 속에 상반신만 표현되었다. 보리수를 사이에 두고 오른쪽에는 깨달음을 얻기 전에는 그 아래를 떠나지 않겠다고 다짐한 싯다르타가 있고, 반대편에는 어떻게든 깨달음을 방해하려는 마왕이 마주보고 서 있다. 마왕의 뒤에는 깨달음을 방해할 마왕의 세 딸이 보인다. 중앙의 보리수는 싯다르타의 성도를 뜻하는 우주 축의 상징이며, 풀과 지신이 표현된 사각형의 자리는 바로 싯다르타가 앉은 금강석처럼 단단하고 보석으로 장엄된 자리인 금강보좌(金剛寶座)를 의미한다.

2) 항마성도 장면 속 지신

항마성도를 표현한 간다라 불전 미술에서는 지신이 생략된 예가 많다. 대좌에는 주로 패배한 마왕의 군대가 표현되었다. 그런데 대좌의 풀잎 속에 화려한 보관을 쓰고 장신구를 한 지신이 고개를 들어 석가모니를 바라보는 모습이 표현된 작품(사진 21)이 있다. 풀 베는 청년 솟티야로부터 길상초를 받아든 싯다르타는 보리수 아래로 발길을 옮겼다. 보리수 아래에 싯다르타가 앉자 마왕은 그가 곧 깨달음을 이룰 것이라는 걸 예감하고는 온갖 방해를 시작했다. 석가모니가 싯다르타로 태어나 출가 수행자가 되어 오랜 수행을 통해 깨달아 중생 구제의 길로 들어선 것을 우리는 항마성도(降魔成道)라고 한다. 불교에서는 욕망 세계의 주인공을 마왕으로 여겼고, 욕망이 다스려진 평화로운 내면 세계를 석가모니로 대비시켰다.

마왕이 위력을 발휘하는 최대의 순간은 불교의 시작을 의미하는 항마성도 때이다. 인간이 창조할 수 있는 다양한 욕망의 세계를 싯다

〈사진 21〉 항마성도 장면 속 지신, 간다라(1~2세기),
독일 베를린 훔볼트 포럼 소장.

르타 앞에 펼쳐 보이는 마왕은, 항마성도 장면에서는 겁박과 패배의
모습을 모두 보여준다. 딸들을 앞장세워 싯다르타를 유혹하기도 하고
군대를 동원해 위협해 보지만, 결국 이기지 못하고 물러나게 된다. 석
가모니 일대기를 표현한 불전 미술에서는 이 장면을 드라마틱하게 표
현했다.

석가모니는 마왕에게 마왕은 전생에 착한 일을 딱 한 가지 한 인
연으로 천상에 태어났지만, 자신은 무수한 세월 동안 공덕을 쌓아왔
다고 했다. 이에 마왕은 그것을 누가 증명하겠느냐고 맞받아쳤고, 석
가모니는 손으로 지신을 불러 그의 과거생 공덕을 증명하게 했다. 이
사건으로 석가모니가 오른손으로 땅을 가리키고 있는 손 모양을 '항
마촉지인(降魔觸地印)'이라고 한다.

항마성도 장면 속 지신은 석가모니의 전생에 쌓은 공덕이 마왕

보다 뛰어남을 증명했고, 이로 인해 마왕의 패배를 이끄는 역할을 담당했다. 대지의 여신인 지신은 결국 불교를 창시한 붓다의 탄생을 암시하는 역할자였다.

간다라 불전 미술 속
여성 출가자

석가모니 생전에 여성의 출가는 허락되었는데 최초의 여성 출가자는 싯다르타를 양육한 이모 마하파자파티와 아내 야소다라를 비롯한 석가족 여성들로 추정된다. 여성의 출가를 적극적으로 석가모니에게 요청한 인물은 아난이다. 최초의 여성 출가는 석가모니가 이모였던 마하파자파티에게 출가를 허락하면서 이루어졌다. 정반왕이 돌아가시자 그의 부인인 마하파자파티는 석가모니에게 출가를 허락해 달라고 세 번이나 요청했지만, 석가모니는 거절했다.

세 번이나 석가모니로부터 출가를 거절당한 마하파자파티는, 흙이 묻은 맨발로 먼지를 뒤집어 쓴 채 울면서 문밖에 서 있었다. 이 모습을 본 아난은 석가모니에게 마하파자파티의 출가를 허락해 줄 것을 간청했지만, 석가모니는 또다시 거절했다. 그러자 아난은 석가모니의 어머니께서 돌아가신 후 마하파자파티가 기른 덕을 생각해서, 그녀의 출가를 허락해 달라고 계속 요청했다. 마침내 석가모니는 비구를 공경하는 여덟 가지 법을 받아들인다면, 출가 수행자로 교단에 들어오는 것을 허락한다고 이야기했다. 아난의 도움으로 여성의 출가가 허락된 것이다.

파키스탄 라호르박물관에 소장된 최초의 여성 출가를 표현한 〈사진 22〉에는 중앙의 석가모니를 중심으로 오른쪽에는 다섯 명의 승려들이, 왼쪽에는 출가를 요청하는 마하파자파티와 두 명의 여인이 표현되었다. 마하파자파티는 손에 천을 들고 석가모니를 향해 서 있는데, 이것은 석가모니에게 금실로 짠 가사를 보시하려고 했던 사건을 표현한 것이다. 마하파자파티가 석가모니에게 바치려고 한 황금 가사

〈사진 22〉마하파자파티의 출가, 간다라(2~3세기),
파키스탄 라호르박물관 소장.

를 석가모니가 받지 않은 것은, 그녀의 출가에 대한 애원을 미리 인지했기 때문이다. 마하파자파티 뒤에 서 있는 합장하고 있는 여인은, 싯다르타의 아내였던 야소다라로 추정된다. 석가모니에게 여성의 출가를 요청한 아난은 생략되었다.

간다라 불전 미술 속
여성 시주자

여성은 시대와 지역을 불문하고 불교에서 중요한 시주자로서 역할이 두드러졌다. 석가모니 일대기에서 여성 시주자로는 고행을 포기한 싯다르타에게 우유죽을 올린 수자타와 망고원을 시주한 암바팔리가 유명하다.

1. 우유죽을 시주한 수자타

수자타가 공양 올리는 간다라 불전 미술은 싯다르타의 고행과 고행을 포기한 장면과 함께 표현된 〈사진 23〉이 유명하다. 화면 오른쪽부터 고행, 고행의 포기, 수자타의 공양이 한 장면에 표현되었다. 싯다르타는 "나는 하루 깨 한 톨과 쌀 한 알을 먹었으며, 때로는 이레 동안에 그렇게 먹기도 하였으니, 몸이 야위어서 마치 마른 나무와 같다. 고행을 닦아 6년이나 되었는데 해탈을 이루지 못하였으니 그릇된 길이다. 이제 내가 만약 이 마른 몸으로 도를 얻는다면 저 외도들은 굶주림이 바로 열반에 이르는 길이라고 말할 것이다. 고행을 포기한 뒤 몸을 회복한 뒤에 도를 이루어야겠다"라고 생각했다. 고행을 그만둔 싯다르타는 자리에서 일어나 네란자라 강에 들어가서 목욕했다. 그러나 몸이 너무 야위었기 때문에 스스로 나올 수가 없자 천신이 내려와서 나뭇가지를 내려뜨려 주었으므로 그것을 잡고 강을 나올 수 있었다. 〈사진 23〉의 중간 부분에는 나뭇가지를 잡고 물 위에 간신히 서 있는 싯다르타가 표현되었는데 『과거현재인과경』의 내용과 일치된다.

그때 그 숲의 바깥에 소치는 여인이 있었는데 정거천이 내려와서 권하기를 '태자께서 지금 숲속에 계시니 그대는 공양을 올리라'라고 했다. 여인은 우유죽을 가지고 태자에게 공양을 올렸다. 태자는 여인의 보시를 받으면서 기원했다. "보시하는 음식은 먹는 이에게 기력을 차릴 수 있게 하니, 보시하는 이는 담력을 얻고 기쁨을 얻어 안락하며, 병 없이 오래 살게 될 것이며, 지혜가 두루 갖추어지리라." 그리고 또 태자는 말했다. "나는 일체중생을 성숙시키기 위해 이 음식을 받는다." 기원하기를 마치고 우유죽을 먹자 몸에서 빛이 나고 기력이 회복되었다.

〈사진 23〉에서 수자타는 왼쪽 끝에 주전자를 손에 든 여성으로 표현되었는데, 주위에 여성 3명이 함께 표현되었다. 수자타의 공양은 수행자 싯다르타가 성도해 석가모니가 되는 과정 중에 일어난 사건으로, 성도를 위한 싯다르타의 체력을 회복하는 데 지대한 영향을 주었다는 것을 의미한다.

〈사진 23〉 오른쪽부터 고행, 고행의 중지, 수자타의 공양, 간다라(2~3세기),
독일 베를린 훔볼트 포럼 소장.

2. 망고원을 보시한 암바팔리

석가모니가 성도하기 직전 수자타가 우유죽을 시주해 기력을 회복했다면, 열반에 들기 전에 시주자로 등장한 여성은 베살리의 기녀 암바팔리(Ambapālī, 菴羅波利, 菴婆羅女)이다. 암바팔리가 망고원을 보시한 에피소드는 석가모니의 마지막 여로에서 일어난 사건이다.

왕사성에 머물고 있던 석가모니는 반열반에 들 때가 가까워졌음을 알고는 그곳을 떠났다. 암바랏티까 마을을 지나 날란다와 파탈리(Pātali)를 거쳐 베살리로 들어섰다. 석가모니는 암바팔리가 소유한 망고 숲에서 잠시 쉬고 있었다. 이 소식을 전해 들은 암바팔리는 만사를 제치고 석가모니를 찾아갔다. 암바팔리는 어렸을 때 베살리 교외의 암바 숲에 버려졌는데, 숲을 지키는 이에 의해 길러졌기 때문에 암바팔리로 불리웠다. 아름다운 여인으로 성장한 그녀는 베살리의 유명한 기녀가 되었다.

석가모니의 곁에 앉아 설법을 들은 암바팔리는 다음 날 석가모니와 그 일행을 식사에 초대하고 싶다고 했다. 석가모니로부터 허락을 받은 암바팔리는 식사 준비를 위해 그녀의 처소로 바삐 돌아가고 있었다. 도중에 석가모니가 베살리에 왔다는 소식을 듣고 석가모니를 만나러 가던 릿차비 귀족들을 만났다. 그들은 암바팔리에게 서둘러 가는 이유를 물었고, 암바팔리는 다음 날 석가모니를 공양에 초대했기 때문이라고 대답했다. 릿차비 귀족들은 암바팔리에게 석가모니의 공양을 자기들에게 양보하면, 그 대가로 많은 돈을 주겠다고 회유했다. 그러나 그녀는 거절했다. 석가모니를 만난 릿차비 귀족들도 석가모니를 식사에 초대하고 싶다고 말했지만, 석가모니 역시 이미 암바

<사진 24> 망고 숲을 보시한 암바팔리, 간다라(2~3세기), 인도 찬디가르박물관 소장.

팔리의 초대에 응했다고 거절했다. 암바팔리의 식사 초대에 응한 석
가모니의 식사가 끝나자, 그녀는 자신이 소유한 망고 숲을 석가모니
와 비구 승단에 보시하겠다고 말했다. 석가모니는 망고 숲을 받고는
그녀에게 설법하고 그곳을 떠났다.

　　인도 찬디가르박물관의 <망고 숲을 보시한 여인 암바팔리>를 표
현한 <사진 24>는 중앙의 석가모니를 중심으로 왼쪽에는 망고 숲을
보시한 암바팔리와 또 다른 여인이, 오른쪽에는 합장하고 있는 두 명
의 남자가 표현되었다. 암바팔리가 들고 있는 물주전자는 석가모니에
게 망고 숲을 기증한다는 것을 상징적으로 나타낸 것이다. 암바팔리
가 소유한 망고 숲에서 설법하는 석가모니의 모습은 머리 위의 망고
나무 표현을 통해 알 수 있다. 오른쪽에 합장한 두 인물은 아마도 암바
팔리의 식사 초대를 가로채려 했던 릿차비 귀족들로 여겨진다.

　　손에 물주전자를 들고 있는 암바팔리의 모습은 우유죽을 시주한

수자타의 모습과 같다. 보시가 이루어지고 있는 사실은, 두 여인이 든 물주전자를 통해 알 수 있다. 두 여성이 들고 있는 물주전자의 형태는 차이가 있지만, 물주전자가 보시를 상징하는 바는 같다.

간다라 불전 미술 속
유혹하는 여성

앞에서 살펴본 간다라 불전 미술 속 여성은 대부분 긍정적인 이미지였다. 그러나 석가모니 성도와 관련된 간다라 불전 미술 속 여성은 부정적인 이미지로 등장한다. 대표적인 예로는 마왕의 딸을 들 수 있다. 석가모니 일대기에서 욕계(欲界)의 주인공인 마왕 마라는 주로 출가·성도·열반 장면에 어김없이 등장한다. 싯다르타의 성도를 방해하기 위한 마왕의 다양한 공격 가운데 하나가, 딸들을 앞장세워 싯다르타를 유혹한 사건이다.

　석가모니 일대기를 다룬 불전 경전에는 마왕 마라의 딸들이 32가지 교태로 싯다르타를 유혹하는 모습이 자세히 기록되어 있다. 마왕의 딸들은 갖은 아양을 떨면서 싯다르타에게 청춘은 두 번 다시 되돌아오지 않으니 함께 놀자고 회유했다. 그러자 싯다르타는 조금도 흔들림 없이 부드러운 말씨로 육체의 쾌락에는 고뇌가 따르고, 오래전에 그러한 고뇌를 초월해 버렸으며, 하늘을 지나는 바람처럼 자유로운 자신을 당신들이 옭아매 둘 수 있냐고 반문했다. 이에 마왕 마라의 딸들은 마음속으로 싯다르타에게 경의를 표하고, 손에 들었던 꽃을 바친 다음 아버지에게로 되돌아가고 말았다.

싯다르타를 유혹하는 마왕과 그의 딸들을 표현한 〈사진 25〉는 마왕이 싯다르타가 깨달음을 얻을 경우 자신의 힘이 약화될 것을 알고 유혹하기 위해, 자신의 세 딸을 보내 그를 유혹한 것을 표현한 것이다. 중앙에는 싯다르타가 있고, 그의 왼쪽에는 마왕과 딸이, 반대편에는 다른 두 딸이 표현되었다. 마왕은 왼쪽 팔꿈치를 자신의 딸 어깨 위에 얹고 기대어 서 있고, 딸들은 요염한 자세로 노래하거나 춤추며 싯다르타를 유혹하고 있다. 마왕의 세 딸 이름은 경전마다 약간씩 다르지만 땅하(Taṇhā, 渴愛), 아라티(Aratī, 嫌惡), 라가(Ragā, 貪慾)가 일반적이다. 왼쪽 끝에서 두 번째로 서 있는 마왕의 딸은, 왼손에 애욕을 상징하는 거울을 들고 오른손은 뺨에 댄 채 자신의 요염한 자태를 들여다보고 있다.

〈사진 25〉 싯다르타를 유혹하는 마왕 마라와 그 딸들, 간다라(2~3세기),
파키스탄 페샤와르박물관 소장.

8

동아시아의 『혈분경(血盆經)』 사상을 통해 보는 여성관

글. 김성순(전남대학교 연구교수)

서언(緒言)

『혈분경(血盆經)』은 『지장보살본원경』 2권을 근거로 하여 10세기 이후로 중국에서 만들어진 위경(僞經, 공인 문서로 인정받지 못한 경전)으로, 정식 명칭은 『불설대장정교혈분경(佛說大藏正敎血盆經)』이다. 여러 판본이 전하고 있지만 핵심적인 이야기는 대동소이하다. 여기서 경의 제목에 사용된 '혈분(血盆)'은 출산 때 사용되는 큰 대야를 가리킨다. 따라서 이 제목만으로도 출산이나 생리로 인한 여성의 출혈과 혈호지옥과 유사성이 강한 음혈(飮血)지옥의 교의가 언급되는 『지장본원경(地藏本願經)』은 10세기 초, 늦어도 중국 오대 후진(後晉: 936~946)의 천복(天福 936~943) 연간에 출현했다. 이로 미루어 혈분사상은 대체로 936년 전후로부터 남송 소희 갑인(1194) 사이에 형성된 것으로 추정된다.

　여성을 부정(不淨)한 존재로 인식하는 불교의 관념은 계율이나 사념처(四念處) 수행 전통에서 비롯된 부정관(不淨觀)으로 볼 수 있다. 계율에서는 여색욕을 수행의 큰 적으로 보고, 남성을 위주로 하는 승단의 잠재적 정욕의 대상으로 여성을 경계하고 있다. 엄격한 카스트 신분사회에서 인간 평등과 해방 사상을 주창한 붓다는 실제로 여성 수행자만으로 이루어진 비구니 승단을 설립하였고, 여성 제자들을 양성하였으며, 성·인종·신분·결혼 여부 등에 상관없이 출가자로 받아들여 평등한 수행공동체를 만들었다. 그러나 붓다 사후 교단이 급격하게 가부장적으로 위계화되면서 열등하고 부정한 여성관이 확립되었고, 이후 붓다 재세시 성평등한 실천 행위에도 불구하고 여성혐오증으로 의심할 만한 내용들이 교리 혹은 계율을 통해 전승되었다.

리즈 윌슨(Liz Wilson)의 경우, 초기불교에서는 교리상 남성이나 여성의 몸을 부정한 것으로 관하는 것을 명시하지 않았지만, 1세기 초반에 이르러 대승불교로 접어들면서 점차 여성의 몸을 부정한 것으로 관상하는 수행이 대종(大宗, 사물의 주류)을 이루게 되었던 변화에 주목한다. 이러한 현상의 배경은 승단이 남성 위주로 구성된 영향일 수도 있지만, 그보다는 역시 비구 승려들이 관련 경험을 글로 많이 남겼기 때문이라는 것이다.

여성의 몸을 부정한 것으로 보는 불교의 신체관은 그 영향이 심원하여, 한대(漢代) 이후 한어로 번역된 정토 경전과 많은 대승 경전에서 관련 경문을 볼 수 있으며, 왕생정토나 깨달음, 성불이 여인의 몸으로 실현될 수 있는지에 관해 중고시대 이후 역대 불전의 논소와 종파의 교리 속에서 거듭 제기되고 논쟁을 불러일으키게 되는 중요한 과제가 되었다. 『혈분경』에서 제기되는 여성의 생득적인 죄업 역시 그러한 맥락에 자리하고 있다. 생리적 출혈에 의해서 지신(地神)을 오염시키는 것은 본래 불교의 죄업은 아니며,『혈분경』본문에서도 이것을 죄로 명기하고 있지는 않다. 그럼에도 근세의『혈분경』의 연기와 해설서 등이 여성들의 출혈과 그로 인한 오염을 죄로 명시하고 있는 까닭에 관해 이전의 연구에서는 지신을 오염시켰으며, 제성(諸聖)에 부정을 미치는 것을 '죄'로 해석하는 경향이 나타난다. 또한 시간이 흐르면서 여성들이 혈분지옥으로 떨어지는 업인(業因)은 출산 시의 사망, 나아가 출산이나 병에 의한 하혈로까지 점차 확대되어갔다. 관련이 있는 내용이리라는 점을 유추해볼 수 있을 것이다.

이 글에서는 생리적인 출혈만으로도 이미 사후 혈호지옥의 고통을 겪는 것이 예정되어 있는 여성들을 위해 어떤 구제의식이 행해졌는지, 더 나아가 중국과 일본의 불교교단들이 이『혈분경』을 어떤 식으로 포교에 활용했는지에 대해 집중하고자 한다.

『혈분경』이라는 경전 자체의 내용만으로도 충분히 논쟁적이고, 이에 따라 여러 각도에서 들여다볼 수 있는 주제이지만, 이 글에서는 그 중에서도 '구제의식'을 특별히 집중적으로 살피고자 하는 것이다. 여성을 부정한 존재로 바라보는 부정관에 근거한 문헌이지만, 여성은 모든 존재하는 인간의 모친이기도 한 정체성 때문에 효의 윤리관과 부정관이 유기적인 충돌과 융합을 보여준다는 점에서 해석과 적용의 다양성이 드러나기도 한다.

더불어 여성의 혈에 대한 또 다른 인식이 드러나는 한국과 일본의 전통문화에 대해서도 서술했다. 인간이 만들어나가고 전승하는 문화는 시대와 상황, 그리고 주도하는 그룹에 따라 얼마든지 가변적일 수 있으며, 경전이나 사상의 해석도 '역의 합일'처럼 해석이 달라질 수 있음을 보여주려는 의도에서 추가한 장이다.

중국의 혈분재(血盆齋)와
모친구제의 효(孝) 사상

여성 전용 지옥 배경엔 불교의 지옥사상 존재

효에 대한 강조를 통해 불교와 유교 간의 정신적인 이격감을 해소하려는 것이 『우란분경』이나, 『부모은중경』 계열의 위경들이 중국에서 만들어지게 된 배경이었다. 또한 지옥 관련 경문이나, 지옥변상도 등을 통해 업과 보응의 교의를 알리고, 지옥에 대한 공포에 비례하는 사후의 구제에 대한 열망을 포교에 적극적으로 활용했다. 이러한 종교적 상황이 중국에서의 혈분경류 생성의 배경이라 할 수 있다.

이처럼 『혈분경』이 만들어지고, 혈분지지옥이라는 사후의 여성 전용 지옥의 개념이 성립할 수 있었던 배경에는 불교의 지옥사상이 존재하고 있다. 중국에서는 6세기 초에 성립된 『경률이상』(권49·50)이나, 7세기 후반에 편집된 『법원주림』(권7)에 그때까지 번역된 지옥에 관한 주요 경전류[『문지옥경(問地獄經)』,『정도삼매경(淨度三昧經)』,『관불삼매해경(觀佛三昧海經)』,『대지도론(大智度論)』,『정법염처경(正法念處經)』 등]로부터 집중적으로 발췌되었다. 지옥에 대한 관심이 고조되면서 당대부터 송대에 걸치는 동안은 시왕신앙과 지장신앙 혹은 『우란분경』에 근거한 '목련구모전설(目連救母傳說; 目連變文)'이 확산되기 시작했다.

이 『혈분경』이나 혈호지옥은 돈황변문(11세기 이전에 서사)의 지옥순회로 유명한 목련물에는 전혀 등장하지 않는다. 남송(南宋) 대에 봉납된 『불설목련구모경(佛說目連救母經)』에서 목련이 낙태한 어머니를 찾아가 '좌확(剉碓)', '검수(劍樹)', '석개(石磑)', '회하(灰河)', '확탕(鑊湯)', '화분(火盆)', '흑암(黑闇)', '아비(阿鼻)' 등의 지옥을 둘러보지만, '혈분(血盆)' 등의 명칭은 일절 나오지 않는다. 어머니의 낙태 이야기로 가장 유명한 '목련구모'를 다룬 이 경에 혈분지옥이 없다는 것은 남송 말까지 『혈분경』이 아직 민간에 홍포되지 않았다는 것을 방증한다.

하지만 원대부터 명대까지는 창도(唱導, 앞장서서 주장하며 사람들을 이끔)의 대본이라고 할 수 있는 각종 보권(寶卷)류[『향산보권(香山寶卷)』이나 『목련보권(目連寶卷)』 등], 청대 이후는 『옥력보초(玉曆鈔傳)』 등 여러 통불교의 「권선서」를 통해서 지옥사상은 널리 서민사회에 침투되어 갔다.

중국에 현존하는 목련극 각본에서 가장 오래된 것으로 알려진 명나라 만력 11년(1583)의 『목련구모권선행효희문(目連救母勸善行孝戲文)』 하권 「삼전심모(三殿尋母)」에 여성의 혈과 관련된 지옥이 언급되고 있다. 혈호에 빠진 목련의 어머니에 대하여 옥졸이 '부인의 핏물은 삼광(일·월·별의 신)을 더럽힌다'라고 하고, 어머니의 대사에서도 '핏물의 삼광을 더럽히는 것은 부인의 어쩔 수 없는 일'이라고 하는 대목이다. 여기에는 '혈호(血湖)'라는 도교적 호칭으로 불리고 있는데, 통상적으로 아이 낳다 죽은 모체나 태아의 영혼은 여기에 떨어진다고 하여 '혈호초(血湖醮)'라고 불리는 공양을 한다고 한다. 이 혈호의 개념은 도교의 문헌과 의식에서 불리는 호칭이며, 명대에 들어 도교와 불교의 『혈분경』 사상이 밀접하게 상호교섭한 결과일 것이다. 당연히 '혈분지지옥'은 결코 대승경전만의 주장은 아니며, 중국의 『옥력지보초(玉曆至寶鈔)』 '명경도상(冥京圖像)' 및 『옥력초전경세(玉曆鈔傳警世)』 등도 근대에 출현한 문헌들이다. 또한 도교와 불교, 민간신앙이 융합하여 만들어진 이른바, '석교(釋敎)'라는 형식의 종교에서도 혈분재 관련 문헌을 발행하고 유사한 의식을 설행했다.

불교의 업보윤회사상에서는 남녀의 구별이 없이, 악업을 지으면 그 당사자가 과보를 받아야 하는 것이 원칙이다. 이를 자업자득(自業自得) 혹은 자작자수(自作自受)라는 용어로 표현한다. 하지만 『혈분경』과 관련한 신행에서는 업의 당사자가 아닌 남성, 특히 아들이 등장한다. 혈분지지옥에 떨어져 고통을 겪고 있는 중국에서는 불교뿐만 아니라 도교와 민간종교 등에서도 '혈분재(血盆齋)'라는 의식을 행했던 것을 볼 수 있는데, 혈분재(血分齋)는 사망한 모친의 영혼이 피의 호수에 떨어지는 벌로부터 구하는 의식을 말한다.

혈분재는 자녀들 특히 아들이 의식을 설행하는 점이 특징이다. 출산과 월경으로 출혈을 한 것이 사후 혈분지지옥 내지 혈호지옥에 떨어지는 업인이 된다면 그 고통을 해결하는 것도 여성 자신의 생전의 다른 선업이거나, 참회라야 한다. 하지만 아들에 의한 구제의식인 혈분재는 또 어떠한 교의에 근거하여 만들어진 것일까?

피의 호수에 떨어진 여성을 구제하는 의식

지옥도 혹은 아귀도에 떨어져 고통 당하는 모친을 구제한다는 인식은 『혈분경』 이전에 『불설우란분경』에서도 나타난다. 음력 7월 15일에 사방의 승려들에게 공양하고, 무주고혼 아귀에게 시식하는 공덕으로 부모를 포함한 7세 선조들을 구제한다는 우란분회(盂蘭盆會)의 사상적 근간이 바로 『불설우란분경(佛說盂蘭盆經)』이다. 『우란분경』의 내용에 따르면, 석존의 10대 제자 중 한 명인 목련(目連)이 생존 시의 악업으로 아귀도에 빠진 어머니를 구제하기 위하여 우란분회를 개설하도록 석존으로부터 가르침을 받은 것이 우란분회의 기원이 된다. 중국 불교에서는 『우란분경』의 내용을 부연하여 현세의 부모가 100세까지 복락을 얻을 수 있을 뿐만 아니라, 7대의 조상에 이르는 제도의 공덕이 있다고 확장시키고, 더 나아가 '효도'라는 유교 덕목과 결합시키기에 이르렀다.

　　『혈분경』이나 혈분재 등은 불교계에서 먼저 발생한 후 도교 공동체와 보권(寶卷) 등을 통해 민간신앙으로 확대되어 간 것으로 보인다. 모친의 구원을 위해 『혈분경』을 멀리 배포해야 한다는 것과 혈분재가 궁극적으로 지옥의 혈호에 떨어져 고통받는 것을 면하게 하는 것 외에, 모친이 현세에 살아 있는 동안 이 의식을 통해 재앙을 면하고, 복도 증진시키며, 질병을 줄이고 목숨을 연장시키고자 하는 의도도 있었음을 보여준다. 또한 여성이 사망한 후 천도(薦度)를 위해 혈분재가 행해지기도 했지만, 여성이 살아 있는 동안에도 사후 구제를 위한다는 명목으로 행해졌다.

혈분재는 다양한 형태로 설행되었는데 첫째, 여성이 자녀를 낳은 직후 3일간에 걸쳐 혈분재를 올리는 경우이다. 이는 거창한 의식이라기보다는 승려를 초빙하여 『혈분경』을 독송하는 형식으로 행해지는 것을 볼 수 있다. 다음으로 사망 후 49일 동안 매 7일마다 재를 지내는데 그 마지막 날인 단칠일(斷七日)에 혈분경참 의식을 설행하고, 저녁에는 방염구(放焰口), 즉 시아귀(施餓鬼) 의식을 행했던 것을 볼 수 있다. 이는 불교에서 행하는 사후 천도의식인 칠칠재(七七齋) 의식과 거의 맥락을 같이하며, 차이가 있다면 다른 대승경전 혹은 다라니 대신에 『혈분경』을 독경한다는 점일 것이다. 또한 특히 불교에서 행하는 혈분재의 경우, 아이를 낳다 죽은 여성들만이 아니라, 아이를 낳은 모든 여성들을 '혈호'에서 구원하기 위해 의식절차 중에 『혈분경』이 불태워졌다고 한다. 불교의 천도의식 등에서 뭔가를 태우는 것은 망자의 세계인 저승으로 보내는 것을 의미한다.

혈분재를 설행하기 위해서는 3년간 육식을 하지 않는 것이 기본인데, 이는 육식을 하기 위해 살생하는 과정에서 출혈이 발생하는 것을 금하기 위한 것이다. 혈분지옥의 업인 자체가 산고 과정에서의 출혈로 산천을 더럽히는 것이기 때문에, 이에 대해 보상하는 차원으로 생각된다.

혈분재와 유사한 개념의 의식으로 도교와 민간신앙, 불교가 융합된 이른바, 파혈호(破血湖) 의식도 행해졌다. '파혈호' 의식은 불교의 지장보살이 지옥의 문을 부수어 지옥중생을 구하는 개념인 '파지옥(破地獄)'과 유사한 의식이라 할 수 있다. 파혈호 의식을 수행하는 시기는 각 가정의 사정에 따라 다르다. 망자의 사후 49일을 7일로 나누어 매 7일마다 의식을 행하는 것은 칠칠재 형식과 유사하지만, 의식을 설행하는 주체나 간격은 가정의 상황에 따라 다른 것이다. 부유한 가정에서는 첫 번째 7일[頭七]부터 마지막 7일[終七·斷七]까지 다 치르는데, 일반적인 가정에서는 3·7, 5·7, 6·7만 하게 된다. 특히 그 중 6·7을 딸이 하게 되며, 아들이 많은 경우 7·7을 치른다. 파혈호 습속이 있는 지역에서는 문혁의 기풍이 강했던 시기를 제외하고는 여전히 이러한 파혈호 의식을 치른다고 한다.

파혈호 의식 중에 탁자 아래의 종이로 만든 사면의 벽(지옥의 네 문을 상징)을 다 부수고 나면 탁자의 정면 밑에 준비해둔 재가 담긴 발(鉢)을 도사가 칼로 내리쳐 단번에 깬다. 이것이 파혈호 의식의 마지막 절차이다. 발은 지옥을 상징하며, 발을 깬 것은 망자를 지옥에서 천상으로 초도(超度)한 것을 의미한다. 도교의 도사들은 장검으로 발을 깨지만 불교에서는 저울대[鐵杖]로 깬다고 한다. 대만의 도교에도 망자구제·추선공양을 위해 설행하는 '타성(打城)'이라는 의식이 있다. 이 의식은 망혼을 지옥에서 직접적으로 구출하는 것을 목적으로 진행되며, 그 절차에서 도사가 지옥 속에 있는 성문을 부수고 그곳에서 망혼을 구출하는 것이 연극적으로 표현된다.

파혈호는 여성을 위한 의식이므로 죽음의 형태와 상관없이 망자가 여성인 경우 치르게 된다. 자녀가 있으면 자녀들이 의식을 주관하고, 없으면 조카들이 주관한다. 조카도 없는 경우에는 친척이나, 친구가 의식을 주관한다. 중요한 점은 모친이 아직 살아계신 상태에서도 자녀들이 혈분재를 행했다는 것인데, 이는 중국 불교에서 유행하여 한국과 일본에 전해진 생전예수재(生前預修齋) 설행방식과 일정 부분 유사한 구조라고 할 수 있다.

불교에서 행하는 혈분재는 14세기 이전에도 강남지방에서 널리 행해져 왔을 가능성이 보이며, 명·청대에도 도교와 불교는 물론 민간 종교에서도 그 나름의 형식을 갖춘 혈분재가 계속 행해졌다. 힐 게이츠(Hill Gates)는 송대 철학과 경제의 변화라는 맥락에서 여성 지위의 하락을 파악하고 있다. 여성혐오적 가치들이 신유학의 정치 및 가족 철학에서 전형적으로 드러난다는 것이다. 또한 농업의 집약화로 노동력에 대한 수요가 증대되면서 아들 생산자로서 여성의 역할이 강조되었던 것도 한 요인으로 보고 있다. 중국 여성사 전반에 관심을 두고 여성·가족·사회를 연구한 역사학자 P. B. 이브리(Patricia Ebrey)의 경우, 여성 지위의 하락은 통상 당·송 변혁기나 송대로 거슬러 올라가며, 이러한 현상의 표지로 자주 언급되는 것이 과부의 재혼 금지와 전족(纏足) 관습이었다고 주장한다. 목련설화에서 목련존자가 갖은 고생 끝에 모친을 구제한 것은 중국의 효 관념을 반영한 것인데, 효도의 이데올로기와 종족주의는 상호관통하고 있다는 것이다. 따라서 중국의 혈분재는 송대 이래 종족제도가 발달하고, 명 중기 이래로 완숙한 제도로 발전하였으며, 특히 유교 윤리 하에서 강한 부권(夫權)이 형성되었던 조건을 배경으로 유행한 것으로 볼 수 있을 것이다.

혈분재 의식은 1949년 중화인민공화국의 성립 이후 정치적 상황의 변화로 봉건적이고 미신적이라고 탄압받으면서도 살아남아 현재의 사회·경제적 상황에 맞게 변용을 겪으면서 매우 왕성하게 행해지고 있다. 그렇다면, 불교의 혈분재 내지 민간신앙의 파혈호 의식이

313

동아시아의 『혈분경(血盆經)』 사상을 통해 보는 여성관

지금까지도 지속될 수 있는 사회적·역사문화적 배경에는 어떤 요소들이 있을까? 우리는 불교의 천도재 의식이나, 도교의 초재 의식이 기본적으로 망자를 위해 설행하는 형식이지만, 그 의식에 드는 비용을 지불하는 이른바, 재주(齋主)와 의식 집행자의 공덕을 축적하는 구조임을 놓쳐서는 안 된다. 의식을 통해 쌓이는 공덕은 재주의 사후를 위한 공덕인 동시에 고인이 되신 모친의 구제를 위한 효행의 선업(善業)이기도 한 것이다. 그 공덕은 재주의 극락왕생과 현세의 복락을 위해 회향될 수도 있을 것이다. 무엇보다도, 보이지 않는 공덕은 차치하고, 재주의 사회적 평판을 위해서도 혈분재나 파혈호 의식은 여전히 지속될 가능성이 높다고 하겠다.

일본의 게가레[穢] 사상과
나가레간죠[流灌頂]

부정함으로 간주된 생리성 출혈

무로마치시대(15세기)에 중국에서 일본에 전래된『혈분경』은 돌아가신 모친을 천도하기 위해 사경되었으며, 근년까지 널리 수용되어 왔다. 일본판『혈분경』의 내용은 근대로 접어들면서 질적인 변화를 가져왔다. 애초에 혈호지옥은 여성이 해산할 때 흘린 피로 인한 오염 때문에 떨어지는 것으로 간주되었다. 근대에 와서는 해산할 때의 출혈과 월경 때문에 떨어지는 것으로 언급되다가, 더 나아가 월경으로 인한 오염으로 인한 것으로 확장되었다.

현재 인쇄물로서의『혈분경』은 17점 정도가 확인되며, 내용의 차이에 따라 ① 원흥사(元興寺)판 ② 원정사(源正寺)판 ③ 화해(和解)판의 세 종류로 대별된다. 혈호지옥에 떨어지는 업인을 출산시의 출혈로 보는 원홍사판과 원정사판, 출산혈과 월경혈을 동시에 업인으로 보는 화해판이 병존하고 있다.

일본에서의 『혈분경』 관련 신앙은 3가지 형태로 진행되었다. 첫째, 재앙으로부터 지켜주는 호신부적으로서 『혈분경』의 위신력을 믿는 것. 둘째, 망자의 사후를 위해 『혈분경』을 봉헌하는 것. 셋째, 정토왕생을 위해 기도하는 의식에서 『혈분경』을 사경하거나, 독송하는 방식이다. 불교신앙결사의 지도자들은 호신부적의 의미를 지니고 있는 『혈분경』을 제자들에게 나눠주었으며, 아귀들에게 음식을 베풀어 구제하는 시아귀(施餓鬼) 의식에서 『혈분경』을 공양하거나, 망자의 관에 『혈분경』을 놓기도 했다. 일본에 유포된 『혈분경』에서는 지옥에 떨어지는 업인에 '출산 시의 출혈'이 일으키는 부정함 및 '출산 시와 월경 시의 출혈'이 일으키는 부정의 두 종류의 원인이 병존하고 있다. 그렇다면, 네 번째, 일본에서는 왜 월경 시의 출혈이 추가된 것일까? 중국과 일본 양국의 신도들이 『혈분경』을 받아들인 차이의 근원은 무엇일까?

일본의 경우, 여성의 생리성 출혈에 대한 기피와 죄업의식은 일본 신기(神祇) 신앙, 즉 신토(神道)의 영향을 받은 것이다. '게가레[穢]'라고 부르는 이 개념은 물체 및 신체·시간과 공간·행위 등의 비일상적인 상태나 성질을 나타내는 것으로, 부정(不浄)하다는 개념에 상당하는 더러움이나 기피, 거리낌의 관념이다. 게가레 중에서도 여인의 출혈과 관련되는 것은 '게쓰에[血穢]'라고 부르며, 출산이나 월경에 동반되는 출혈로 인해 게가레가 발생하는 것을 말한다. 이 게쓰에는 특히 여성 관련 게가레 중에서도 가장 중요한 관념이다. 신토에서는 생물의 신체로부터 유출된 혈액은 남녀 불문하고 게가레로 간주하였으며, 신체 일부가 분리한 두발, 손톱, 배설물, 체액, 시체 등에도 같은 관념을 적용한다.

근년의 여러 연구 결과를 살펴보면 '죽음'과 '피'의 관념이 사람들에게 기피 대상이 된 것은 9세기 중기 이후이다. 10세기 말에 찬술된 경자보윤(慶滋保胤)의 『일본왕생극락기(日本往生極樂記)』 이후, 가마쿠라시대에 걸쳐 찬술된 왕생전 류에는 여성 왕생자가 다수 수록되어 있는 것도 잘 알려져 있다. 다만 업보윤회사상이 널리 확산된 11~12세기경부터는 여성을 질투가 심하고, 음욕이 많아서 악심이 많은 본성을 가지고 있으며, 비구의 성불과 왕생을 방해하는 존재로도 얘기되었다. 그렇다면 일본에서 오장(五障)이나 삼종(三從) 등 여성차별적인 개념이 불교적 죄업과 연계되어 서술된 것은 언제부터일까. 아마도 문헌상으로 처음 나타나기 시작한 것은 12세기 초에 성립된 정토교학의 문답집인 『정토엄식초(淨土嚴飾抄)』인 것으로 보인다.

게다가 천황가문의 미혼여성이 재궁(齋宮)과 재원(齋院)으로 복무한 이세(伊勢)신궁과 가모(賀茂)신사는 월경이 있으면 피휘(避諱)하게 되었으며, 10세기 후반 이후에는 신속하게 대도시 귀족여성 사이도 확대되었다. 헤이안시대 중기에는 이러한 신사에서의 금기가 불교 사원에까지 확대되었다. 이러한 게가레 전통으로 인해 일본에서는 초막[産小屋うぶごや(忌み屋; いみや)] 등을 만들어 여성을 월경 혹은 출산 기간에 그곳에 머물게 하여 여성의 혈을 게가레로서 멀리하는 습속이 있었다. 이밖에도 월경 중인 여성은 신사에 참배하지 못한다던가, 제사에 참가할 수 없는 등 혈을 게가레로서 기피하는 현상이 나타난다.

하지만 혈의 게가레는 일정 시기가 지나면 자연히 해소되는 것이기 때문에 금제나 결계의 대상은 되지 않는다. 결국 혈의 게가레는 여인금제의 사상적 근거와는 다른 것으로 볼 수 있다. 또한 혈의 게가레를 기피하는 관념이 불교의 여성 열기관(劣機觀)과 융합하여 여성부정관을 탄생시켰다고 해도 그것은 여성죄업관과는 다른 것이며, 부정의 몸이라서 삼악도에 떨어지지는 않는다. 신체적인 부정성은 인간 공통의 것으로서 여성에 제한되지도 않는다. 그렇다면 혈의 게가레가 불교적인 죄업으로 여겨지게 되었던 요인은 무엇일까?

이 문제에 관련하여 일본 자체 내에서 만들어지고 유통되었던 이본『혈분경』의 존재에 대해 검토해볼 필요가 있다. 이본『혈분경』은 단독으로 현존하지는 않지만 문정(文正) 원년(1466)에 서사된『(성덕)태자전[(聖德)太子傳]』「태자13세(太子十三歲)」조에 인쇄된『혈분경』에서는 혈지(血池)지옥을 주목한 목련존자의 질문에 대해 귀왕(鬼王)이 "여성은 죄의 장애가 깊어서 몸에서 오욕삼독(五欲三毒)의 피가 나오는데, 이것을 월경이라고 한다. 그 피는 대지에 흘러서 천에서 옷을 빨면 그 물로 술을 빚고 차를 끓여서 제천삼보(諸天三寶)에 바친다. 이는 신과 불을 등한시 하는 것이다. 이 때문에 깊은 죄업의 땅에 떨어지게 되는 것이다"라고 답하고 있다. 목련이 이를 슬퍼하여『혈분경』을 그 혈지에 던지자, 연못 속에 연꽃이 생겨나서 고통을 당하던 여성들이 연꽃에 앉아서 안락의 몸을 얻을 수 있었다고 한다.

신성성 지키려는 관념 안에서 여성성 배제

중국에서 전입되어 일반에 유포된『혈분경』의 내용과 비교하면 지옥에 떨어지는 업인을 '오악삼독의 피', 즉 불교적 죄업에 의한 출혈이라고 보고 있는 점이 주목된다. 이본에서는 원본『혈분경』의 교학적 취약성을 보완하고, 악인악과(惡因惡果)의 원칙에 바탕을 둔 '월경죄 업론'을 지옥의 업인으로 명시한 것이라고 볼 수 있을 것이다. 이러한 이본『혈분경』의 내용은 정토종 대본산 지증상사(芝增上寺)의 구장(舊藏)으로, 현재는 동양대학(東洋大學) 철학당문고(哲學堂文庫)에 소장된 『우란분경사기소(盂蘭盆經私記疏)』에서도 볼 수 있다.『우란분경』의 주석서인 이 사료는 에도시대 전기에서 중기에 걸쳐서 서사된 것으로 추정된다. 원록(元祿) 11년(1698)에 정토종 류우잔·히츠무(龍山·必夢)에 의해 편찬된『정가제회향보감(浄家諸回向寶鑑)』「류관정공덕약설(流灌頂功德略説)」에서도 여성의 생리적 출혈을 '대죄'로 언급하고 있다.

또한 정덕(正德) 3년(1713), 정토종 송예엄(松譽嚴)이 찬술한『혈분경화해(血盆經和解)』는 일본에서 현존하는 유일한『혈분경』주석서인데, 월경으로 인한 출혈로 지신과 수신을 오염시키는 것이 '죄장(罪障)'이라고 명기하고 있다. 이는 여성의 생리적 출혈을 '대죄(大罪)'로 이해하고 있는 것이다.『혈분경』에서는 여성이 죄를 짓게 되는 원인을 출산혈이 땅과 물을 오염시킴으로써 죄를 범하는 것으로 언급했다. 하지만『혈분경화해』에서는 출산하지 않은 여성이라도 월경혈을 통해 죄를 짓게 된다고 해석함으로써『혈분경』보다 원죄의 범위를 더 확장시켰다. 또한 오장삼종(五障三從), 즉 다섯 가지 문제를 안고 태어나는 여성은 수행을 해도 범천, 제석, 마왕, 전륜성왕, 붓다가 될 수 없다는 것[五障]과 여성은 부모, 남편, 자식을 따라야 한다는 것[三從]을 언급한다. 또한 여성이 성불하고자 하면 먼저 남자의 몸으로 태어난 후[變成男子] 불도를 닦아야 한다고 못박고 있다.

이러한 『혈분경화해』에서 출산을 하다 죽은 여성, 혹은 월경혈로 인한 원죄로 지옥에 갈 것이 두려운 여성들에 대해 제시한 구제책이 바로 '나가레관정[나가레간죠; 유관정(流灌頂)]'이라는 의식이다. 월경혈, 출산혈 때문에 지옥에 떨어지는 여성이 구원받을 수 있는 방법이 여성 자신의 수행이 아닌 이승의 가족이나 지인에 의한 의례라고 제시한 것이다. '아라이자라시(洗いざらし)'라고도 부르는 나가레간죠[流灌頂]는 사람의 통행이 잦은 물가 근처 길 위에 붉게 물든 옷감을 펼쳐놓고 바가지와 물통을 놓아두면, 지나가던 행인이 옷감 위에 물을 끼얹는 방식으로 진행된다. 물을 거듭해서 끼얹는 동안 붉은색은 점차 옅어지는데, 이 천의 붉은색은 의식의 주체인 여성이 흘린 혈을 상징한다. 이는 일종의 주술로 볼 수 있는데, 천에 물든 붉은 색이 없어지면 혈의 부정함도 함께 사라진다는 것이다. 출산의 과정에서 피를 흘린 죄업을 지은 여인들이 그러한 의식을 통해 사후 혈호지옥에서 구제된다고 믿었던 것이다.

다테야마의 경우, 포교(布橋)라는 다리를 사이에 두고, 한쪽은 혈분지가 있는 죽음의 세계이고, 다른 쪽은 현세로 인식되었다. 남자는 이 다리를 건너 다테야마에 올라갔다 내려오면 죄를 씻고 다시 태어나지만, 여자는 입산 자체가 금제되어 있으므로 이를 대신하여 포교에서 관정회를 실시하면 남자와 같은 의미를 갖게 된다는 것이다. '포교관정회(布橋灌頂會)'와 '(갈 수 없는 여자를 대신하여) 남자가 혈호지에 『혈분경』을 던지는 것', 이 두 의식은 여성구제의 측면에서 같은 의미를 가지고 있었다.

바로 이러한 죄업의 관념과 의식을 제시했던 승려들의 활동 때문에 기성종교인 불교가 민간에 침투하는 과정에서 '지노게가레[血穢]'를 한층 강조하여 포교에 이용하는 단계가 있었다는 점이 지적되기도 한다. 이러한 불교계의 인식에 맞물려 중세 이후 남성, 특히 무사 우위로 개편되었던 사회구조와 여성 게가레를 확산시켰다고 보는 것이 일반적인 시각이다. 원래 고대 농경사회에서 피는 풍작을 가져오는 강한 힘을 가지고 있는 것으로 인식되었으나, 헤이안시대 말기부터 변화가 나타나기 시작한다. 여성의 혈에 대한 게가레 의식이 강화하게 된 배경으로 사회가 남성 중심의 시스템으로 대체되었다는 것이 자주 지적되었다. 이러한 구조적 변화로 확실히 신사에서도 여성 사제가 감소하고, 여성이 맡던 중요한 일도 남성이 담당하게 되었으며, 월경의 게가레가 발생하는 시기의 여성들이 사원에 출입을 금제 당하기도 했던 것이다.

여성의 혈 게가레를 사회권력의 문제와 결부시키는 것은 섣부르다는 지적도 있다. 신성시되었던 천황을 부정한 것으로부터 격리시키기 위해 출산과 생리의 혈 게가레를 배제했던 것이 점차 귀족과 무사, 평민계급까지 확산되고, 황가가 있는 교토에서 지방까지 확장되었다는 것이다. 이러한 논쟁적인 차별과 배제의 현상이 있는 경우에는 수혜를 받는 그룹과 소외되는 그룹이 누구인지를 주시할 필요가 있다. 다시 말해, 이 게가레 전통은 천손으로 인식되었던 황가를 지키기 위해 만든 규정이 점차 하부 단위 계층까지 확산되었던 현상이라는 것이다. 어떠한 시각을 적용하든 간에 특정 인물, 계층, 공간, 의례의 신성성을 지키기 위한 관념과 규율을 확립하는 과정에서 여성성의 상징이 차별과 배제의 프레임에 갇혔던 것은 분명해 보인다.

동아시아의 『혈분경(血盆經)』 사상을 통해 보는 여성관

혈분지 지옥사상과
구마노[熊野]만다라

지옥 묘사한 그림과 풀이 등 여인부정관 확산

10세기 말 겐신이『왕생요집(往生要集)』을 편찬한 뒤에 헤이안시대 귀족사회에 지옥의 관념이 확산되었다. 가마쿠라시대에는『지옥초자(地獄草子)』·『아귀초자(餓鬼草子)』 등이 나왔으며, 무로마치시대 이후, 〈구마노관심십계만다라(熊野観心十界曼茶羅)〉(이하 〈구마노만다라〉)를 통해 지옥관념이 일반 서민사회에도 침투하게 되었다. 〈구마노만다라〉는 일본 에도시대(江戸時代, 1603~1868)에 제작된 특정 도상의 회화를 지칭한다. 일본의 토착 신앙인 신도(神道)의 성지, 와카야마[和歌]의 구마노 산[熊野山]을 거점으로 활동한 구마노 비구니들이 여러 지역을 돌아다니며 그림풀이 구연, 즉 에토키[絵解き]를 펼칠 때 사용했다. 구마노 신앙 자체의 역사는 고대까지 거슬러 올라가지만 〈구마노만다라〉는 에도시대에 처음 등장하여 17~19세기에 유행했다.

양자의 관계는 유기적으로 얽혀있다고 볼 수 있는데, 구마노 신앙과『혈분경』사상의 발생 배경이나 내용은 달랐지만, 일본 내『혈분경』사상의 전파는 구마노 비구니들에 의해 이루어졌던 것이다. 〈구마노만다라〉의 교의적 근거가 된 것은 위경인『불설지장보살발심인연시왕경(佛說地藏菩薩發心因緣十王經)』이지만, 다른 위경인『혈분경』이 중세에 유행하게 되면서 그 제작을 촉진하게 된다. 이는『혈분경』사상이 여성의 구원과 관련한 내용이기 때문에 여성 수행자인 구마노 비구니들의 입으로 여성 관객에게 전파하기 용이했던 데다가, 양자 모두 그 저변에 정토신앙이 자리잡고 있었기 때문일 것이다.

〈구마노만다라〉는 제목에서 언급하는 것처럼 십계(十界)를 묘사한 그림이지만, 다양한 지옥의 묘사로 더욱 잘 알려져 있다. 〈구마노만다라〉의 오른쪽 하단에 묘사된 혈분지지옥도는 일본 종교문화에 뿌리내린 혈분사상을 드러낸다. 혈분지지옥은 피로 가득 찬 호수로, 머리를 풀어헤친 여인들이 빠져 있다. 호수 가운데에서는 두 줄기의 연꽃이 피어올랐고 그 위에는 각각 여인이 한 명씩 앉아있다. 이들은 이승의 자식들이나 남편이 치러준 혈분재를 통해 구원을 받은 여인들이다. 그 위쪽에는『혈분경』에서 구원자로 언급되는 여의륜관음이 한 여인에게『혈분경』으로 추정되는 책자를 건네는 모습도 나타난다.

구마노 비구니들은 오락거리가 필요했던 근세의 여성들에게 여자들이 면할 수 없는 〈구마노만다라〉 속의 '혈호지옥'에 관한 그림풀이를 하고, 동시에『혈분경』의 종교적 위력에 대해 설파하였다. 특히 여의륜관음이『혈분경』을 내려주어 여인의 구제자로서 현현하여 일본 사회에 정착한 것은 큰 의미를 지니고 있다. 이 구마노 비구니들이 에토키 활동을 통해 여인들의 사후구제 방법을 제시함으로써 결과적으로 혈의 지옥에 대한 관념과 여인부정관의 확산을 촉진시키게 된 것으로 생각된다. 근세에 들어 여성의 지위는 한층 더 저하되었던 상황에 비례하여『혈분경』신앙은 더욱 확대되었던 것을 볼 수 있다.

근세 당시 고야산, 히에이산, 동대사, 숭복사(崇福寺), 금봉산(金峰山), 제호사(醍醐寺) 등 이른바, 영장(靈場)으로 인식되었던 불교의 성지는 여인금제의 결계를 치고 있었다. 여성은 오염되고 남성 사제들의 수행을 방해하는 것으로 인식되었기 때문에 특정 사원이나 영장에 들어가는 것이 허락되지 않았다. 여성들이 입산이 금지된 경내는 경계석으로 표시되었다. 여성들은 사원의 외부에 세워진 여인당에 머물면서 경전을 암송하고 염불을 해야 했다. 고야산의 경우, 여인당은 고야산으로 들어가는 7개의 입구에 설치되었으며, 여성들은 더 이상 안으로 들어갈 수 없었다. 이『혈분경』은 원래는 불교문헌이지만, 이 사상이 신도(神道)에도 도입되어 여성 금제의 영산이나 사찰이 생기는 등 종교·신앙의 장소에서 여성의 배제·소외를 볼 수 있게 된 것이다. 그러한 여인금제의 종교습속은 근세까지 지속되었으며, 구마노[熊野]만이 여인의 등배(登拜)를 받아들이고 있었다. 이 때문에 여인을 받아들인 구마노에서 유래한 〈구마노만다라〉는 피차별의 대상인 여성들에게 특별한 의미를 가지고 있었던 것이다.

일본에서는 구마노 비구니의 에토키를 통해 일반 민중의 인식이 확산된 데다가 근대에 정토종, 정토진종 및 조동종 등이 포교장소에서 나가레간죠[유관정(流灌頂); 가와세가키(川施餓鬼)]와 부정을 제거하기 위한 호부(護符) 등의 형식으로 적극적으로 응용했다. 에토키와 『혈분경』 사상이 본격적으로 결합한 것은 16세기 중기에 그 명칭이 나타나는 구마노 비구니에 의하여 창도된 『구마노관심10계만다라(熊野観心十界曼荼羅)』일 것이다. 구마노 비구니는 〈구마노만다라〉 에토키 외에도 부적을 판매하거나, 여인구제의 경전이라는 명목으로 『혈분경』을 배포했다.

현세와 내세의 공덕 명분으로 불교에서 활용

일본불교에서는 중세 시기에 『혈분경』이 전달된 후 불교 종파의 수계회(授戒會)에서 여성 신자에게 수여되기도 하고, 출산 중에 사망한 여성의 추도공양에 사용되기도 하면서 민간사회의 습속에 파고들었다. 『혈분경』을 안산(安産)을 위한 호신부로 삼거나, 출산하다 사망한 여성의 관에 넣기도 하고, 출산 사망자에 대한 공양으로서 연못에 던져 넣기도 하는 습속은 일본의 『혈분경』 관련 신앙이 출산과 불가분의 관계에 있음을 보여준다.

가마쿠라 신불교 중의 한 종파인 정토종의 교조 호넨[法然]의 『일백사십오조문답(一百四十五条問答)』의 사례를 보면 출산 후 며칠을 꺼리고 근신해야 하는지 묻는 이에게 명확하게 '불교무기사(佛敎無忌事)'라고 답하는 것을 볼 수 있다. 이는 불교에서는 꺼리는 일이 없다는 의미로 여인의 출산으로 인한 게가레를 부정하는 언급이다. 하지만 에도시대의 정토종 승려 쇼요 간테키[松誉厳的]는 그의 저술 『혈분경화해(血盆経和解)』에서 이 『혈분경』 부적을 소지하고 기도함으로써 "모든 여인은 월경 등의 더러움도 없어지며 미래에 성불할 인연이 된다"

라고 기술했다. 이에 따라 여인들이 늘 곁에 두는 경대 속에 넣어두는 부적용『혈분경』이 발행되기도 했다. 이렇듯『혈분경』은 산 사람을 위해서는 현세이익과 내세왕생의 보장, 또 죽은 자를 위한 추선공양이라는 '현세와 내세의 공덕'을 내세우면서 불교교단에 의해 적극적으로 활용되고 있었던 것이다.

한편, 조동종(曹洞宗)에서도 교세확장을 위해 적극적으로『혈분경』을 활용했던 것을 볼 수 있다. 조동종은 에도시대에 들어 승려들의 어록에 여성에 대한 멸시문이 확실히 등장하고 있는 것으로 미루어『혈분경』사상의 도입이 확인된다. 정천사(正泉寺)에서는『혈분경』이 출현하게 된 유래를 설명하는『혈분경록기(血盆経緑記)』를 독자적으로 작성하여 에도시대『혈분경』신앙의 거점이 되었다. 정천사에서는 태평양전쟁 전까지 지장강(地蔵講)을 개최하여『혈분경』의 경문을 읽고 이해하는『혈분경화찬(血盆経和讃)』등을 통해 여성들이 독송하도록 하였다.

정토종과 정토진종의 포교활동이 활발해졌던 무로마치시대에는 십악·오역의 악인이라도 왕생할 수 있기 때문에 죄업이 깊은 여성이라도 왕생할 수 있다고 하는 악인왕생의 논리가 여성에도 전용되고, 널리 확산되기에 이르렀다. 무로마치시대에는 출산의 피로 지신, 수신을 더럽힌 자가 피의 연못지옥에 떨어진다고 해석되었으나, 에도시대에 들어서는 월경의 피가 죄업에 더해지게 되고, 월경이나 출산의 경험이 없는 어린 여성이나, 나이 든 여성까지 포함해 여성 모두가 피의 연못지옥에 떨어진다는 쪽으로 확장된다.

니치렌[日蓮]의 경우에도『월수어서(月水御書)』에서 월경에 대한 부정관(不淨觀)을 부정했지만, 그의 논리는 어디까지나 교리상의 것으로 책의 마지막에서 일본은 신국(神國)이기 때문에 이 도에 어긋나면 신벌(神罰)이 내린다고 보고 있다. 이는 게가레 현상을 긍정하고 있는 언급으로 해석될 수 있다.

일본 근세는 '이에[家]'제도(가부장제도)가 일반 민중까지 침투했으며, 여성의 역할이 출산·육아 등 모성적인 것에 제한되고, 유교 윤리에 기초한 남존여비적 여성관이 강고해졌던 시대였다. 동시에 정토종과 조동종의 포교활동 안에서 여성의 존재 그 자체가 반드시 지옥으로 가게 되어 있는 것으로 얘기되었던 시대이기도 했다. 이러한 일본 사회의 전반적인 인식이 『혈분경』이 중국에서 들어온 무로마치시대 말기부터 에도시대에 이르러 일본사회의 게가레 의식과 융합하게 된 배경이 되었을 것이다. 일본 내에서도 동족집단체제가 강고하고, 가부장제적 가족이 전형적 형태로 발달하여 여성이 사회·경제적으로 종속적인 위치에 놓여 있었던 동일본지역에서 『혈분경』 신앙이 왕성했던 것을 볼 수 있다. 이러한 사회체제의 전개와 맞물려 『혈분경』 사상이 근세에 들어 자리 잡게 되고, 이러한 변화에 편승한 불교교단들이 『혈분경』 해석서와 나가레간죠 같은 의식을 제시함으로써 『혈분경』 사상이 일본에 고착화된 것으로 볼 수 있을 것이다.

다른 시각에서 보는
여성의 혈(血) 부정:
도깨비굿과 게가레[穢]

일본의 경우, 『혈분경』이 여성의 혈을 '게가레'로 인식하게 했던 것은 아니라는 것에 유의할 필요가 있다. 역으로 여성의 혈을 '게가레'로 보는 사람들이 대세를 점하고 있었기 때문에 그 경전이 보급되었던 것이다. 사람들의 의식과 어긋나는 경전은 권력자가 억지로 강요하지 않으면 정착하지 못하는 것이다.

하지만 미야기현[宮城縣] 오시마[大島] 같은 도서지역에서는 오히려 불교장례에 사용된 물건이 풍어를 가져온다는 속신이 있어서 고래잡이철에는 장례용 천막을 잘라서 말뚝 끝에 꽂아 두거나, 목매달아 죽은 나무를 사서 배의 용구로 사용하기도 한다. 이때, 죽음의 게가레는 풍어의 신으로 변화하는 것이다. 이와 반대로 여성의 혈은 이전에는 풍요의 신이었던 것이 게가레로 전환했다. 이는 게가레라는 것도 풍요의 신과 동전의 이면과 같은 것임을 보여주는 것 아닐까.

비명(非命)에 죽은 어령(御靈)에 제사를 지내면 그 죽음의 게가레가 풍요신 혹은 수호신으로 변화하게 된다. 결국 풍요의 신도, 게가레도 '이 세계에 어떠한 힘을 미치는 비일상적 존재'라는 점에서 동일한 맥락에 있는 것이다. 그것이 상황에 따라 때로는 신이 되고, 게가레도 되고 하는 것이다. 바꿔말한다면, '어떠한 힘'이 미치는 것, 즉 '일상적[ケ]'이지 않은 상황이 문제인 것이다. 사람들이 관심을 가지고 있었던 것은 그 힘을 어떻게 통제할 것인지, 영력(靈力)을 어떤 방식으로 나에게 유리한 방향으로 사용할 것인지의 밸런스에 있었다고 볼 수 있다. 따라서 몸속에 있지 않고 외부로 유출된 혈은 풍요의 신으로도 혹은 게가레로도 영력의 밸런스가 깨지는 비일상성의 의미라는 점에서는 같은 사건인 것이며, 그 힘을 인식하는 사람들의 의식 안에서는 큰 차이는 없었던 것으로 보인다.

또한 출산이 여성의 영력을 일시적으로 감퇴시키기 때문에 그 불균형으로부터 여성을 지키기 위해 일정 기간 게가레를 통해 회복할 시간을 확보하는 것이라는 시각도 존재한다. 여성 본유의 초현실적인 신비한 힘[靈力]을 회복하기 위해 출산이나, 월경기간 동안 '초막[이미고야(忌み小屋)]'에서 격리생활을 하는 것이라는 설명이다.

이러한 여성의 혈에 대한 부정과 힘 간의 인식이 전도되는 맥락의 사례는 한국의 '도깨비굿'과 같은 민속에서도 나타난다. 전북 순창 탑리에서는 정월대보름에 남성이 담당하는 당산제를 지내고, 이틀 후인 17일에 여성이 주도하여 도깨비굿을 연행하는데 그 해의 '역병을 예방'하려는 목적을 갖는다. 전남 진도에서도 병이 돌 때 도깨비굿을 행하는데, 이 굿에서는 여성들이 월경 묻은 속곳을 장대에 매달고 나와 가면을 쓰거나 얼굴에 숯칠을 하고 양푼, 징, 쪽박들을 두들기며 시끄럽게 소리를 내면서 "남자들은 모두 사라지고 없어!"라고 외친다. 진도(珍島) 사정리(射亭里)에서 행해지는 도깨비굿의 경우, 여성의 월경혈이 묻은 속옷을 장대 끝에 매달고 온갖 분장과 소리를 내며 마을을 돌아다니는데, 이때 연행자들은 도깨비가 이 장대에 깃드는 것으로 여긴다. 해가 지면 장대와 속옷을 태우고 집으로 돌아가는데 이들의 굿판에 남자들은 절대로 참여할 수 없다.

월경혈이 묻은 빗자루가 도깨비로 변한다는 민간전설의 사례 역시 월경혈을 통해 표상된 여성성의 상징적인 힘을 인식하고 있었음을 보여준다. 전통사회에서 여성들이 아궁이에 불을 때면서 빗자루를 깔고 앉는데, 그 과정에서 생리대 천에 묻은 생리혈이 빗자루에 묻는 경우가 많았다. 여성의 생리혈이 묻은 빗자루가 도깨비와 같은 이물(異物)로 둔갑한다는 전설은 그만큼 여성의 생리혈에 초월적인 힘과 외경 의식을 부여하고 있었다는 의미도 될 것이다.

한국 민속과 의례에서도 여성의 피에 대해 신비적인 힘을 인식하는 반면에 분명히 부정한 것으로 터부시하는 관습도 존재한다. 월경을 하는 여성들은 마을제의에 참여하지 못하고, 집안에만 머물러 있어야 한다. 또한 마을제의를 앞두고 출산이 임박한 여성들은 마을로부터 전적으로 격리조치 되며, 마을에서 정한 장소에서 출산을 하게 된다. 결국, 마을제의를 앞두고 일상생활에서 일어나는 달거리와 출산의 피 부정에 대한 조치를 통해 제의공간인 마을을 정화하는 것이다. 그러나 기우제 때는 피 묻은 여성의 속옷을 두 다리를 벌린 여성을 상징하는 디딜방아에 걸쳐 하늘이 부정을 씻기 위해 비를 내려주기를 바랐다. 생리혈의 부정은 오염인 동시에 하늘을 움직이게 하는 엄연한 힘이기도 한 것이다.

여자의 달거리를 더럽고 깨끗하지 못한 부정한 것으로 보는 것은 생리 자체를 부정한 것으로 인식하는 게 아니라, 그 시간적인 '비일상성'의 개념에서 비롯된 것으로 보는 시각도 존재한다. 여자를 생산의 기능을 가진 성스러움의 대상으로 볼 때 생리 기간은 불안전한 시기, 즉 생산력의 가능성이 일시적으로 제한되는 위험한 시기가 될 것이다. 바로 이 비일상적 상황에 있는 시기의 여자에 대해 부정으로 본다는 것이다.

부정과 신성은 절대불변의 영역이 아닌 상호보완적인 관계로서, 도깨비굿에서는 여성의 피묻은 속곳이 병액을 쫓는 도구로 사용된다는 점에서 '벽사(辟邪) 능력'을 지니고 있다. 도깨비가 여성의 생리혈을 무서워하기 때문에 피 묻은 속곳을 장대에 걸고 여성들만 참여하는 굿을 한다는 점에서 충분히 그 피의 힘을 인식하고 있는 것을 보여준다. 부정과 신성의 양면성을 가진 여성의 피는 일상적 세계에서는 금기였으나, 여성 주도의 비일상적 세계가 열렸을 때 신성을 획득한다. 역병이라는 재난을 극복하려는 제의의 현장에서 신성한 힘과 금기된 오염은 상호간 가치의 전복이 이루어지게 되는 것이다.

결어(結語)

『혈분경』은 400여자 정도의 작은 문헌이지만, 중국에서 불교뿐만 아니라 도교, 그리고 중국의 종교 전체에 깊은 영향을 미쳤으며, 일본에 파급되어 민간 습속에까지 깊이 침투했다. 『혈분경』에 등장하는 여성의 원죄에 대한 논의는 10세기 즈음 형성되어 중국 명대 이후로 성문화되었다. 『혈분경』에 따르면, 여성은 출산혈(판본에 따라 월경혈도 포함된다)을 땅으로 흘러들게 하여 지신(地神)을 모욕하고, 물을 더럽히는 죄를 짓는데, 이는 의지와 상관없이 여성이라면 피할 수 없는 죄업이 된다. 여성은 그 죄가 업인이 되어 죽으면 피로 가득한 연못인 혈분지(血盆池)지옥에 떨어지는데, 그 자녀들은 어머니를 지옥에서 구원하기 위해 혈분재(血盆齋)를 지내야 한다고 믿었다.

일본에서는 16세기 말에 중국에서 들여온 『혈분경』이 구마노 신앙같은 토착 신앙과 결합하여 퍼져나갔다. 일본판 이본 『혈분경』이 여러 선승들에 의해 찬술되었으며, 『여인혈분경(女人血盆經)』이라는 명칭으로 조동종의 수계회에서 여성들에게 수여되기도 했다. 이본을 포함한 『혈분경』의 확산으로 헤이안시대 중기 이후 신사와 불교사원에서 지속적으로 기피되어 온 월경을 여성 고유의 죄업으로 자리매김시키고, 여성만이 떨어지는 혈지지옥의 사상을 정착시켜갔다고 볼 수 있다.

이렇듯 중국과 일본의 민간에서 『혈분경』 사상이 자리잡고, 관련 구제의식이 유행했던 배경에는 지옥사상과 정토신앙, 여성의 본성이 부정하고 근기가 낮다는 여성 부정관(不淨觀) 내지 여성 열기관(劣機觀)이 작동하고 있으며, 무엇보다도 남성 위주의 가부장적 윤리와 사회구조의 강화라는 시대적 사조가 버티고 있었다고 할 수 있다.

중국과 일본을 비롯한 동아시아불교의 서민신앙은 윤회와 인과의 교의에 근거한 업보사상이 있다. 육도윤회 중에서도 지옥, 아귀, 축생의 삼악도로 떨어지는 업인(業因)에는 인간이 살다보면 자연스럽게, 혹은 어쩔 수 없이 행하게 되는 행동도 포함되어 있었고, 그에 따라 사후의 심판에 관한 두려움과 그에 비례한 구제에의 열망도 클 수밖에 없었다. 『혈분경』 사상은 이러한 중근세시대 동아시아 불교도들의 실존적 두려움과 종교적 열망을 먹고 자란 이형(異形)적 종교문화라 할 수 있다.

결국 지옥을 인식하게 된 사람들이 그 두려움에 비례하여 극락정토를 열망하게 되는 것, 부모의 지옥행에 대한 두려움과 그에 비례하는 자식으로서의 부채감, 천왕 중심 종족제도의 신성성을 강조하기 위해 만들어낸 터부(taboo)들이 여성의 신체에 대해 차별과 배제의 경계를 강화하는 것, 이러한 요소들이 복합적으로 작용하면서 『혈분경』 신앙을 중국과 일본에 유행하게 만드는 배경으로 작용했던 것이다. 또한 그러한 『혈분경』 신앙 유행의 중심에는 포교를 위해 이를 활용했던 불교교단의 방조 내지 적극적인 노력이 있었다고 볼 수 있다.

9

티베트 불교의
뛰어난 여성 수행자,
그 깨달음의 여정

글. 김영란(나무여성인권상담소)

여성은
성불할 수 없는가?

1) 여성의 몸으로 지혜를 터득해 간 이야기

『나는 여성의 몸으로 붓다가 되리라』의 책의 주인공이면서 티베트 최초의 여성사원인 '동규 갓 찰링'을 설립하여 이끌고 있는 뗀진 빨모 스님이 방한법회를 할 때였다. 오전에는 주제 법문을 하고 오후에는 쪽지 질문에 답변을 하는 시간이었는데 한 참가자가 이런 질문을 적어 냈다.

"여성은 성불할 수 없다는 논쟁이 있는데 어떻게 생각하시는지요?"

"음, 이런 질문을 수도 없이 받았습니다. 그래서 요즘은 이렇게 대답하곤 합니다. 네, 그러세요, 남성들은 성불하시고 우리 여성들은 중생구제하는 따라보살 아니면 여성 관세음보살이 될게요."

의미 없는 논쟁은 그만두자는 뗀진 빨모의 단호하면서도 위트 있는 대답이었다.

또 다른 법문에서 뗀진 빨모는 이런 일화를 들려주었다. 어느 점성술사에게 "집중수행을 또 할까요, 아니면 비구니 사원을 세워볼까요?"라는 질문을 했다는 것이다. 12년간의 동굴수행을 한 수행자로서 아마 수행을 더 하고자 하는 마음도 크고, 한편으로는 비구니계조차 받을 수 없는 티베트 여성 수행자들의 열악한 현실을 외면할 수 없는 고민에서 나온 질문이었을 것이다. 점성술사는 이렇게 말했다. "집중수행을 하면 아주 유쾌하고 평화롭고 모든 것이 좋을 겁니다. 비구니 사원을 만든다면 여러 골치 아픈 문제들과 어려움, 도전 거리가 많을 거예요. 하지만 어느 쪽도 좋습니다. 직접 고르세요." 그의 말에 뗀진 빨모는 집중수행을 해야겠다라는 결정을 내렸다. 그런데 그 이후 어느 가톨릭 신부와 그 이야기를 다시 나누게 되었는데 신부는 "당연히 어려움이 많은 비구니 사원을 만드는 일을 하셔야죠"라고 했다. 새로운 통찰을 얻은 뗀진 빨모는 유쾌한 평화로움 대신 어려움을 택했고 이렇게 말했다.

"원수와 장애, 병과 고난은 모두 사포이며 우리를 부드럽게 만듭니다. 어려움은 도의 길에서 진정한 변화를 가져오는 가장 훌륭한 기회가 될 수 있어요."

필자뿐만 아니라 수행의 여정에 있는 많은 이들은 삶의 어려움이 겪어서 참으로 다행이었다는 말을 하곤 한다. 거친 사포와 같은 어려움이 있었기에 그로부터 벗어나려고 길을 찾고 스승을 찾으려 애쓰고 그래서 변화할 수 있었다는 경험을 나눈다. 삶이란 거친 사포로 갈고 닦아야 하는 길일 경우가 허다하기 때문이다.

고난을 극복하고 스승의 위치에 이른 티베트 불교 여성 수행자들의 이야기는 삶의 어려움과 한계를 사포질하고 결국은 대자유를 얻게 된 이들의 이야기이다. 그래서 어떻게 살아갈 것인가에 대한 의문으로 길을 찾는 사람들, 또 여성이기에 겪는 어려움을 지닌 여성 수행자들에게 크게 공감이 되고 희망이 될 것이다.

약 2,600여 년 전 붓다는 모든 것들에 이원성이 없으며 여성도 남성과 똑같이 궁극적 깨달음의 경지에 도달할 수 있는 존재임을 직접 가르쳤다. 이는 붓다의 생전 당시에는 물론 그 이후에도 혁명적인 생각의 전환이었다. 하지만 사회구조적으로 견고한 성차별이 존재했던 시대적 상황이 불교 경전에 반영되고 시대와 국가에 따라 재번역되고 전해지면서 부정적이고 열등한 여성관이 첨가되어, 마치 붓다의 가르침에 성차별이 있는 것처럼 오해받아왔다. 그러다 보니 여성 스스로도 무가치한 존재로 인식하고 단지 수행자를 외호하고 지원하는 역할에 한정되어 스스로 수행자가 되겠다는 주체적인 인식이 높지 않았다. 무엇보다 롤 모델이 될 수 있는 여성 수행자에 관한 기록마저 빈약하다보니 여성으로서 수행의 길이 분명하게 제시되지 않았다.

분명히 존재했었지만 알지 못하는 여성 수행자들을 찾아내 기록으로 남기는 것은 단순히 기록으로서만 의미를 갖지 않는다. 여성의 몸으로 붓다의 가르침과 지혜를 생생하게 터득해간 깨달은 여성들 그리고 법을 설하는 여성들의 존재를 통해 영적 여정을 밝히는 일일 것이다.

2) 따라보살에서 엿보는 여성성에 대한 존중

티베트 요기니(여성 수행자)들에 대한 『Women of Wisdom(지혜의 여성들)』에서 출팀 알리언은 "여성의 깨달음을 위한 모델이 필요합니다. 그리고 여성의 몸을 깨달음으로 향하는 수레로 볼 수 있어야 합니다. 본보기로 삼을 예가 부족하다 보니, 대체로 여성은 이번 생에는 완전한 깨달음을 성취할 능력이 없다고 느낍니다"라고 하였다. 또한 "여성성의 상실은 현대 사회에서 시급한 심리적, 생태적 문제입니다. 그것은 우리의 정서적 삶의 고통스러운 손실이며 지구 생명의 안전에 대한 비참한 손실입니다. 신성한 여성에게 힘을 실어주고 지구가 우리와 소통하려고 할 때 귀를 기울임으로써 우리는 궁극적으로 치유될 것입니다"라며 본보기와 여성성의 의미를 강조하였다.

티베트 불교에서 여성성에 대한 존중은 대표적으로 따라보살에서 엿볼 수 있다. 티베트 사원 어디에나 따라보살 불상이 조성되어 있고 재가자들의 집에도 따라보살 불상이나 탱화가 모셔져 있으며 수많은 티베트인들은 녹색 따라보살 진언(옴 따레 뚜따레 뚜레 쏘하)을 늘 염송한다. 코로나19로 전 세계가 어려움에 처한 시기에 14대 달라이 라마는 따라보살 진언 기도를 통해 몸과 마음을 돌보기를 권한 바 있다.

시대에 따라 불상의 형상에 여성성이 더 진하게 표현된 것과 달리 따라보살은 여성의 몸으로 성취를 이루고 중생을 구제하는 여성붓다의 상징으로 알려져 있다. 따라보살은 자비의 화신 관음보살의 눈물에서 태어났다고 알려졌지만, 수억 겁 전에 혜월공주라는 여성이 따라보살의 전신이었다는 전설이 내려오고 있다. 혜월공주는 여러 붓다와 보살들에게 한량없는 공양을 올리고 고행과 명상을 계속하여 마침내 깨달음을 얻어 보살의 경지에 이르렀다. 이때 붓다의 제자들이 찾아와 예를 올리고 "공주시여, 깨끗한 복을 짓고 한량없는 공덕을 쌓아 마침내 깨달음을 얻었으니 속히 남자의 몸을 받아 부디 중생을 위해 법을 베푸소서" 하고 청하였다. 그러나 공주는 이를 거절하며 "남성 모습의 부처와 보살은 헤아릴 수 없이 많으나 여성 모습의 불보살은 거의 볼 수 없었다. 나는 보리심을 체현하였으며 계속해서 여성의 몸으로 깨달음에 이르는 길로 나아갈 것이며 이 삼사라(samsara, 윤회의 세계)가 텅 비도록 여성의 몸으로 모든 중생을 도우리"라고 서원하였다. 그리고 다시 안거에 들어 삼매를 이루고 고통의 강을 건네주는 어머니라는 '따라'로 불리게 되었다. 이와 같은 서원은 뗀진 빨모의 『나는 여성의 몸으로 붓다가 되리라』에서도 여성붓다에 의지하며 수행한 여정이 자세하게 나타나 있다.

여성붓다 따라보살은, 중암 스님의 편저 『위대한 여성붓다 아르야 따라의 길』에서 다음과 같이 묘사되고 있다.

> "중생구제를 위해서 제불여래의 지혜와 자비, 사업과
> 공덕 등의 일체가 하나로 응결되어 아름다운 열여섯 소
> 녀의 몸을 한 여성붓다로 출현하여 우리들 곁에 가장 가
> 까이 있는 존재가 따라성모님이다."

> "밀교의 유명한 본존들 가운데 한 분이자, 중생구제를
> 서원하여 여성의 몸으로 성불하신 최승의 다키니(공행
> 모)이자 오불만다라 가운데 북방의 불공성취불과 합체

존을 이루는 최승의 불모이자 제불보살님의 모든 사업을 앞장서서 실천하는 대비의 모존이 바로 거룩하신 따라성모이시다."

이외에도 티베트 불교에는 8세기에서 12세기에 걸쳐 정신적, 영적 능력과 깨달음을 얻은 84명의 마하싯다가 기록되어 있는데, 그중 4명의 여성이 포함되어 있다. 사라하, 틸로빠, 나로빠, 마르빠 등으로 잘 알려진 마하싯다는 다양한 지위와 직종으로 수행의 성취를 이룬 스승들인데, 4명의 여성 마하싯다는 마니바드라(Manibhadra), 락스민카라(Lakshmincara), 메카라(Mekhala), 카나카라(Kanakhala)이다. 그 중 락스민카라는 공주였으나 궁궐을 나와 걸인처럼 지내다 수행력을 성취하였고 딴뜨릭 불교에 대한 가르침, 수행법, 계보를 기록한 문헌은 오늘날까지도 전해오고 있다.

현존하는 티베트 불교의 위대한 여성 수행자들을 따라보살의 현신, 다키니(Dakini)의 현신이라고 일컫곤 하는데, 이는 여성의 몸을 가진 존재로서 역경을 딛고 가는 수행의 여정이 바로 따라보살의 깨달음의 여정과 같기 때문이다.

다키니란 깨달은 여성의 화신을 뜻하는 고대 산스크리트어인데, 티베트어로 칸도(Khandro)라고 하며 공행모 또는 길상천녀로서 단단한 땅의 속박에서 벗어나 광대무변한 허공을 다니는 천상의 깨달은 존재들을 의미한다. 다키니는 여러 차원의 의미를 지니고 있는데, 표면적으로는 성취한 여성 수행자를 가리키며, 궁극적으로는 여성의 모습을 취하고 있지만 성별을 따지지 않는 존재로서, 이원성을 초월한 깨달은 존재, 본성 그 자체인 무형의 지혜를 의미한다.

미카엘라 하스(Michaela Haas)는 다키니의 현신인 위대한 티베트 불교여성 수행자 열두 명을 인터뷰하여 전기 형식으로 『Dakini Power(2013)』라는 책을 출간하였다. 『Dakini Power』에 등장하는 여성들은 일반적으로 성취를 이룬 수행자, 뛰어난 선지식들이다. 하스는 이 책을 쓰게 된 의도로 서양 불교에 영향을 끼친 여성 선구자들의 삶과 업적을 기리고 그들의 우정과 가르침에서 큰 힘과 용기를 얻었기에 자신처럼 다른 이들도 겪고 있는 고통과 고통 사이의 틈을 메울 수 있기를 바란다고 하였다.

필자는 이 책을 공동 번역하여 『다키니파워(2022)』라는 제목으로 출간하였는데, 번역하는 과정에서 삶의 어려움 앞에서 한없이 약한 모습에 공감하면서도 붓다의 가르침을 받아들이고 수행해가는 강력하고 진실한 지혜의 여정에 깊은 감동을 받았다.

티베트 불교 여성 수행자라고 하지만 열두 명에는 어린 시절 티베트에서 태어나고 자라면서 티베트 사원에서 교육을 받은 이들도 있고, 서구인이지만 티베트 불교 수행을 한 여성들 그리고 출가자만이 아니라 재가자도 포함되어 있다. 이들의 공통점은 서구인이거나 서구로 망명한 여성들로 수행과 삶의 기반이 서구에 있다는 것이다. 즉 사원에서 공부를 한다거나 법석에 올라 가르침을 전할 수 있는 기회가 거의 주어지지 않는 티베트가 아니라, 능동적이고 주체적인 태도로 수행에 전념하고 가르침을 펼 수 있는 서구라는 유리한 조건을 갖고 있다는 점이다.

간혹 테라와다불교, 대승불교, 금강승 불교로 분류해서 우열로 비교하고 배척하는 일이 있는데, 붓다의 가르침을 수행하는 이들이라면 크게 경계해야 할 일이다. 그런 의미에서 티베트 불교 여성 수행자를 조명해보는 것 역시 티베트 불교가 매우 우수하고 여성의 수행을 전폭적으로 지원하기 때문에 훌륭한 여성 수행자가 많다는 근거로 받아들여지지 않기를 바란다. 어떤 불교 전통에서건 위대한 여성 수행자가 있었지만 드러나지 않거나 알려지지 않은 것은 기록되지 않았기 때문이다. 오히려 티베트 불교의 현실은 정식 비구니계를 줄 수 없으며 여성 사원들도 부족하여 지원이나 후원이 충분하지 않다. 2006년 말레이시아에서 개최된 샤카디타 대회에서 잠빠 최돈 스님은 '비구니 계율과 구족계 수계'라는 주제 발표에서 달라이 라마가 티베트 불교 전통에 어긋나지 않는 방법으로 티베트 비구니 계단 설립을 암묵적으로 허용했다고 발표한 바 있고, 티베트 비구니 제도를 연구하기 위한 대규모 기금도 마련되고 수차례 회의와 연구가 뒤따랐지만 비구니계는 현재까지 주어지지 않고 있다.

최근까지 여성은 박사와 교수에 해당하는 켄뽀(khenpo)나 게셰(geshe)와 같은 자격을 얻을 수 없었고 2016년에서야 최초로 여성에게 게셰마가 주어졌다. '마'는 여성을 뜻한다.

인도 출신의 마라티 라오 감독이 제작한 다큐멘터리 영화 〈게셰마의 탄생(THe Geshe La is Born, 2019)〉는 비구니계 맥이 끊겼다는 이유로 비구니가 아니라 "아니 라(Ani La)"라는 사미니, 여성 수행자라는 호칭으로 불리우는 여성 출가자들의 현실과 최초로 게셰 학위를 받은 남돌 푼촉 스님에 대한 여정을 담고 있다. 영화에서 달라이 라마 존자는 "(게셰마를 주는) 나의 결정에 반대하는 이들도 있었다. 여성이 명상과 수행에 적합하지 못하다는 견해는 그 주장을 한 사람이 남자이기 때문이다"라고 하였다.

전통적인
티베트 여성 수행자의
롤 모델

1) 예세 초겔(Yeshe Tsogyal)

"에마호! 일체 모든 깨달은 이들의 어머니,
바즈라요기니
일체 음률과 화음의 여신, 사라스와띠
일체 중생의 자비로운 해방자, 최상의 성스러운 따라
티베트설국에 큰 은혜를 베푸시는 관대한 은인,
다키니

구루 린뽀체에게는 사랑스럽고 기쁜 동반자

티베트인들에게는 단 하나뿐인 귀의처이자
궁극적 어머니
모든 심오한 금강승의 가르침과 수행을 위한
마르지 않는 샘

깨달은 지혜, 자비와 능력을 갖추신 원만한 화신
(…중략…)
다키니 예세 초겔께 마음을 다해 기도합니다.

제 자신에 집착하는 허물을 벗어버리기를
우주에 있는 티끌만큼이나 많은 다른 사람들과
법을 돕는데에 많은 생을 바치기를 바라며
아주 작은 어려움마저도 마주치지 않기를 바랍니다.

절대 청정하고 원만한 세계에서
심오한 지혜를 통해 낙을 누리고
축복하기를 바랍니다.
이 시대의 모든 투쟁이 동맹으로 변하고
수행의 덕이 커지고 깨달음의 길이
넓어지기를 바라옵니다.

그때 모든 외부 및 내부 장애물이
아무리 나타나더라도,

불에 던져진 나무와 같이 영적인 길에서
수행의 연료가 되기를
자신과 타인의 깨달음의 성취를 흔드는 것은
그 어떤 것도 없기를 바랍니다.

제가 어디에 있든, 어디에 머물든
아무도 비극이나 불행을 알지 못하길 바랍니다.
그리고 행복과 풍요, 상서로운 징조,
위대한 깨달음과 광명이
선명하게 빛나기를 빛납니다."

– 예세 초겔에게 올리는 진심어린 헌신의 기도
(Prayer of Deepest Heartfelt Devotion to the Queen of Dakinis, Yeshe Tsogyal) 중 일부

이 기도문은 뛰어난 여성 수행자를 비유할 때 언급되는 예세 초겔에게 올리는 기도문의 일부분이다. 근현대 티베트 불교사에서 뛰어난 대학자이자 성취자였으며 19세기 티베트 불교의 무종파 운동에서 중요한 역할을 했던 잠괸 미팜 린뽀체가 지은 기도문으로 필자는 몇 년 전, 이 기도문을 접하고 깊은 헌신의 마음이 일어나 100일간 독송했던 적이 있다.

예세 초겔은 위대한 성취를 보인 많은 여성 수행자 중 가장 출중한 여성으로 8세기 티베트에 밀교를 전파한 인도의 수행자 파드마삼바바의 영적 동반자이며, 수행자를 수호하며 하늘을 날아다니는 공행모(空行母, 다키니)들의 리더로 알려져 있다. 바즈라요기니(수행자를 수호하는 가피의 본존)의 화신으로 알려진 다섯 여성들, 즉 몸의 화신 만다라

화, 마음의 화신 쌰카데마, 공덕의 화신 까라시띠, 사업의 화신 따시찌덴과 함께 항상 수행했는데 예세 초겔은 말씀의 화신이다. 이들 모두 파드마삼바바와 동등한 영적 성취를 이루었다고 한다.

8~10세기에 걸쳐 211년간 살았던 것으로 전해지며 제자인 겔와장춥과 남캐닝포에게 자신의 전기 3부를 쓰도록 해 바위틈에 숨겨뒀고, 그녀의 예언대로 17세기 땔돈(숨겨둔 보장 발견자)인 딱샴쌈덴링빠에 의해 발견되었다.

예세 초겔의 전기는 상상할 수 없는 고행을 겪어가며 수행을 성취해나가는 과정들과 중생을 교화하는 내용이 아름다운 시와 노래로 서술되어 있다.

예세 초겔은 완전한 깨달음을 얻기 위해 설산에서 벌거벗은 채로 지내기도 하고, 피부가 벗겨져 이마뼈가 불거져 나올 때까지 절을 하고 돌만 먹고 지내기도 하는 등 목숨까지도 내던지는 수행을 하였다. 그녀는 사람들의 경멸, 악마의 괴롭힘, 굶주림, 심지어 강간 등 다양한 시련에 직면하였지만 역경을 수행의 연료로 바꾸고 깨달음을 얻는 것을 보여주었다. 특히 강한 결단력을 가진 여성이 남성보다 깨달음을 얻을 가능성이 더 크다는 파드마삼바바의 인상적인 가르침을 전하며 여성 수행자로서 중요한 본보기가 되었다.

그녀가 겪은 수행담을 보면 과연 이런 일들이 가능한가 의문이 들기도 하고 욕망을 수행의 방편인 것처럼 자칫 왜곡해서 받아들일 수 있는 내용들도 있는데, 상대적이고 이원적인 개념으로는 전혀 이해하기도 받아들이기도 어려울 수 있다. 깨달음의 여정과 중생의 깨달음을 지원하며 살아간 그녀의 삶에 신화적인 요소가 있긴 하지만,

자애로움과 강인함으로 수행하고 성취를 이루어 밀교 수행이 뿌리내리도록 한 여성이었다는 것은 분명하다. 예세 초겔은 깨달음을 위해 노력하는 용기 있는 여성이었다.

그녀는 파드마삼바바가 떠난 후 티베트에 남아 중생들을 이롭게 하기 위해 수행도량을 세우고 어떻게 수행하고 어떻게 행동해야 할지에 대해 구체적인 수행법들을 남겼으며, 고대 불교의 많은 비밀 구전들을 보장으로 숨겨 가르침들을 보존할 수 있도록 하였다. 그녀는 세상을 떠나며 만약 자신을 찾고 기도한다면 그에 응답하고 계속해서 축복을 내릴 것이라는 약속을 하였으며, 실제 티베트의 위대한 영적 스승들도 예세 초겔로부터 물음을 받았거나 가르침의 내용을 설명받기도 하며 깨달음을 이룰 수 있었다.

티베트 여성 수행자들을 가리킬 때 예세 초겔의 헌신, 다키니라고 지칭하는 것은 위대한 성취를 이룬 여성, 예세 초겔을 전승하고 있다는 것을 나타내는 것이며 스승이며 호법여신에게 진심으로 헌신하고 있다는 의미이다.

2) 마칙 랍된(Machig Labdrön)

11세기, 티베트 불교의 위대한 여성 선지식 중 한 사람인 마칙 랍된은 급진적이고 독특한 수행법인 "쬐(Chöd)"를 창시한 여성이다. 반야바라밀경에 대한 깊은 이해를 끌어냈고 헌신적인 금강승의 수행자로 살았던 여성으로서, 종파를 초월하여 티베트 불교계의 대성취자로 인정받고 있다. 그녀가 전한 쬐 수행법은 현재까지도 종파를 초월하여 널리 수행되고 있다.

마칙 랍된은 어렸을 때부터 뛰어난 성취자인 예세 초겔, 다키니의 징후를 보였다고 하며 비범한 능력을 보여주었다. 여덟 살 무렵, 읽고 쓸 수 있게 되었고 독송 훈련을 받았으며 열 살 무렵에는 속독을 위한 음성 변조에 특별한 재능을 보였다. 당시 티베트에서는 마을이나 사원에서 장례나 치유 등을 목적으로 하는 의례로 장문의 불교 경전을 독송하는 전통이 있어 아주 빠르게 읽을 수 있는 능력이 선호되었다. 6배까지 빠르게 읽을 수 있었던 승려도 있었는데 마칙 랍된은 그런 이들 중 한 사람으로 빠른 독송을 하는 자, 비범한 자라는 평판이 널리 퍼져 나갔다.

열세 살이 되던 해 어머니가 세상을 떠나자 마칙 랍된은 이를 계기로 구도의 길을 떠나 당대의 훌륭한 스승들로부터 궁극의 지혜인 반야바라밀을 비롯한 대승 교리와 경론의 전체 과정을 지도받았다. 반야바라밀경을 통해 이전에는 경험하지 못한 심오한 깨달음을 체험했고, 그 후로는 자아에 대한 일체 잘못된 믿음과 집착이 사라졌다. 그녀의 스승 중 한 사람이었던 담빠 쌍계를 통해 쬐 수행을 전수받고, 모든 개념적 집착을 잘라내고 대자유를 얻는 쬐 수행법을 성취했다.

쬐 수행은 가장 높은 수준의 의식에서 비롯된 무분별을 토대로 '내면의 마라(마귀, 마구니)'라고 부르는 부정적인 요소들을 반기고 먹인다든지, 자신의 몸을 자르고 끓이는 관상을 하는 등 기존 수행법보다 매우 급진적이고 다양한 방편이 포함된 수행법이다. 한밤중에 공동묘지와 같은 무서운 곳으로 가서 자신의 몸을 공양물로 바치는 것을 상상하기도 하는데 이런 장소들은 두려움과 몸에 대한 집착을 불러일으켜 에고와 직접적으로 직면하게 한다. 또 잔치를 벌여서 불보살만이 아니라 자신의 두려움, 집착, 악마들도 모두 초대하여 자신의 몸을 자르고 끓여서 공양물로 바치는 관상을 통해 모든 집착에서 벗어나 자유로운 상태로 나아가게 한다.

쬐 수행을 처음 접하는 이들은 북을 치고 요령을 흔들며 노래하듯 운율을 붙이고 독송하는 모습이 엄숙해보이기조차 하는 일반적인 불교 명상과 너무 달라서 당황스러워하기도 한다. '법보시'라고 하는 잔치공양의 끝에서 수행자들은 자신이 스스로 신성한 설법을 하고 있다고 상상한다. 즉 사랑과 연민심, 비폭력, 위대한 공성에 대해 가르치고 있다고 상상하는데, 이 가르침은 법좌에 앉은 스승이나 현명한 사람이 되어서가 아니라 상호적이고 동등한 위치에서 모든 존재들에게 가르침의 공양을 나눈다라고 상상한다. 이러한 쬐 수행을 통해 마침내, 모든 존재들이 치유되고 만족하며 빈 허공으로 녹아들어갔다라는 것을 체험하게 된다.

깨어 있는 요기니로서 또 통찰이 있는 지적인 학자로서 마칙 랍된의 명성과 평판이 널리 퍼져가자, 당시 인도의 학자들은 마칙 랍된이 진정한 법을 가르치고 있는지 확인해 보아야 한다고 생각하고 대표단을 보내 그녀와 대론을 벌였다. 결과적으로 인도의 학자들과 불자들은 쬐 가르침을 대승의 가르침으로 받아들였다. 대부분의 불교 수행법은 인도에서 유래되었지만, 쬐는 티베트 수행법이라는 점에서 독특한 것이었다. 마칙 랍된 역시 "티베트의 모든 불법은 인도에서 온 것이지만 나의 법은 티베트에서 인도로 되돌아간 유일한 법이다"라고 하였다.

또한 마칙 랍된은 티베트 불교 역사상 여성이 창시한 유일한 종파인 조율(Joyul)종파를 창시하였다. 'gcod-yul'이라는 용어는 '잘라내다'라는 뜻이며 이 종파의 가르침은 주로 공성, 연민, 보살, 모든 존재의 이익을 위해 완전한 깨달음을 얻으려는 이타적인 열망을 통해 인간의 고통, 삶과 죽음의 윤회를 끝낼 수 있다고 한다.

매년 한국을 방문하여 법회를 열고 특히 죄 수행을 전수하고 있는 아남 툽텐 린뽀체는 마칙 랍된의 위대함에 대해 이렇게 말한다.

"중요한 것은 마칙 랍된이 단순히 깨달음을 얻은 선지식 그 이상이었다는 사실을 기억하는 것입니다. 한 여성이 학자들에게 이 정도로 존경을 받고 공부를 해서 경전을 꿰뚫어보는 혜안을 얻을 기회를 갖는다는 것 자체가 매우 드문 일이었기에 특별합니다. 사회가 부분적으로 여성들이 자신의 잠재력을 최대한 발휘할 수 있도록 허락하지 않아서 육아와 가사를 떠맡아야 했으니까요. 그녀의 이해의 깊이와 수행에 대한 두려움 없는 헌신은 그녀가 얼마나 독보적인 분이었는지를 보여주는 증거입니다."

– 『Into the Haunted Ground: A Guide to Cutting the Root of Suffering(2022)』

현대의 뛰어난
여성 수행자, 다키니

다키니라 불리우는 위대한 여성 수행자들은 다키니에 대해 어떻게 정의하고 있을까? 먼저 출팀 알리언은 다키니에 대해 "다키니는 이성과 말을 벗어나 직접적인 체험으로 인도한다. 다키니를 어느 면에서 정의하는 것은 불가능하며 정의 너머의 존재이다. 그것을 감안해 정의해본다면 하늘을 나는 존재, 허공과 공성을 통해 움직이는 존재이다. 다키니는 인간일 수도 있고 신, 지혜의 신일 수도 있고 그것들을 떠난 세속적인 존재일 수도 있다. 또는 부분적으로 깨달은 정령과 같은 존재이기도 하다"라고 하였다.

　떈진 빨모는 "우주에는 많은 존재들이 있다. 우리가 보지 못하는 존재들도 많다. 실체없는 다키니는 그런 차원에 속한다. 진정한 다키니의 본질은 아주 예리하고, 총명한 지혜의 본성으로 약간의 분노와 함께 단호하고, 정직하다. 또한 그들은 훌륭한 수행자의 장애를 제거하고 좋은 수행조건을 만드는 노력을 하겠다고 맹세한 이들이다"라고 하며 이때 '훌륭한'이라는 것을 한 번 더 강조하였다.

여성 린뽀체인 칸도 린뽀체는 다키니를 "전통적으로 뛰어난 여성 수행자, 위대한 스승의 배우자를 가리키는 용어로 사용되어 왔고, 성별을 초월하는 깨달은 여성의 본질인 비이원성을 의미한다, 미혹을 끊어냈다면 누구라도 다키니이다. 여성에게 한정된 말도 아니고 여성을 칭찬하는 말로 사용해서는 안 된다"라고 하였다.

까규파의 초조인 띨로빠는 다키니에게서 직접 밀법을 전수받았으며 그의 법을 이어받은 나란다 대학의 승정이었던 나로빠도 다키니의 계시와 인도로 스승을 찾아 떠나 띨로빠를 만났다고 전해진다. 이렇게 다키니는 수호신만이 아니라 도반으로서 또는 부인으로서도 나타나 도움을 주는 존재이다.

예세 초겔의 현신, 다키니라고 불리워지는 칸도 린뽀체는 어느 선사가 자신을 여성붓다인 따라, 바즈라요기니, 예세 초겔의 화신으로 소개하자 이러한 이름짓기에 대해 이렇게 경계하였다.

"사람들은 수식어에 지나치게 사로잡히고, 내용보다 포장에 더 빠져 듭니다. 이것은 위험합니다. 그 타이틀을 가질 자격이 있는지 없는지의 여부는 깨달음에 달려 있습니다."

다키니에 대해 다양한 층의 정의와 설명이 있긴 하지만 가장 단순한 의미로 뛰어난 여성 수행자를 다키니라고 전제하고 이제 세 명의 다키니에 대해 알아보고자 한다.

깨달음의 길에 남녀승속의 차별이 없지만 때로 수행의 조건이나 성취의 경지에 대해 비구-비구니-남성 재가자-여성 재가자 순서로 마치 우열이 정해진 듯한 낡은 관념들이 있다. 남성도 아니고 출가자가 아님에도 수행의 성취를 이루고 법을 설하는 재가여성 수행자들을 특별히 소개하는 것이 상대적으로 조금 더 열악한 조건들에 놓인 재가여성들에게 수행의 여정을 격려하고 롤 모델의 기회를 제공해주는 의미가 있을 거라고 본다.

1) 닥몰라 꾸쇼 싸꺄(Dagmola Kusho Sakya)

닥몰라는 서양에서 법문을 한 최초의 티베트 여성으로 미국에 정착한 이후 90여 세가 된 지금도 티베트 불교의 관정을 주기 위해 전 세계를 다니는, 뛰어난 스승으로 인정받은 여성이다.

그녀는 티베트의 캄에서 태어났지만 미래에 법사가 되리라는 것을 예측할 수 없는 평범한 집안이었다. 당시 캄 지역은 중국의 통치권 아래 있었다. 조카의 능력을 알아본 삼촌은 닥몰라를 학교에 보내주었고 종교와 교육을 병행했던 당시 사원의 역할 상 그녀는 스님들과 함께 읽기, 쓰기를 배웠다. 닥몰라가 열다섯 살이 되던 해 닥몰라는 가족들과 함께 1년간 티베트인들이 가장 소중하게 여기는 중앙티베트 성지 순례길에 올랐다. 이 여행 중에 닥몰라는 뿐쪽 왕궁에서 왕위 계승 후계자인 스무 살의 직달 닥첸 린뽀체와 사랑에 빠지게 되고 집안의 반대를 무릅쓰고 결혼을 하였다. 이 결혼으로 그녀는 티베트 왕족의 반열에 오르고 고대 전통을 대표해야 하는 다소 무거운 책무를 안게 되었다.

티베트에 대한 중국의 간섭이 심해지면서 티베트인들에게 지도

력과 영향력을 가진 닥첸 린뽀체에게도 중국 정부를 위해 일하라는 압력이 높아져 가고 달라이 라마도 인도로 망명하게 되자 닥몰라의 가족도 결국 피난길에 올랐다. 몇 주 동안 먹을 것도 없이 동상에 걸려 감염이 될 정도로 험난한 길을 건너 겨우 인도에 도착하게 되었다. 그러나 인도의 난민캠프는 더위와 상한 음식, 전염병, 끔찍한 위생 상태 때문에 많은 티베트인들이 죽어가고 있을 정도로 열악한 환경이었다. 이때 마침 록펠러 재단에서 티베트 언어, 역사, 문화 연구를 도와줄 수 있는 학식 있는 티베트인을 찾고 있었던 터렐 와일리 박사를 만나 그의 초청으로 미국으로 건너가게 되었다.

전통적으로 불교의 스승은 일상적 노동을 하지 않고 가르침과 수행에 전념한다. 그렇기에 닥몰라는 말도 통하지 않는 이국 땅에서 남편 닥첸 린뽀체 대신에 직장을 찾았다. 킹카운티 중앙 혈액은행에 취업이 되어 30여 년간 근속했지만, 처음에는 청소하는 일을 했다. 하지만 닥몰라의 성실함과 지성, 진실함이 인정받으면서 실험실 조수로 일하게 되었다. 그녀는 직장 일과 함께 5명의 아들을 대학교에 보내는 육아와 가사를 전담하면서, 동시에 남편인 닥첸 린뽀체가 석가 사원을 설립하는 일도 도우며, 삼촌인 데중 린뽀체로부터 불교 가르침을 계속 받았다. 결국 라마의 역할인 관정(밀교에서 스승이 제자에게 직접 불법을 전수하는 의식)을 줄 수 있는 권한까지 부여받았다. 당시 여성이 관정을 주는 것은 전혀 일반적이지 않았고 관정이나 가르침은 남성 린뽀체나 비구만이 할 수 있는 일이었다.

사람들은 인간관계의 다툼이나 갈등, 특히 성적인 문제 등 드러내기 어려운 문제에 대해 린뽀체에게 조언을 구하였지만 남성 린뽀체들은 이 주제를 불편하게 느끼고 어떻게 답해줄지 몰라 닥몰라에게 대답을 넘기곤 했다. 그러다 보니 점점 많은 서양 학생들이 그녀에게 가르침을 구하러 찾아왔다.

어느 날, 그 시대의 가장 수승한 스승들이 모인 큰 법회가 열렸다. 사람들이 닥몰라에게 다가와 가르침을 달라고 요청하였다. 닥몰라는 망설이며 훌륭한 스승들이 여기 많이 계시니 이분들에게 질문하라며 답변을 피했다. 그러자 그 자리에 있던 모든 스승들은 닥몰라가 가장 적임자라며 그녀를 적극적으로 추천하였다. 결국 닥몰라는 법문을 하기 시작했다. 당시 티베트였다면 이 역시 가능하지 않았을 일이다. 여성이 법사가 되어 가르침을 주는 일이 가능했던 것은 서구라는 장소와 법을 청한 이들이 서구인들이었다는 게 큰 요인이었을 것이다. 서구인들은 가르침을 주는 스승이 남성이어야 한다는 생각이 없었기에 과감하고 적극적으로 닥몰라에게 요청했고 마침 준비된 닥몰라가 가르침을 전할 수 있었다.

특히 그녀의 가르침이 탁월했던 것은 단지 불교 가르침을 전했기 때문만이 아니었다. 티베트를 망명하는 과정에서 죽음과도 같은 어려움을 겪기도 했고 첫째 딸을 태어난 지 3개월만에 잃은 인간적인 슬픔, 그리고 병원에서 근무하는 동안 의료진들의 스트레스나 어려움에 대해 듣고 조언해주었던 일상의 경험들이 있었기에 실제적이고 도움이 되는 법문을 할 수 있었던 것이다.

"서양 여성들은 다른 여성들에게 개방적으로 말할 수 있고 서로 도울 수 있다는 것을 중요하게 생각해요. 티베트 라마들은 평범한 인생을 경험해 보지 않았어요. 그분들은 많은 가르침을 받았을지는 몰라도 그 가르침이 여성들의 삶의 주제와 늘 연결되지는 않지요."

그래서인지 삶과 수행의 한 가운데서 살아왔던 닥몰라는 수행과 일상을 엄격히 구분하는 것을 반대한다.

"영적 수행은 단지 명상 방석에 앉아서 하는 것이 아닙니다. 매일매일의 삶에 있습니다. 모든 움직임, 모든 말, 모든 생각이 수행입니다. 다르마, 즉 법은 일상에 있습니다."

그녀는 린뽀체와 함께 캘리포니아 샌 가브리엘에 Mother Tara Center/Tara Ling을 설립하고 하와이 코나, 애리조나, 멕시코 시티 등에도 센터를 설립하였으며 현재도 사캬 사원에서 정기적으로 관정을 주고 법문을 하고 있다.

흔히 삶이 수행이며 수행이 삶이라고 하는데, 간혹 수행을 해도 삶의 변화와 마음의 변화가 없는 것은 삶과 수행을 따로 이해하고 배우고 있기 때문이다. 교학을 배우거나 법문을 듣거나 좌선하는 것, 이것만이 수행이라고 한정해놓고 자신이 겪는 번뇌의 조건들을 살피거나 존재의 이유를 성찰하지 않기에 인문학적인 소양은 커지지만, 마음의 변화가 없는 것이다. 온갖 관념들로 뒤엉킨 삶이 변화하려면 가르침이 삶을 떠나서는 안 된다. 붓다의 가르침은 괴로움과 해탈이 밖에 있다고 하지 않았다. 일상의 삶 속에서 수행하며 가르침을 전하는 닥몰라의 겸손하고 진정한 태도는 삶에 지친 사람들의 마음을 움직이고, 깊은 감동을 주었을 것이다. 가르침에 대해 닥몰라는 이렇게 말한다.

"저는 단지 제가 경험한 마음의 체험을 나누고 싶을 뿐입니다. 나는 라마도 아니고 강력한 가르침을 주지도 않아요. 단지 그냥 좋은 친구로 생각해 주세요."

2) 출팀 알리언(Tsultrim Allione)

출팀 알리언은 쬐 수행의 성취자 마칙 랍된의 화신으로 불리며 전 세계 쬐 수행을 이끌고 있는 뛰어난 여성 수행자이다.

　1994년에 남편 데이비드 페텃과 함께 콜로라도주에 모든 존재가 이익과 지혜를 얻도록 돕기 위해 따라만달라(Tara Mandala)라는 수행 단체를 설립하였다. 따라만달라에서는 금강승 불교의 명상 수행과 연구, 집중수행의 기회를 제공하고 있다. 따라만달라의 미션을 보면 "11세기 티베트 여성 스승인 마칙 랍된의 법맥에 중점을 둔 지혜와 자비의 개발로 이어지는 가르침을 통해 모든 존재를 이롭게 하는 것이다. 마칙 랍된의 가르침은 악마와 싸우는 것이 아니라 먹이를 주는 것이라는 혁명적인 패러다임을 제공하며, 이는 개인 및 집단 영역 모두에 적용된다"라고 밝히고 있다. 출팀 알리언의 따라만달라는 전 세계 9개국에 글로벌 상가 네트워크를 갖고 있으며 출팀의 전승을 잇는 스승들과 지도자들이 수행을 인도하고 있다. 또한 출팀의 'Wisdom Rising 팟캐스트'는 실시간으로 명상과 실용적인 지혜의 가르침, 그리고 초청 법사들의 가르침을 받을 수 있는 기회를 제공하고 있다. 출팀은 45년 이상 전통적인 티베트 불교 스승 밑에서 배우고 수행한 경험을 기반으로 『Women of Wisdom(지혜의 여인들)』, 『Feeding Your Demons(악마에게 먹이를 주다)』, 『Wisdom Rising(떠오르는 지혜)』를 저술하였다.

　출팀 알리언은 1947년 미국의 메인 주 뱅고어에서 태어났다.

열다섯 살에 할머니로부터 받은 불교 시집과 선(禪)에 관한 책을 보면서 불교에 대해 강렬한 경험을 하게 되었고 칼 융의 『Man and his Symbols(존재와 상징)』의 표지에 그려진 티베트 만달라를 보고 만달라에 관한 관심을 평생 갖게 되었다.

대학에 입학한 출팀은 요가와 티베트에 관한 모든 책을 읽은 후 만다라를 그리는 법을 배우기 위해 친구인 비키 히치콕과 함께 네팔과 인도를 여행을 떠났다. 네팔에서 많은 티베트 난민들을 만나면서 '고향에 도착했다'는 깊은 느낌을 경험한다. 특히 네팔의 가장 오래된 성지 중 하나인 스와얌부나트에서는 '인생이 완전히 바뀌는' 기분이 들었다.

자신이 배우고자 하는 지혜가 미국 대학에서 가르치지 않는다고 느낀 출팀은 스코틀랜드 덤프리스셔에 세워진 서부 최초의 티베트 수도원인 삼예 링으로 가서 초걈 뜨룽파 린뽀체를 만나 『the Sadhana of All Siddhis(모든 성취를 위한 사다나)』를 받고 이를 반복해서 공부하였다. 스물두 살이 되던 해 다시 네팔로 돌아왔을 때 그녀는 16대 깔마빠 릭빠 돌제를 만나게 되었다. 그와 만남에서 강렬하고 깊은 법의 인연을 느끼며 출가를 해야겠다고 생각했다. 하지만 당시에는 불자가 된다는 것, 출가가 무엇인지도 몰랐기에 스님이 될 때 귀의조차 하지 않았다. 그럼에도 그녀는 16대 깔마빠로부터 깔마 출팀 최돈(Karma Tsultrim Chödron)이라는 법명을 받고 출가를 하였는데, 출팀은 깔마빠로부터 서품을 받은 최초의 미국인이다.

그러나 사랑에 휩쓸려 가지 않을 만큼 충분히 성숙하지 않은 스물두 살의 출팀은 결국 서원을 철회하고 1년 만에 결혼을 하고 딸을 기르는 어머니가 되었다. 둘째 아이까지 낳은 후 수행도 못하고 자신만의 시간도 가질 수 없는 상황에 놓이게 되자 의문을 갖게 된다. 즉 자신이 속한 전승의 위대한 성인들은 대부분은 남성이었고 소수의 여성은 자녀를 버렸거나 독신의 비구니가 되었는데, 자신은 결혼한 재가여성으로서 과연 어떤 길을 가야 할지 수행자의 롤 모델이나 본보기가 없어 깊은 고민에 빠지게 된다.

그 이후 뜨룽빠 린뽀체가 있는 나로빠 대학과 콜로라도 볼더에 있는 불교 공동체에서 강의를 하기도 하며 그곳에서 몇 년간 생활하게 되었다. 하지만 그녀는 가부장적이고, 위계적이며, 구조화된 조직이라는 것을 깨닫고 그곳을 떠난다. 이때 출팀은 두 번째 결혼을 하고, 로마로 이주해서 지내게 되었는데 때때로 폭력으로 이어지는 결혼 생활과 힘든 임신, 출산 그리고 두 달 반 만에 아이가 사망하는 등 정신적 충격으로 우울과 비탄의 소용돌이에 빠진다. 이때를 회상하며 출팀은 "아름다운 계시를 받은 이라도 세상일이 모두 쉬운 건 아니다"라고 말하였다. 또한 2011년에는 20년을 부부로 함께 수행하며 살아온 남편이 세상을 떠났을 때 그 충격에서 벗어나기 힘겨워했다. 수도 없이 무상을 가르쳤지만 가장 사랑한 사람의 예상치 못한 죽음 앞에서 크게 흔들렸던 것이다. 남편의 죽음 이후 격렬한 비통함이 사라지기를 바라며 출팀은 반년 동안 히말라야로 떠났다. 그리고 돌아온 첫 법회에서 애도에 대해 이렇게 말했다.

"애도는 저에게 출생과 출산에 대해 많은 것을 떠올리게 합니다. 진통이 있을 때, 여러분은 통제할 수 없는 어떤 것이 되고, 그것에 내 맡김(거스르지 않고 따름)해야 합니다. 저는 서핑을 하고 있습니다. 저는 파도를 멈추려고 하지 않습니다. 그것을 막을 수 없다는 것을 깨달았기 때문입니다. 파도가 오는 것을 느낍니다. 자, 좋아요. 보드 위에서 일어나 파도를 탈 수 있을까요? 아니면 물에 빠지게 될까요? 두 경우 모두 일어납니다. 매번 파도가 달라지니까요."

삶에서 피할 수 없는 어려움을 겪어가는 출팀의 이야기는 뛰어난 여성들에게 지녔던 약간의 오해를 풀어준다. 큰 스승과 인연을 맺고 수행 동기가 분명한 여성 수행자들은 큰 복덕이 있어서 큰 어려움이 없거나 혹은 있더라도 불보살의 가피로 잘 해결될 것이라는 생각이나 추측은 오해다. 영적 수행의 길을 가는 뛰어난 여성이라고 하더라도 누구나 괴로움이 있을 수 있고 결국에는 괴로움을 받아들이고 괴로움의 원인인 무지를 깨닫고 넘어가야 하는 게 삶이라는 것을 알려준다.

20대 초반에 전업 엄마가 되어 온종일 육아와 외로움으로 가득 찬 삶 외엔 어떤 것도 볼 수 없고 수행의 방향을 잃었을 때, 그리고 전통적인 경전이나 가르침에서 그 어떠한 위안도 찾을 수 없었을 때, 출팀은 자신과 비슷한 상황에 처한 모든 여성들을 위해 뭔가 해내겠다는 결심을 하게 된다. 어쩌면 삶의 깊은 절망 속에서 여성이라면 자신과 같은 어려움에 처할 수 있고, 자신도 도움이 필요했던 것처럼 그런 여성들에게 도움이 되기를 바라는 발원이 자연스럽게 세워진 것이다. 이후 출팀은 불교와 서양 심리학의 접점을 탐구하여 깊은 휴식과 수행을 할 수 있는 아름다운 따라만달라 단체를 설립하고 따라만달라의 리트릿센터에는 매년 수백 명의 사람들이 단체 수련 프로그램에 참여하거나 산속 오두막에서 개인적으로 시간을 보내기도 한다.

아이를 떠나보냈을 때 출팀은 극심한 혼란과 상실, 슬픔을 겪으며 신성한 여성, 마칙 랍된에게로 되돌아가는 길을 느끼기 시작하였다. 가족을 두고 혼자 네팔로 돌아간 출팀은 방대한 양의 티베트 서적 『Machig Labdron's biography(마칙 랍된의 전기)』를 도반과 함께 번역하면서, 티베트 여성 요기니의 전기를 수록한 『Women of Wisdom(지혜의 여인들)』의 초안을 구상하게 된다. 즉 다키니를 알게 됨으로써 출팀은 비로소 힘을 가진 깨달은 여성을 만나게 되었다.

출팀은 선정 상태에서 매우 비밀스런 방법으로 마칙에게서 직접 수행을 전수받고 마칙의 가르침을 현대 서양인들에게 전할 방법을 깊이 숙고했다. 단박에 끊어 내고 잘라내는 쬐 수행은 출팀이 어려움이 있을 때마다 내려놓는 법, 슬픔에 대처하는 방법을 알려주었다.

마칙의 쬐 수행에 나오는 악마는 피에 굶주린 괴물이 아니라 우리 안에 함께 거주하는 존재, 우리의 집착과 공포, 만성 질환 또는 우울, 불안, 중독과 같은 보통의 문제이다. 즉 내면에서 우리가 싸우는 힘이기에 그것을 몰아내려고 하지 않고 포용하면, 그 악마의 힘이 약해지면서 통제가 느슨해진다는 것이다. 출팀은 마칙의 서약을 이렇게 말한다.

"이 관정은 모든 장애를 행운의 길로 바꿔 줍니다. 환자는 질병을 통해 가피를 얻게 됩니다. 역경은 수행의 동반자가 됩니다. 천 번의 '나를 보호하라'보다 한 번의 '나를 먹어라, 나를 끌고 가라'가 낫습니다."

이는 티베트 불교에서 자비심을 키우는 수행법 중의 하나로 통렌(tonglen) 수행과 유사한데, 통렌은 티베트말로 보내고 받는다는 뜻이다. 즉 숨을 들이마시면서 타인의 고통을 들이마시고 내쉬면서 타인을 위해 밝고 건강한 기운을 내보내는 통렌 수행은 자비와 사랑으로 충만하여 우리의 참된 본성이 현현하도록 돕는 매우 효과적인 수행법이다. 통렌 수행처럼 출팀은 슬픔을 완전히 내 안으로 초대하고 사랑하는 이를 잃은 모든 여성의 슬픔을 대신 짊어졌다.

"이렇게 생각할 수도 있습니다. '내 위에 그들의 슬픔까지 얹어 놓으면, 견디지 못할 거야. 내 것만으로도 이미 견딜 수 없잖아. 그런데 어떻게 더 짊어질 수 있겠어?' 역설적이게도 이것이 슬픔을 없애 준다는 것입니다. 자아가 남아 있다면, 다른 사람의 슬픔을 짊어지는 것은 사실 불가능하죠. 그러려면 자기 집착을 놓아버려야 해요. 또 당신의 본성이 믿을 수 없을 정도로 광대하고, 완전히 완벽하고, 명료하며 자비롭다는 것을 깨달아야 합니다. 그러면 모든 것을 수용할 수 있어요."

3) 칸도 쩨링 최돈(Khandro Tsering Chödron)
칸도 쩨링 최돈은 1929년경에 동티베트의 작은 마을에서 태어났으며 2011년 망명한 프랑스의 레랍 링에서 열반에 들었다.

그녀의 어머니는 왕의 딸이었고 칸도의 집안은 동티베트에서 가장 큰 가문 중 하나였다. 칸도의 가문은 의례를 행하는 마스터들과 요기들을 위해 여러 개의 숙소를 마련해 놓고 그들이 묵을 수 있도록 하여 집안에는 늘 기도와 만뜨라, 종과 북소리 등이 울렸다.

칸도는 1948년에 당시 50대였던 잠양 켄쩨 최끼 로도와 결혼을 하였다. 잠양 켄쩨 최끼 로도는 티베트 전역의 주요 금강승 스승들과 함께 겔룩파, 닝마, 사캬, 카규 학파로부터 전승을 받았을 뿐만 아니라 모든 티베트 전통의 명상과 사다나를 완성하고 성취하여 깨달음으로 이끄는 수행을 모두 가르칠 수 있는 탁월한 스승이자 승려였다. 마흔 아홉 살이 되던 해에 그는 중병에 걸렸지만 어떤 치료법도 도움이 되지 않자 라마의 장수를 가로막는 장애를 없애기 위해 다키니와의 결혼이 제안되었다. 그러나 그는 승려로서의 계율을 지키겠다고 고집했고 몇 년후 다시 위독한 상태가 되자 시급하게 칸도에게 도움을 요청하여 회복되었다. 그녀를 부른 것은 칸도가 태어나기 전 '보석'이 태어날 것이라는 예언도 있었으며 예세 초겔의 환생자, 따라보살의 현신으로 여겨졌기 때문이다

최끼 로도는 그 해에 칸도와 결혼을 했고, 그의 건강은 더 빠르게 회복되었다. 티베트인들은 이들의 결합을 평범한 결혼으로 보지 않으며, 칸도 역시 평범한 여성으로 여기지 않는다. 칸도를 켄체 쌍윰(Khyentse Sangyum)이라고 불렀는데, 이는 '켄체의 신성한 동반자'라는 뜻이며 이런 결혼을 종교적인 목적을 위한 것이지 평범한 결혼의 형태라고 보지 않는다. 칸도 역시 그를 남편이라고 부르기보다는 스승으로 생각했으며, 최끼 로도 역시 칸도를 "예세 초겔이나 다름없는 위대한 가피의 다키니이며, 8세기의 뛰어난 여성 마스터 셸깔 돌제 초겔(Shelkar Dorje Tsogyal)의 환생자"라고 칭송하였다. 또한 칸도 쩨링 최돈의 장수를 위한 기도문을 올리기도 하였다.

결혼한 이듬해, 중국군이 국경에 주둔하기 시작하고 티베트 불교 사원들과 승려들을 탄압하기 시작했다. 그러자 최끼 로도와 칸도는 평범한 순례자로 변장한 채 도보와 말을 타고 히말라야의 험준한

지형을 건너 망명하였다.

그 후 11년 동안 최끼 로도는 수많은 가르침과 법을 전수하고 열반하였다. 칸도는 잠양 최끼 로도의 사리탑이 안치되어 있는 곳에 계속 살면서 끊임없는 기도와 경전 그리고 수백 권의 주석서를 천천히 읽으며 스승에 대한 불멸의 헌신을 보여주었다. 매일 새벽 일어나 명상을 하며 가벼운 아침 식사를 하고 방을 청소하고 공양물을 올린 후 기도와 좌선을 하는 단순한 날들을 보냈다. 칸도는 진심 어린 기도의 힘을 굳게 믿었다. 이것이 바로 그녀가 한 일이다. 그녀는 기도했고, 그 본보기가 됨으로써 가르침을 주었다.

영화감독이며 티베트 불교 수행자인 종쌀 켄체 린뽀체는 "최근 불법을 배우는 제자들에게 이 겸손함이 부족하다고 말하는 것은 절제된 표현일 것입니다. 겸손함이 있지도 않습니다. 겸손함은 곧 그녀의 가르침이지요"라며 불교 수행은 특별해지는 게 아니라 진정한 본성에 대한 것이며 자아감이 없다는 것은 실로 가장 위대하고 근본적인 성취라고 하였다.

칸도를 추모하는 이들은 한결같이 그녀를 '숨겨진 요기니(hidden yogini)'이자 가장 높은 수준의 수행자였다고 말한다. 그녀의 겸손과 마음의 아름다움, 빛나는 단순함, 겸손함, 명료하고 부드러운 지혜는 모든 티베트인들에게 존경을 받고 있지만, 그녀 자신은 가능한 한 앞에 나서기보다는 배경에 머물려고 노력하고 엄격한 삶을 살려고 하였다. 그녀가 수많은 사람들에게 영향력이 있었던 것은 법좌에 앉아 가르치거나 학식이 높다거나 사원 등을 이끌었기 때문이 아니라, 어린아이의 경험처럼 자연스러운 축복과 평화 안에 살았기 때문이다.

삶이 끝나갈 무렵, 칸도는 더욱 마음이 넓게 열리고 그 순간에 온전히 존재했고, 순수함과 순진함 그리고 사랑의 느낌을 물씬 풍겼다. 권위적 태도나 자만심이 없는 모습은 그녀의 존재만으로도 즉각적인 편안함과 평온함을 가져다주었다.

수행자가 신체의 기능이 정지된 후 며칠 동안 명상 상태에 있는 것을 티베트어로 '뚝담(Tukdam)'이라고 한다. 위대한 수행자는 세상을 떠난 후에도 실제 3일간 계속 명상 상태에 있기 때문에 기밀을 지키고 수행자의 몸을 만져서 명상을 방해하지 않는 것이 매우 중요하게 여겨진다. 그녀와 같은 위대한 수행자들은 이 뚝담 상태에서 이생에서 수행하는 동안 깨달았던 명료한 도의 빛이 죽음의 순간에 나타난 근본의 명료한 빛과 융합된다고 하며 뚝담에 든 수행자와 연결된 이들 역시 매우 강력한 체험을 하게 된다고 한다.

칸도의 조카이면서 『삶과 죽음을 바라보는 티베트의 지혜』의 저자인 소걀 린뽀체는 허핑턴포스트에 기고한 글 "비범한 불교 스승을 기리며"에서 이렇게 적었다.

"그녀가 살았던 삶은 현실적이고 겸손한 단순함, 말도 안 되는 접근 방식, 모든 사람에 대한 사심 없는 친절로 특징지어지는 모범적이었습니다. 그녀는 위대한 불교 수행자의 완벽한 모델이었으며, 그녀가 그토록 높은 존경을 받은 것은 다른 무엇보다도 이 점 때문입니다. (…중략…) 현대 사회에서 유명하거나 존경받는 인물이 죽었을 때 우리는 항상 그들의 유산에 대해 빠르게 추측합니다. 칸도의 경우, 그녀가 남긴 유산은 한마디로 그녀의 존재 그 자체였습니다. 그녀를 만난 행운을 가진 사람은 그녀를 둘러싼 분위기를 잊지 못할 것입니다. 그녀의 삶은 영적 수행에 대한 헌신의 감동적이고 절묘한 모범이었기 때문에 자연스럽게 부처님 가르침의 핵심을 구현하고 그 따뜻함을 가장 강력하고 가시적인 방식으로 다른 사람들에게 발산했습니다."

2014년, 레랍 링에는 그녀의 특별한 삶을 기억하고 축복을 비는 웅장한 기념 사리탑이 세워졌는데, 봉헌식에는 쌰꺄 띠진 존자 등 큰 스승들과 약 1,000여 명이 모여 사랑과 존경 그리고 헌신의 공양을 올렸다. 유물과 수많은 경전 및 기타 귀중한 물건이 있는 이 사리탑의 사진 아래에 다음과 같은 문구가 새겨져 있다.

"태양과 달이 떠오르는 한, 칸도 쩨링 최돈의 이름이 남아 있기를 바랍니다."

뛰어난 여성 수행자의 기준을 내세운다면 어떤 기준들을 제시할 수 있을까? 아마 얼마나 많은 가르침을 전수 받았는지, 얼마나 오래 수행했는지, 얼마나 후학을 길렀는지, 얼마나 많은 저서를 저술했는지, 법좌에 앉아 얼마나 설법을 많이 했는지 등 보이는 것들을 내세울 가능성이 높을 것이다. 어쩌면 외모를 말할 수도, 눈빛을 말할지도 모른다. 그런데 칸도 쩨링 최돈의 일생을 보면 그 기준들이 와르르 무너지고 의미가 없어진다. 그녀는 평생 말로 설법하지 않았고 자신을 드러내지 않았기에 '은둔의 스승'이라고 불리울만큼 존재 자체가 본보기가 되었고 가르침이 되었다.

성공하거나 업적을 남기려 하거나 어떤 형태로든 자신의 존재가치를 높이고자 하는 이 시대에 있는 그대로 존재할 뿐인 칸도의 삶은 급하게 달려가던 마음에 브레이크가 걸리면서 '왜 달려가고 있지? 어딜 향해 가고 있지?'라는 의문을 갖게 한다. 존재로 존재한다는 것은

티베트 불교의 뛰어난 여성 수행자, 그 깨달음의 여정

과연 어떤 것인지, 어떤 것이 수행이며 어떤 것이 수행자의 모습인지
에 대해서도 깊은 물음을 갖게 한다.

멈추지 않았던
그들의
용기와 열정

세 명의 재가여성 수행자들은 몇 가지 공통점이 있다.

첫 번째는 엄청난 고난과 역경을 겪었지만 그것을 깨달음으로 전환했다는 것이다. 삶이라는 것 자체가 고난과 역경을 내포하고 있지만 이들이 겪은 고난은 일반적이지 않다. 닥몰라와 칸도 쩨링 최돈은 목숨을 건 망명길에 올랐으며 고향을 떠나 말도 통하지 않는 타국에 정착하여 새로운 삶을 시작할 수밖에 없었던 고난이었다. 소유하고 누리던 모든 것들을 두고 떠나 전혀 다른 낯선 곳에서의 경험은 불교의 무집착, 내려놓음을 직접적이고 강하게 체득할 수 있는 경험이었으며 이것은 그들이 크게 성장할 수 있는 바탕이 되었을 것이다.

두 번째는 보통 여성들이 거치는 결혼, 출산과 육아, 가사와 같은 개인사를 겪었지만 대응하는 과정에서 불교의 지혜로 극복하는 것을 보여주었다. 좌절하고 운명에 순응하면서도 결국은 자신과 고통에 빠진 사람들을 돕고자 하는 자비심으로 확장되었다.

세 번째는 스승과 깊은 인연이 있다. 티베트 불교는 불법승 삼보가 아니라 스승을 포함하여 사보로 귀의하는데, 스승에게 삶을 맡기고 한 생에 깨달음이라는 것을 지향한다. 물론 최근에는 영감을 주는 깨달은 스승이 거의 없다든지, 스승에게 헌신하는 것이 사회적으로 옳고 그름을 판단하고 인지하는 판단력을 떨어뜨릴 수 있다는 염려는 자주 제기되고 있는 문제이지만, 세 명의 재가여성 모두 스승이면서 남편인 배우자가 있었기에 그들로부터 가르침을 듣고 배우고 사원을 설립하고 전하는 일들을 할 수 있었다. 이는 밀교 전승이라는 직접적인 법의 전수와 스승을 향한 헌신, 그리고 삶과 수행에서 늘 보리심을 강조하는 티베트 불교의 특성이 강력한 동기와 지원이 되었을 것이다.

네 번째는 깨달음에 대한 것이다. 닥몰라는 단지 방석에 앉아서 하는 것이 수행이 아니라 모든 움직임, 모든 말, 모든 생각이 수행이라고 하며 출팀 알리언은 역경은 수행의 동반자이며 자기 집착을 놓아버리면 광대한 본성을 볼 수 있다고 하였다. 무엇보다 칸도 쩨링 최돈은 규정되지 않은, 다만 있는 그대로 존재하는 것을 통해 자신이 누구인지 알고 그대로 살아가는 것이 수행이며 깨달음이라는 것을 직접 보여주었다.

붓다 당시 인도 사회에서 여성은 모든 권리를 그 집안의 남성에게 의존해야만 하는 철저히 예속된 상태였다. 그럼에도 붓다는 여성을 제자로 받아들이고 안전하게 수행할 수 있도록 지원하였다. 남성만이 아니라 여성에게도 계율을 제정하거나 교단을 운영할 수 있는 역할이 주어졌으며 성별을 떠나 누구라도 깨달음을 얻을 수 있다고 가르쳤다.

파드마삼바바, 달라이 라마 등 탁월한 스승들의 말을 빌지 않아도 여성의 열등함, 무능력에 대한 차별은 붓다의 가르침도 아니며 논쟁할 가치조차 없는 사안이다. 그 시대 관습과 문화 그리고 기록자들에 의한 기준들이 마치 당연하게 여겨지면서 얼마나 많은 여성들의 존재가 묻혔는지, 발휘될 수 있었던 무한한 능력이 얼마나 배제되었는지에 대한 반성이 우선되어야 한다. 우리 모두의 손해이다. 무한한 자비심을 가진 어머니라는 여성이기에 존중받아야 하는 것이 아니라 그 존재 자체가 존귀하며 무엇보다 깨달음의 길에서 여성의 몸이라는 것이 장애가 될 수 없다.

여성 수행자들의 삶의 여정을 보면 차별과 악조건에서 그리고 죽음과 상실과 같은 생애사적 고난들 앞에서 좌절하고 실망하며 괴로워하기도 하였지만 멈추지 않았던 그들의 용기, 새로운 시도와 열정이 있었다. 그것은 그들이었기에 가능했던 게 아니다. 우리 모두 그 여정을 갈 수 있으며 이미 가고 있다. 삶에 정답이 없는 것처럼 수행의 여정 역시 정답이 없다. 세간의 기준으로 뭔가를 성취해서가 아니라 모든 개념을 떠난 진정한 자유, 무엇에도 집착하지 않는 마음, 타인을 향한 깊은 연민과 자비심, 바로 붓다의 가르침대로 살아갔기에 그 위대함이 있다.

어쩌면 기록되지 않은 수승한 여성들, 눈앞에 여성 수행자의 롤 모델이 없다는 핑계에 숨어 깨달음의 여정을 가지 않거나 포기한 것은 아닌지 돌아보게 된다. 여성의 몸을 가진 존재들에게 주어진 한계와 차별 너머 자신의 존재를 있는 그대로 깨달아가는 것, 그것이야말로 진정한 수행이 아닐까….

참고문헌

1부 붓다에게 성과 사랑을 묻다

붓다에게 사랑과 결혼을 묻다

- 『불본행집경』「결혼 상대를 쟁취하기 위해 무술을 다투는 품[捔術爭婚品]」.
- 전재성 역주, 『자타카 전서』.
- 『방광대장엄경』「악마를 항복받는 품[降魔品]」.
- 전재성 역주, 『맛지마 니까야』「87. 사랑하는 사람들로부터 생겨난 것에 대한 경」.
- 전재성 역주, 『숫타니파타』, 「다니야의 경」.
- 전재성 역주, 『앙굿따라 니까야』 제4권.
- 전재성 역주, 『자타카 전서』, 「자타카의석」 제1권.
- 대림스님 옮김, 『앙굿따라 니까야』 제1권.
- 『과거현재인과경』 제1권.
- 『맛지마 니까야』, 「44. 교리문답의 작은 경」.
- 『테리가타』, 「담마딘나 장로니의 시」.
- 『불설마등녀해형중육사경(佛說摩登女解形中六事經)』.
- 『대불정여래밀인수증요의제보살만행수능엄경
   (大佛頂如來密因修證了義諸菩薩萬行首楞嚴經)』.

불교, 페미니즘과 만나다

- 갤럽 리포트, 『한국인의 종교 1984-2021』.
- 대한불교조계종불교성전편찬추진위원회(2021), 『불교성전』, 조계종출판사.
- 대승경전 『마하마야경』, 『화엄경』.
- 대한불교조계종 부처님의 생애편찬위원회(2010), 『부처님의 생애』, 조계종출판사.
- 선일 외, 『붓다에게는 어머니가 있었다』, 동연.
- 『불교평론』 2015 여름, 제17권 2호.
- 대림스님 옮김, 『앙굿따라 니까야』 제1권, 초기불전연구원.

- 『불교평론』, 2023. 08.
- 실천승가회(2011), 『불교 및 승려에 대한 국민인식조사보고서』.
- 로즈마리 통, 이소영 옮김(2003), 『페미니즘 사상』, 한신문화사.
- 리타 그로스, 옥복연 역(2020), 『가부장제 이후의 불교』, 동연.
- 담마빨라, 백도수 역(2007), 『위대한 비구니, 장로니게 주석』, 열린경전.
- 이미령, 옥복연(2015), 『붓다의 길을 걷는 여성들』, 조계종출판사.
- 옥복연, 「한국 불교 조계종단 종법의 성차별성에 대한 여성주의적 연구」 2013, 서울대 박사논문.
- 설오 옮김(2004), 『예세 초겔』, 김영사.
- 미카엘라 하스, 김영란·장윤정 옮김, 『다키니 파워』, 담앤북스.
- 조승미, 「금광명경(金光明經)의 여신들과 한국 불교에서의 그 신앙문화」, 불교학연구 2014.
- 월간 산 http://san.chosun.com 『한국의 산신을 찾아서』, 2008. 04. 21.
- 김신명숙(2019), 『여성관음의 탄생』, 이프북스.

2부 한국 불교에서 여성을 말하다

조선 전기 왕실과 사대부 여성들의 삶과 불교

- 국사편찬위원회 '조선왕조실록' 사이트 (https://sillok.history.go.kr/main/main.do).
- 한국고전종합DB '고전번역서' 사이트 (https://db.itkc.or.kr/dir/item?itemId=BT#/dir/list?itemId=BT&gubun=book).
- 한국사데이터베이스 '고려사' 사이트 (https://db.history.go.kr/goryeo/main.do).
- 『경국대전』.
- 『고려사』.
- 『조선왕조실록』.
- 성현, 『용재총화』.
- 이규경, 『오주연문장전산고』.
- 이극인, 『연려실기술』.
- 정도전, 『조선경국전』.
- 차천로, 『오산집』.
- 성백효 역주, 『소학집주』, 전통문화연구회, 1993.
- 윤국일 역주, 『역주 경국대전』, 여강, 2000.
- 강명관, 「조선 사족체제의 성립과 여성의 통제」, 『여성학연구』 26, 2016.
- 김갑주, 「조선 초기 상원·낙산사의 제언개간에 대하여」, 『동국사학』 11, 1969.
- 김우기, 「조선 성종대 정희왕후(貞熹王后)의 수렴청정」, 『조선사연구』 10, 2001.
- 김자현, 「조선 전기 사찰판 간행불서 고찰」, 『불교연구』 49, 2018.
- 김정희, 「조선시대 王室佛事의 財源」, 『강좌미술사』 45, 2015.

- 민순의, 「불교를 통한 허스토리 복구의 일례」, 『종교문화연구』 6, 2004.
- 민순의, 「전통시대 한국불교의 도첩제도와 비구니」, 『청계 정인 스님 정년퇴임 기념 논총: 불지광조』, 중앙승가대학교, 2017.
- 민순의, 「조선 전기 왕실 여성의 정치 권력과 불교-세조비 정희왕후(자성대비)의 불교시책을 중심으로-」, 『세계불학』 2, 2023.
- 민순의, '조선의 스님들은 어떻게 살았을까?', 『법보신문』, 2022~2023 연재.
- 박성종·박도식, 「15세기 상원사 입안문서 분석」, 『고문서연구』 21, 2002.
- 손성필, 「16세기 사찰판 불서 간행의 증대와 그 서지사적 의의」, 『서지학연구』 54, 2013.
- 신명호, 「조선전기 王妃·大妃의 本宮과 私藏」, 『역사와 경계』, 2013.
- 염중섭, 「세조의 상원사중창과 上院寺重創勸善文에 대한 검토-현존 最古의 한글 필사본인 상원사중창권선문을 중심으로-」, 『한국불교학』 81, 2017.
- 이상균, 「조선왕실의 낙산사(洛山寺) 중창과 후원」, 『문화재』 50-2, 2017.
- 이정주, 「世祖代 後半期의 佛敎的 祥瑞와 恩典」, 『민족문화연구』 44, 2006.
- 카와니시 유야, 「朝鮮 成宗代의 洛山寺 관련 문서에 대한 분석-稅役 면제 문서와 賜牌-」, 『고문서연구』 44, 2014.
- 탁효정, 「15~16세기 정업원의 운영실태」, 『조선시대사학보』 82, 2017.
- 탁효정, 「조선 예종~명종대 陵寢寺의 설치현황과 특징」, 『조선시대사학보』 87, 2018.
- 한춘순, 「성종 초기 정희왕후(세조비)의 정치 청단과 훈척정치」, 『조선시대사학보』 22, 2002.

한국 여성관음과 서구 여신관음

- 그로스 리타(2020), 『불교 페미니즘-가부장제 이후의 불교』, 옥복연 역, 동연.
- 김명숙(2013), 「서구 여신담론과 관음여신의 대안가능성」, 서울대학교 박사학위논문.
- 김상현(1988), 「元曉行蹟에 關한 몇가지 新資料의 檢討」, 『新羅文化』 5.
- 김선풍(2010), 「神話를 通해 본 東海岸 地域의 女神」, 『동방논집』 3(1).
- 김승호(2002), 「사찰 연기설화의 소설적 조명-소위〈봉학동지전〉과〈보덕각씨전〉을 중심으로」, 『古小說研究』, 13.
- 김영재(2002), 「관음도상의 여성화와 토속신앙의 영향」, 한국불교학결집대회 발표논문.
- 김영태(1997), 「삼국(麗·濟·羅)의 관음신앙」, 동국대학교 불교문화연구원 엮음, 『韓國觀音信仰』, 한국언론자료간행회.
- 조현설(2005), 「동아시아 관음보살의 여신적 성격」, 『한국 서사문학과 불교적 시각』, 역락.
- 조흥윤(2000), 『한국의 원형신화 원앙부인 본풀이』, 서울대학교출판부.
- 최광식(2007), 『한국 고대의 토착신앙과 불교』, 고려대학교출판부.
- 최정선(2006), 「관음설화의 여성화 전략과 형상화의 의미」, 『인간연구』 10.
- 한운진(2016), 「中國 妙善觀音故事의 형성과 발전」, 고려대학교 박사학위논문.
- 황인덕(1993), 「전설로 본 원효와 의상」, 『語文研究』 24.
- Blofeld, John(2009), Bodhisattva of Compassion: The Mystical Tradition of Kuan Yin, Shambhala Publications.

- Boucher, Sandy(1999), Discovering Kwan Yin: Buddhist Goddess of Compassion, Beacon Press.
- ----------------(2015), She Appears!-Encounters with Kwan Yin, Goddess of Compassion, Goddess Ink.
- Chamberlayne, John(1962), "The Development of Kuan Yin: Chinese Goddess of Mercy", Numen 9.
- Christ,Carol(1997), Rebirth of the Goddess: Finding Meaning in Feminist Spirituality, Routledge.
- Faure, Bernard(1998), The Red Thread: Buddhist Approaches to Sexuality (Vol. 1), Princeton University Press.
- -------(2003), The Power of Denial: Buddhism, Purity, and Gender, Princeton University Press.
- Gimbutas, Marija(1989), The Language of the Goddess, Thames & Hudson.
- Palmer, Martin, Jay Ramsay & Man-Ho Kwok(2009). The Kuan Yin Chronicles: The Myths and Prophecies of the Chinese Goddess of Compassion, Hampton Roads Publishing.
- Paul, Diana(1985), Women in Buddhism: Images of the Feminine in the Mahayana Tradition, University of California Press.
- Reed, Barbara(1992), "The Gender Symbolism of Kuan-yin Bodhisattva." In J. I. Cabezón (Ed.). Buddhism, Sexuality, and Gender, State University of New York Press.
- Tay, C. N. (1976), "Kuan-Yin: The Cult of Half Asia", History of Religions 16(2).
- Yü, Chün-fang(2001), Kuan-Yin: The Chinese Transformation of Avalokitesvara, Columbia University Press.
- Wilson, Jeff(2008), "'Deeply Female and Universally Human': The Rise of Kuan-Yin Worship in America", Journal of Contemporary Religion 23(3).
- 원문과 함께 읽는 『삼국유사』, 네이버 지식백과,
- https://terms.naver.com/list.nhn?cid=49615&categoryId=49615

붓다, LGBTQ+(성소수자)를 말하다

- 『마하박가-율장대품』(2014), 전재성 역주, 한국빠알리성전협회.
- 『맛지마 니까야 1』(2002), 전재성 역주, 한국빠알리성전협회.
- 『맛지마 니까야 2』(2002), 전재성 역주, 한국빠알리성전협회.
- 『맛지마 니까야 3』(2003), 전재성 역주, 한국빠알리성전협회.
- 『맛지마 니까야 5』(2003), 전재성 역주, 한국빠알리성전협회.
- 『빅쿠니비방가-율장비구니계』(2015), 전재성 역주, 한국빠알리성전협회.
- 『빅쿠비방가-율장비구계』(2015), 전재성 역주, 한국빠알리성전협회.
- 『숫타니파타』(2020), 전재성 역주, 한국빠알리성전협회.

- 『앙굿따라니까야 1 · 2』(2007), 전재성 역주, 한국빠알리성전협회.
- 대한불교조계종 불교사회연구소, 『불자 성소수자가 경험하는 한국 불교-남보다 한 가지 고민을 더 가지고 있는 사람들의 이야기』, 대한불교조계종 불교사회연구소, 2016.
- 금강, 「성소수자에 있어서 출가와 수계의 문제」, 『차별과 혐오의 문제 불교는 어떻게 보는가?』, 2023.
- 이자랑, 「불교와 차별-성소수자를 바라보는 시각」, 『차별과 혐오의 문제 불교는 어떻게 보는가?』, 2023.
- 전재성, 「초기 경전에 나타난 여성의 섹슈얼리티: 성적 욕구, 임신, 출산을 중심으로」, 『불교와 섹슈얼리티』, 종교와 젠더연구소, 2016a.
- 전재성, 「초기불교의 반페미니즘적 사유에 대한 고찰」, 『불교와 섹슈얼리티』, 종교와 젠더연구소, 2016b.
- 전재성, 「초기불교의 친페미니즘적 사유」, 『불교와 섹슈얼리티』, 종교와 젠더연구소, 2016c.
- 차효록(효록), 「팔리어 율장에 등장하는 성소수자의 수행생활」, 『종교교육학연구』, 65호, 2021.
- 효록(차효록), 「불자 성소수자가 경험하는 한국 불교에 대한 현상학적 연구」, 『불교학연구』, 65호, 2016.
- 효록, 『스님의 그림자』, 운주사, 2022.
- 효록, 「불교, 성소수자를 품다」, 『불교평론』, 94호, 2023.

3부 불교사에서 여성을 만나다

간다라 불전 미술 속 여성들

- 『과거현재인과경(過去現在因果經)』.
- 『대당서역기(大唐西域記)』.
- 『디가 니까야』.
- 『방광대장엄경(方廣大莊嚴經)』.
- 『보요경(普曜經)』.
- 『불본행집경(佛本行集經)』.
- 『불설구담미기과경(佛說瞿曇彌記果經)』.
- 『불설귀자모경(佛說鬼子母經)』.
- 『불설전다월국왕경(佛說旃陁越國王經)』.
- 『수행본기경(修行本起經)』.
- 대한불교조계종 교육원 부처님의 생애 편찬위원회, 『부처님의 생애』, 조계종출판사, 2010.
- 안양규, 「붓다의 탄생 전설에 관한 고찰」, 『한국불교학』 39, 한국불교학회, 2004.

- 유근자,「간다라 佛傳 圖像의 연구」, 동국대학교 박사학위논문, 2006.
- 유근자,「간다라(Gandhāra) 出家踰城 佛傳圖의 연구」,『선문화연구』4, 한국 불교선리연구원, 2008.
- 유근자,「간다라 降魔成道 佛傳圖의 도상」,『강좌미술사』35, 한국 불교미술사학회, 2010.
- 유근자,「불상의 탄생」,『고경』62, 성철사상연구원, 2018. 6.
- 유근자,「미술로 만나는 부처님 일대기」,『고경』63, 성철사상연구원, 2018. 7.
- 유근자,「간다라 미술로 보는 부처님의 탄생기 미술 1」, 『고경』67, 성철사상연구원, 2018. 11.
- 유근자,「간다라 조각으로 보는 항마성도기 미술」,『고경』70, 성철사상연구원, 2019. 2.
- 유근자,「부처님 교화기 미술 2」,『고경』73, 성철사상연구원, 2019. 5.
- 유근자,「전륜성왕 아쇼카왕과 불교설화미술」,『동양미술사학』9, 동양미술사학회, 2019.
- 유근자,「석가여래 탄생기에 관한 간다라 불전도상(佛傳圖像)의 해석」, 『동양미술사학』10, 동양미술사학회, 2020.
- 이주형,『간다라 미술』(사계절, 2003).
- 宮治昭,「インドの佛教美術の三類型」,『佛教藝術』217, 1994.
- 宮治 昭,『ガンダラ 仏の不思議』, 東京: 講談社, 1996.
- シルクロード學研究センタ-,『佛傳美術の傳播と變容-シルクロードに沿って』, シルクロード學研究』3, 1997.
- 肥塚 隆,「仏誕生におけるガンダ＿ラとだんア－ラ」, 『仏教美術史研究における「図像と様式」』, 国際交流美術史研究会, 1995.

동아시아의『혈분경(血盆經)』사상을 통해 보는 여성관

- 曹雪芹,『紅樓夢』北京外文出版社, 1978.
- 송요후,『혈분경(血盆經)의 기원과 사회·종교적 의미: 한·중·일 삼국에서 그 전파와 변용』위더스북, 2014.
- 최인학,『민속학의 이해』, 밀알, 1995.
- 이필영,『마을신앙의 사회사』, 웅진출판사, 1994.
- 김종대,『저기 도깨비가 간다』, 다른세상, 2000.
- 前川亨,「中國における『血盆經』類の諸相: 中國·日本の『血盆經』 信仰する比較研究のために」,『東洋文化研究所紀要』第142冊, 2003.
- 吉川良和,「わが国目蓮物への血盆経浸潤初探」,『人文学研究所報』61, 2019.
- 田上太秀,「変成男子思想の研究」,『駒澤大学禅研究所年報1』1990-03.
- 福崎孝雄,「血に対するケガレ意識」,『現代密教』8, 1996.
- 川内教彰,「『血盆經』受容の思想的背景をめぐって」,『佛教學部論集』100, 2016.
- 川内教彰·李玉梅,「中日庶民信仰諸相: 以《血盆经》为中心」,『佛学研究』24, 2015.
- 高田衛,「熊野という心性: 異界から'反'世界へ」,『日本文學』50(10), 2001.
- 一階千絵,「江戸時代の見世物女相撲」,『スポ＿ツ人類學研究』, 2002(4).

- 염원희, 「도깨비의 질병성과 치유의 메커니즘」, 『동아시아문화연구』 94, 2023.
- 김영희, 「한국 구전서사 속 여성 섹슈얼리티에 대한 신경증 탐색」, 『한국고전여성문학연구』 25, 2012.
- 송요후, 「江蘇省 南通 지역 一帶의 破血湖 儀式에 관하여」, 『중국사연구』 71, 2011.
- 송요후, 「中國에서 血盆經의 전개에 관하여」, 『明淸史研究』 25, 2006.
- 옥복연, 「불교 경전에 나타난 여성혐오적 교리의 재해석: 불교여성주의의 관점에서」, 『한국여성학』 31, 2015.
- 김소연, 「〈구마노관심십계만다라도〉에 나타난 에도시대 여성의 구원론」 『미술사학보』 57, 2021.
- 정연학, 「민속현장에 나타난 피(血)의 신성성과 부정성」 『민속학연구』 45, 국립민속박물관, 2019.
- 박춘희, 「게가레[穢れ]관념이 도효(土俵)의 女人禁制 思想에 미친 影響 關係에 관한 研究」 동의대학교 박사학위논문, 2016.
- 李玉珍, 「佛教譬喻(Avadana)文學中的男女美色與情慾—追求美麗的宗教意涵」 『新史學』 10, 1999.
- Liz Wilson, Charming Cadavers: Horrific Figurations of the Feminine in Indian Buddhist Hagiographic Literature, Chicago: University of Chicago Press, 1996.
- Hill Gates, "The commoditization of Chinese women." Signs: Journal of Women in Culture and Society 14-4, 1989.
- Patricia Ebrey, "Women, marriage, and the family in Chinese history." Heritage of China: Contemporary perspectives on Chinese civilization, 1990.
- Shunsho MANABE, "Hell of the bloody pond and the rebirth of women in the paradise" Journal of Indian and Buddhist Studies, Vol. 43, No. 1, December 1994.

티베트 불교의 뛰어난 여성 수행자, 그 깨달음의 여정

- 겔와장춥·남캐닝뽀 지음, 설오 스님 옮김(2019), 『예세 초겔의 삶과 가르침』. 지영사.
- 중암 편저(2011), 『위대한 여성붓다 아르야 따라의 길』, 정우서적.
- Anam Thubten, 『Into the Haunted Ground: A Guide to Cutting the Root of Suffering』, Shambhala, 2022.
- Michaela Haas저, 김영란·장윤정 번역(2022), 『다키니 파워』, 담앤북스.
- Tsultrim Allione, 『Women of Wisdom』, Penguin Publishing Group, 1988, Michaela.
- https://www.taramandala.org
- Sogyal Rinpoche. Khandro Tsering Chödrön: 비범한 불교 스승을 기리며.
- https://www.huffpost.com. 2011. 9. 23.

불교 섹슈얼리티의 재발견

붓다, 성과 사랑을 말하다
ⓒ종교와젠더연구소, 2025

2025년 1월 6일 초판 1쇄 발행

지은이 현경, 이미령, 옥복연, 민순의, 김신명숙, 효록 스님, 유근자, 김성순, 김영란
발행인 박상근(至弘) • 편집인 류지호 • 편집이사 양동민
책임편집 최호승 • 편집 김재호, 양민호, 김소영, 하다해, 정유리 • 디자인 쿠담디자인
제작 김명환 • 마케팅 김대현, 이선호 • 관리 윤정안 • 콘텐츠국 유권준, 김대우, 김희준
펴낸 곳 불광출판사 (03169) 서울시 종로구 사직로10길 17 인왕빌딩 301호
　　　　대표전화 02) 420-3200 편집부 02) 420-3300 팩시밀리 02) 420-3400
　　　　출판등록 제300-2009-130호(1979. 10. 10.)

ISBN 979-11-7261-122-4(03220)

값 23,000원